華志文化

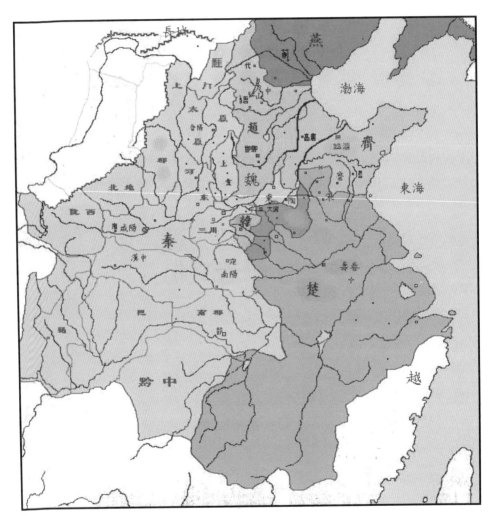

戰國形勢分布圖

戰國策新解

戰國時代遊說之士的言行彙集

劉向編訂（西漢）
宋韜 譯注

一部流傳千古的國別體史書

全書按國別編排，分為東周、西周、秦國、齊國、楚國、趙國、魏國、韓國、燕國、宋國、衛國、中山國等十二國即十二策，共三十三篇，約十二萬字。

《戰國策》是歷史史實和人物的記錄。其書作者大概不是一人一時所作，故書中不免有自相矛盾之處。主要記述了戰國時期的縱橫家的政治主張和言行策略，所提的政治主張和外交策略，展示了戰國時期的歷史特點和社會風貌，具有極高的史學價值，是研究戰國歷史的重要典籍。

國學經典
原味呈現

前言

　　《戰國策》從劉向整理、校定完成，至今已有二千多年。劉向在《戰國策書錄》中說：「所校中《戰國策》書，中書餘卷，錯亂相糅莒。又有國別者八篇，少不足。臣向因國別者，略以時次之，分別不以序者以相補，除重複，得三十三篇。」自此，經劉向編纂校定的《戰國策》33卷就流傳下來了。但到了宋代，《戰國策》殘闕得就比較嚴重了。北宋《崇文總目》說：「《戰國策》二十二卷」，缺了11卷。曾鞏（1019~1083）在北宋嘉祐（1056~1067）年間曾編校史館書籍，他對散佚的11卷多方尋求，終於補全。南宋紹興（1131~1162）年間，《戰國策》出現了兩個重要的校注本：一是姚宏校注本；一是鮑彪校注本。前者詳於校勘，後者精於考證。元泰定二年（1325），吳師道作《戰國策鮑注補正》，補鮑注之缺，正鮑注之失。清嘉慶八年（1803）江蘇吳縣黃丕烈摹刻宋版姚本，收入《士禮居叢書》中。1949年前，上海中華書局據黃丕烈《士禮居叢書》摹宋姚宏本重刻，收入《四部備要》史部；上海商務印書館據元至正十五年（1355）刊刻的鮑彪本影印，收入《四部叢刊》史部。1978年，上海古籍出版社出版了《戰國策》匯注本。刻本以《士禮居叢書》本為底本，彙集了姚宏、鮑彪、吳師道、黃丕烈諸家校注，集諸本於一身，是現在流行的最好的本子。

　　本書即是以1978年上海古籍出版社出版的《戰國策》匯注本為底本，兼校以其他諸家版本及《史記》、《戰國縱橫家書》等文獻。本書在校對上，主要有兩種情況。一為改字，二為刪字。但不論哪種情況，都在正文中逕自為之，並在注釋中一一說明所改之依據、所刪之理由。在注釋上，主要偏重於難解的字、詞，必要時，也引用了高誘、鮑彪、吳師道、黃丕烈、金正煒等學者的注釋。但不論是引用古賢之注，還是引用時賢之說，都一一標明；若遇到有多種說法、本書擇善而從時，皆注明從某說，並簡要說明其理由。在譯文上，以直譯為主，意譯為輔，在儘量反映原文原貌的同時，力求做到「信」、「達」、「雅」。本書正在選擇篇目時，力求

反映《戰國策》的全貌，同時也儘量考慮了文章的思想性或藝術性。為了
幫助讀者閱讀，每篇選文都寫了簡要的題解，概括介紹文章的主要內容。

　　此外，本書在譯注時，也參閱了牛鴻恩等《戰國策選注》（天津古
籍出版社1984年版）、何建章《戰國策注釋》（中華書局1990年版）、王
守謙等《戰國策全譯》（貴州人民出版社1992年版）、錢超塵《戰國策譯
注》（北京燕山出版社1993年版）、王扶漢《文白對照全譯戰國策》（中
央民族學院出版社1993年版），及任重、霍旭東譯注的《戰國策選譯》
（巴蜀書社1997年版）等著作，在此一併表示感謝！

　　《戰國策》畢竟是兩千多年前的作品，難免有時代或階級的烙印，加
之本人學識淺陋，譯注時錯誤肯定不少，所以，還希望讀者朋友們在閱讀
時，「取其精華，棄其糟粕」，真正能感悟到古代那些「高才秀士」們的
睿智。

宋韜謹識

[注]
1. 蘇秦：提倡合縱，遊說各國君王，聯合東方六國，對抗西方的秦國。
2. 張儀：提倡連橫，即秦國聯合其他諸侯國中的幾個，對抗其他的諸侯
　　國。

《戰國策》及其價值
（代序）

　　《戰國策》主要是戰國時代遊說之士的言行彙集，也有一些歷史史實和人物的記錄。其書作者不詳，大概不是一人一時所作，故書中不免有自相矛盾之處。《戰國策》一書名稱為劉向校定其書時所定，原書錯亂相糅，簡牘紛雜，而且中秘所藏其書，名稱不一，或稱《國策》、或稱《國事》、或稱《短長》、或稱《事語》、或稱《長書》、或稱《修書》，劉向在編定之時定名為《戰國策》。

　　其書所述事件在春秋之後、楚漢相爭之前，有245年的歷史。全書按國編排，分為東周、西周、秦、齊、楚、趙、魏、韓、燕、宋、衛、中山十二國，共三十三篇。其中齊、秦篇數最多，《齊策》六篇，《秦策》五篇，其餘《楚策》、《趙策》、《魏策》各四篇，《韓策》、《燕策》各三篇，《中山策》一篇，《宋策》、《衛策》合為一篇。除中山、宋、衛三國外，齊、秦、楚、趙、魏、韓、燕七國正好構成戰國時七個大國。

　　諸祖耿先生說：「殷、周之訓誥，戰國之策書，前者上告下，後者下說上，此千載人文之一大進也。」這就是說，由《戰國策》開始開創了由下說上的文章體裁，且蔚然成為一時風氣。戰國時代，各諸侯大國獨霸一方，割據稱雄，各個大國都想憑藉自己的實力創建一個統一的中央集權王朝。於是各國之間在政治、經濟、軍事、外交等各個方面展開了錯綜複雜的鬥爭。在這種形勢下，一批又一批的遊說之士應運而生，他們站在各個不同的諸侯國或不同的政治集團立場上，提出各種不同的主張和策略。一時形成一種強大的政治勢力。

　　劉向在總結《戰國策》中策士的作用時說：「是以蘇秦、張儀、公孫衍、陳軫、代、厲之屬生，縱橫短長之說，左右傾側。蘇秦為縱，張儀為橫。橫側秦帝，縱則楚王，所在國重，所去國輕。」也正是蘇秦、張儀、

公孫衍、陳軫等策士「所在國重，所去國輕」，一時諸侯王公權傾爭養遊說之士，多則數千，少則數十。他們或連橫事秦，蠶食六國、吞併天下；或合縱為六國，出奇謀異智，轉危為安，轉亡為存。策士後學者為了方便揣摩學習，便把說士遊客異智言行和軼聞收集起來，以資學習。一時簡冊紛出，蔚為大觀。然而《戰國策》作為歷史著作，有些資料不夠真實，往往誇大其詞，在引用資料時應注意這一點。

1973年在長沙馬王堆三號漢墓中出土了與《戰國策》性質相近的帛書，記載了戰國時期說客辯士的言論行為，共有十七章，其中有十六章不同於《戰國策》，整理者定名為《戰國縱橫家書》，可作為《戰國策》的別本，可補足今本《戰國策》的不足，也是研究戰國時期歷史的寶貴資料。

本文引自王冠英主編《中國文化通史・先秦卷》，2001年1月版，該篇作者為王暉。題目為譯注者所擬。

王暉謹識

目錄

東周策

　　《東周策》反映了周室政權的由盛而衰。《秦興師臨周而求九鼎》記述東周國大臣顏率透過其睿智和計謀，巧使秦、齊兩國取消了向東周國索取九鼎的請求。九鼎，是周王朝政權的象徵。「秦興師求九鼎」反映出戰國時期諸侯勢力強大、再也不把周王室放在眼裡的社會現實。《東周與西周爭》齊明巧計破解西周與楚、韓聯合攻打東周的計畫。《東周欲為稻》記述了周王室一分為二後還互相傾軋、以鄰為壑，而其臣子們則置國家利益之不顧，只謀一己之私利。《秦假道於周以伐韓》記述東周國君採用韓國史官史黶的計謀，使本來打算向東周借路的秦國取消了攻打韓國的計畫，不僅解除了東周因借路給秦國可能會得罪韓國的憂慮，而且還使東周得到了韓國送來的土地。《趙取周之祭地》寫周國大臣鄭朝巧計索回被趙國奪去的祭田的事。《杜赫欲重景翠於周》記述東周人杜赫勸說東周國君重用楚國大將景翠之事。《三國隘秦》則記述了東周國為不失掉大國的邦交，在韓、趙、魏三國阻絕了秦國向東方發展勢力的情況下，以替秦國偵察東方大國的行動為由，而主動親近秦國、爭取秦國之事。豈知秦國正是透過連橫的策略才一步步蠶食東方六國，並最終消滅六國的。《昌他亡西周》記述了西周大臣馮且用反間計殺死西周叛臣昌他之事。

　　其實，春秋時期，周室即已衰微，禮樂征伐自諸侯出、自大夫出，諸侯強國僭越王權之事經常發生。如春秋初年由「周鄭交質」、「周鄭交惡」（西元前720年）發展到鄭軍「射王中肩」（西元前707年）的事件、春秋中期晉文公請求天子之葬禮的事件（西元前635年）、楚莊王「觀兵於周疆」、「問鼎之大小輕重」的事件（西元前606年），均反映出那個時代「禮崩樂壞」的社會現狀。

秦興師臨周而求九鼎

原文

　　秦興師臨周而求九鼎①，周君患之，以告顏率②。顏率曰：「大王勿憂，臣請東借救於齊。」顏率至齊，謂齊王曰③：「夫秦之為無道也，欲興兵臨周而求九鼎，周之君臣，內自盡計與秦，不若歸之大國④。夫存危國，美名也；得九鼎，厚寶也。願大王圖之⑤。」齊王大悅，發師五萬人，使陳臣思將以救周⑥，而秦兵罷。

注釋

　　①師：軍隊。九鼎：是一組九個大鼎。相傳禹鑄九鼎，夏、商、周傳為國寶。周武王伐紂滅商，得商王朝國寶九鼎。武王之子成王把九鼎自商都遷至鎬京（今陝西省西安市西郊），舉行隆重的定鼎儀式。從此，「九鼎」成了周王朝政權的象徵。求：索。

　　②顏率：鮑彪注曰：「周人。」

　　③齊王：即齊宣王，威王之子，名辟疆，田齊第五代國君，西元前319～前301年在位。

　　④若：如。歸：贈送。

　　⑤圖：謀，考慮。

　　⑥陳臣思：即田臣思，齊國公族。將：率領。

譯文

　　秦國出兵進逼東周，想要索取九鼎，東周國君很是憂慮，把此事告訴了大臣顏率。顏率說：「大王您不必擔憂，請讓我到東方的齊國去求援兵。」顏率到了齊國，對齊宣王說：「秦國無道，想發兵進逼東周索取九鼎，我國的君臣仔細計議，一致認為把九鼎給秦國不如送給貴國。齊國保護瀕臨危亡的國家將能獲得美好的名聲；得到九鼎就是得到了最貴重的寶物。希望大王考慮這件事。」齊宣王聽了十分高興，於是就發兵五萬，派陳臣思率領去救援東周，秦軍這才撤退。

原文

　　齊將求九鼎[1]，周君又患之。顏率曰：「大王勿憂，臣請東解之。」顏率至齊，謂齊王曰：「周賴大國之義，得君臣父子相保也，願獻九鼎，不識大國何途之從而致之齊？」齊王曰：「寡人將寄徑於梁[2]。」顏率曰：「不可。夫梁之君臣欲得九鼎，謀之暉台之下[3]，少海之上[4]，其日久矣。鼎入梁，必不出。」齊王曰：「寡人將寄徑於楚。」對曰：「不可。楚之君臣欲得九鼎，謀之於葉庭之中，其日久矣。若入楚，鼎必不出。」王曰：「寡人終何途之從而致之齊？」顏率曰：「弊邑固竊為大王患之。夫鼎者，非效醯壺醬甀耳[5]，可懷挾提挈以至齊者；非效鳥集烏飛，兔興馬逝，灕然止於齊者。昔周之伐殷，得九鼎，凡一鼎而九萬人挽之，九九八十一萬人，士卒師徒，器械被具[6]，所以備者稱此。今大王縱有其人，何途之從而出？臣竊為大王私憂之。」齊王曰：「子之數來者，猶無與耳。」顏率曰：「不敢欺大國，疾定所從出，弊邑遷鼎以待命。」齊王乃止。

注釋

　　①將：乃，又。
　　②寄徑：借路。
　　③暉台：魏國台名。
　　④少海：鮑本作：「沙海」。故址在今開封附近。
　　⑤醯（ㄒ一）：醋。甀（ㄔㄨㄟˊ）：小口罈子。
　　⑥器械被（ㄆ一）具：鮑彪注：「械，器之總名。被具，士卒所服用之具。」器械被具，指搬運九鼎所使用的器械工具衣物等。

譯文

　　齊國退了秦兵之後，又向東周索要九鼎，東周國君又為此憂慮起來。顏率說：「大王不必憂慮，請讓我到東方的齊國去解決這個問題。」顏率到了齊國，對齊宣王說：「我們東周依仗貴國的義舉，君臣父子才得以保全，願意奉獻出九鼎，不知貴國打算從哪條路線把它們運到齊國去？」齊宣王說：「我打算向魏國借路。」顏率說：「這條路不行。魏國的君臣也想得到九鼎，他們曾經在暉台之下、少海之上謀劃過很長時間了。九鼎進

入魏國，就甭想運出來了。」齊宣王又說：「那我打算向楚國借路。」顏率回答說：「這條路也不行。楚國的君臣也想得到九鼎，他們曾經在葉庭之中謀劃過，時日也很久了。如果九鼎進入楚國，必定還是運不出來。」齊宣王說：「那我該用哪條路線才能把九鼎運往齊國呢？」顏率說：「我們東周確實暗中也為大王憂愁。鼎這東西，不像醋壺醬罈子，可以揣在懷裡提在手中弄到齊國去；也不像鳥雀、烏鴉可以飛到齊國，更不像野兔和奔馬，可以跑到齊國。從前周王討伐殷朝，得到過這九鼎，每鼎用了九萬人牽引。搬運這九個鼎，共需要九九八十一萬人，其餘所需的士兵役夫、器械服裝等用具，用來備用的也相當於這個數目。現在大王即使有那麼多人，但究竟從哪條路線運出來呢？我暗地裡也替大王憂愁。」齊宣王說：「您多次來，還是不想給九鼎啊。」顏率說：「我們不敢欺騙貴國，請趕快確定運送九鼎的路線，敝國正等待您的命令，準備隨時獻出九鼎。」齊宣王只好放棄了求取九鼎的打算。

東周與西周爭

原文

　　東周與西周爭，西周欲和於楚、韓①。齊明謂東周君曰：「臣恐西周之與楚、韓實，令之為己求地於東周也。不若謂楚、韓曰，西周之欲入實，持二端②。今東周之兵不急西周，西周之實不入楚、韓。楚、韓欲得實，即且趣我攻西周③。西周實出，是我為楚④、韓取實以德之也，西周弱矣。」

注釋

　　①和於楚、韓：和二國以為己援。和，聯合。
　　②持二端：言東兵急則入，不急則已。
　　③趣：通「趨」，促使。
　　④是：則。

譯文

　　東周與西周發生衝突，西周想與楚國、韓國聯合起來對抗東周。齊明對東周國君說：「我擔心西周給楚、韓寶物，讓楚、韓兩國替自己向東周索取土地。您不如派人對楚、韓兩國說，西周想送給你們寶物的事，還在兩可之間。現在東周的軍隊如果不緊逼西周，西周的寶物就不能落到楚、韓兩國的手裡。楚、韓想要得到寶物，就應促使我們東周去進攻西周。西周的寶物送出來，那是我們為楚、韓爭得的寶物，施予的恩德，這樣西周就會軟弱下來。」

東周欲為稻

原文

　　東周欲為稻[1]，西周不下水，東周患之。蘇子謂東周君曰：「臣請使西周下水可乎？」乃往見西周之君曰：「君之謀過矣[2]！今不下水，所以富東周也。今其民皆種麥，無他種矣。君若欲害之，不若一為下水，以病其所種。下水，東周必復種稻；種稻而復奪之。若是，則東周之民可令一仰西周[3]，而受命於君矣。」西周君曰：「善。」遂下水。蘇子亦得兩國之金也。

注釋

①為稻：種稻。鮑彪注：「為謂種之。」
②過：錯誤。
③一：完全。仰：仰仗，依賴。

譯文

　　東周打算種水稻，可是西周不肯往下放水，東周人為此很憂慮。蘇子對東周國君說：「請讓我出使西周，讓他們放水，可以嗎？」於是他便去見西周的國君說：「您的計畫錯啦！現在不放水，恰恰是讓東周富裕起來。如今東周的百姓都種麥子，不種別的作物了。大王您如果要加害他

們，不如先放一陣子水，去損害他們所種的麥子。如果放水，東周一定改種稻子；種了稻將來再去搶他們的。若是這樣，那麼可以使東周的百姓完全仰仗西周而聽從大王的命令了。」西周國君說：「很好！」於是往下放水，蘇子因此得到了兩國的賞金。

秦假道於周以伐韓

原文

　　秦假道於周以伐韓，周恐假之而惡於韓[1]，不假而惡於秦。史黶謂周君曰[2]：「君何不令人謂韓公叔曰[3]：『秦敢絕塞而伐韓者[4]，信東周也。公何不與周地，發重使使之楚，秦必疑，不信周，是韓不伐也[5]。』又謂秦王曰：『韓強與周地[6]，將以疑周於秦[7]，寡人不敢弗受。』秦必無辭而令周弗受，是得地於韓而聽於秦也[8]。」

注釋

　　[1]惡於韓：猶言得罪韓。
　　[2]史黶（一ㄢˇ）：韓國史官，身世不詳。
　　[3]韓公叔：韓氏公族，魯國大臣。
　　[4]絕塞：越過邊境。絕，渡、越。鮑彪注：「絕，橫渡。塞，障也，為垣壘以遮止鄰國往來。」
　　[5]是：則，如此。
　　[6]強：硬。
　　[7]將：欲，想。
　　[8]聽：聽從，順從。

譯文

　　秦國向東周借路用來討伐韓國，東周害怕借路給秦國而得罪韓國，可是不借路就會得罪秦國。史黶對東周國君說：「您何不派人去對韓公叔說：『秦國敢於橫越東周的邊塞去討伐韓國，這是相信東周的緣故。您為什麼不送土地給東周，讓他們派出重臣出使楚國，這樣秦國必定產生疑

慮，不再信任東周，如此一來，韓國就不會受到討伐了。』然後再派人去對秦王說：『韓國硬要送給我們東周土地，是想讓秦國懷疑東周，我們主君不敢領受。』秦王一定不會說不讓東周接受土地，這樣東周既得到了韓國的土地又聽從了秦國的意思。」

趙取周之祭地

原文

　　趙取周之祭地[1]，周君患之，告於鄭朝[2]。鄭朝曰：「君勿患也，臣請以三十金復取之。」周君予之，鄭朝獻趙太卜[3]，因告以祭地事。及王病，太卜譴之曰[4]：「周之祭地為祟[5]。」趙乃還之。

注釋

　　①祭地：祭田，供祭祀所用之地。
　　②鄭朝：周大臣。
　　③太卜：掌管國家占卜的長官。
　　④譴：責，告。
　　⑤祟：神禍，鬼神作怪。

譯文

　　趙國奪取了東周的祭田，周君很憂慮，便把此事告訴了鄭朝。鄭朝說：「君王不必憂慮，我請求用三十斤金把那祭田重新收回來。」周君給了鄭朝三十斤金，鄭朝把它獻給了趙國的太卜，並談了祭田的事。等到趙國國王生病的時候，讓太卜問，太卜責怪說：「這是東周祭田的鬼神在作怪。」於是趙國就歸還了東周的祭田。

杜赫欲重景翠於周

杜赫欲重景翠於周①，謂周君曰：「君之國小，盡君子重寶珠玉以事諸侯，不可不察也。譬之如張羅者②，張於無鳥之所，則終日無所得矣；張於多鳥處，則又駭鳥矣；必張於有鳥無鳥之際，然後能多得鳥矣。今君將施於大人③，大人輕君；施於小人，小人無可以求，又費財焉。君必施於今之窮士，不必且為大人者，故能得欲矣④。」

注釋

①杜赫：周人，曾在東周、齊、楚、韓四國活動。景翠：楚國大將。
②張：設。羅：捕鳥網。
③施：給。
④欲：願望。

譯文

杜赫想讓東周重用楚將景翠，就對周君說：「您的國家很小，如果把您所有的珍寶珠玉都拿出來去侍奉諸侯，不能不仔細考慮該給誰不該給誰。打個比方，就像張網捕鳥一樣，把網張在沒有鳥雀的地方，那麼從早到晚將一無所得；張在鳥多的地方，那又容易把鳥驚嚇跑了；必須把網張在有鳥又沒有鳥的地方，這樣才能捕到更多的鳥雀。現在您把珍寶送給諸侯之類的大人物，大人物一定看不起您；送給小人物，小人物又沒有什麼用處，況且又破費了許多財寶。您應當把寶物送給當前雖然窮困但將來有可能成為大人物的人，這樣做您就能如願以償了。」

三國隘秦

原文

三國隘秦①，周令其相之秦，以秦之輕也②，留其行。有人謂相國曰：

「秦之輕重，未可知也。秦欲知三國之情，公不如遂見秦王曰：『請為王聽東方之處③。』秦必重公④。是公重周，重周以取秦也。齊重故有周，而已取齊⑤，是周常不失重國之交也。」

⊙ 注釋

①隘：阻絕。
②輕：輕視，輕慢。
③聽：偵察。
④重：重視，看重。
⑤而已取齊：又取得了齊國的重視。吳師道云：「取謂得於彼也。齊為重國，故能收有周，而周已取之矣，今復取秦，楚周常不失重國之交。」

譯文

　　韓、趙、魏三國阻絕了秦國的勢力向東方發展，周君派他的相國出使秦國。因為怕受秦國的輕視，便停止了這次出訪。有人對相國說：「秦國對相國的出訪是輕視還是重視，尚不可知。秦國很想知道三國的實情，您不如馬上去見秦王說：『請允許我為大王偵察東方三國的行動。』秦王必定會看重您。這樣您使東周受到秦國的尊重，東周受尊重就是爭取秦國了。齊國本來就尊重東周，東周才會有威信，那是因為我們已經爭取到了齊國，只有這樣東周才能常保不失掉大國的邦交。」

昌他亡西周

原文

　　昌他亡西周①，之東周②，盡輸西周之情於東周③。東周大喜，西周大怒。馮且曰④：「臣能殺之。」君予金三十斤。馮且使人操金與書⑤，間遺昌他書曰⑥：「告昌他，事可成，勉成之⑦；不可成，亟亡來亡來⑧。事久且泄，自令身死。」因使人告東周之候曰⑨：「今夕有奸人當入者矣。」候得而獻東周，東周立殺昌他。

注釋

①昌他：西周臣。亡：逃離，出奔。鮑彪本注：「以罪去國曰亡。」

②之：到，至。

③輸：告訴，洩露。

④馮且：西周臣。

⑤使：派。操：持，拿。書：信。

⑥間遺（ㄨㄟˋ）昌他書：暗中送給昌他一封書信。鮑彪本注：「為反間書以遺之。」遺，給。

⑦勉：盡力。

⑧亟：趕快。

⑨候：負責偵察的官員。鮑彪本注：「偵候之吏。」

譯文

　　昌他逃離西周，來到東周，把西周的實情全都告訴了東周。東周國君十分高興，西周國君卻非常惱怒。馮且對西周國君說：「我能把昌他殺了。」於是西周國君給了他三十斤金，馮且為了離間昌他便派人帶著金子和信函，乘機把信送給了昌他，信上說：「敬告昌他，事情能辦成，就努力去辦；如果辦不成，就趕快逃回來，逃回來。事情久了就會暴露，那就是自取死亡。」於是又派人去告訴東周負責偵察的官吏說：「今天晚上有個奸細入境。」偵察官吏果然抓到了昌他，並把他押送到東周，東周立即殺死了昌他。

　　《西周策》記錄了西周歷史上的重大事件。《秦敗魏將犀武軍於伊闕》寫的是秦敗魏於伊闕之後，又進逼西周。在此背景下，趙國存周並使自己在秦、魏二國中受到重視之策。《秦令樗里疾以車百乘入周》記述西周君以百人的隊伍迎接秦國公子樗里疾，遭到楚懷王的譴責，後又透過大臣游騰的遊說而使楚懷王高興的事件。反映出當時夾在大國之間的小國的艱難生存環境。《雍氏之役》記述在楚國攻打韓國的戰役中，韓國向西周徵兵調糧，引起了西周國君的憂慮。後來，大臣蘇代不僅用計解除了這個憂慮，而且還使西周得到了韓國的高都之地。《蘇厲謂周君》寫的是秦兵攻破魏都大梁後，進逼西周。為了解除西周面臨的潛在危險，蘇厲替西周國君出的退秦之策。《楚兵在山南》記述周君用計離間楚國君臣之事。《司寇布為周最謂周君》寫周臣司寇布巧諫周君要儘快立周最為太子，並讓諸侯知道之事。

秦敗魏將犀武軍於伊闕

原文

　　秦敗魏將犀武軍於伊闕[①]，進兵而攻周。為周最謂李兌曰：「君不如禁秦之攻周。趙之上計，莫如令秦、魏復戰。今秦攻周而得之[②]，則眾必多傷矣。秦欲待周之得，必不攻魏；秦若攻周而不得，前有勝魏之勞，後有攻周之敗，又必不攻魏。今君禁之，而秦未與魏講也。而全趙令其止[③]，必不敢不聽，是君卻秦而定周也。秦去周，必復攻魏，魏不能支[④]，必因君而講[⑤]，則君重矣。若魏不講，而疾支之，是君存周而戰秦、魏也。重亦盡在趙。」

注釋

①敗：姚宏本「敗」作「攻」。王念孫《讀書雜誌‧戰國策第一》曰：「攻字當作敗。今作攻者，因下攻字而誤也。秦既敗魏軍，乃進兵而攻周。若但言攻魏軍，則勝敗未可知，不得遽進兵而攻周也。」伊闕：山名，一名闕塞山，一名龍門山，一名闕口山，在今河南洛陽市西南。《水經注》以為大禹鑿龍門通水，兩山相對似闕，伊水流經其間，故曰伊闕。

②得之：得到西周的土地和人民。吳師道云：「得其土地人民也。」

③全趙：趙未遭戰禍，未受損傷，故曰「全趙」。

④支：抵禦。

⑤因：透過。

譯文

秦軍在伊闕擊敗魏將犀武的軍隊之後，又進軍攻打西周。有人替周最對李兌說：「您不如阻止秦軍攻打西周。趙國的上策莫過於讓秦、魏兩國再次交戰。現在秦國進攻西周，如果取得了勝利，那麼它的士兵傷亡一定很多。秦國如果在西周取得勝利，一定不會再進攻魏國了；秦國如果進攻西周未能取勝，它前面有戰勝魏國的勞損，後面有進攻西周的失敗，就再也無力去進攻魏國了。現在您阻止秦國進攻西周，正是趁著秦國還沒有與魏國講和的時候。如果趙國讓秦國停止進攻西周，它一定不敢不聽從，您這樣做就是退了秦兵而使西周得到了安全。秦軍離開西周，必定會再次攻打魏國，魏國沒有力量抵抗，一定會透過您去與秦國講和，那麼您就受到重視了。如果魏國不肯講和，而硬要極力抵抗，這樣您就保存了西周而讓秦、魏兩國再次交戰了。左右天下的大權就全在趙國手裡。」

秦令樗里疾以車百乘入周

原文

秦令樗里疾以車百乘入周①，周君迎之以卒②，甚敬③。楚王怒，讓周，以其重秦客。游騰謂秦王曰④：「昔智伯欲伐仇由⑤，遺之大鐘，載以廣車，因隨入以兵，仇由卒亡，無備故也。桓公伐蔡也⑥，號言伐楚，其

實襲蔡[7]。今秦，虎狼之國也，兼有吞周之意；使樗里疾以車百乘入周，周君懼焉，以蔡、仇由戒之，故使長兵在前，強弩在後，名曰衛疾，而實囚之也。周君豈能無愛國哉？恐一日之亡國，而憂大王[8]。」楚王乃悅。

注釋

①樗（ㄕㄨ）里疾：秦惠王異母弟，武王時為左丞相。高誘注：「疾，秦公子名也。其里有大樗樹，因號樗里子也。」樗，臭椿樹。

②卒：兵士百人為卒。

③敬：敬重，尊重。

④游騰：西周臣。

⑤智伯：即荀瑤，晉卿。仇（ㄑㄧㄡˊ）由：靠近晉國的少數民族「狄國」，故城在今山西省盂縣東北，為智伯所滅。

⑥桓公：即齊桓公小白。蔡：即蔡國，在今河南上蔡縣，其後遷於安徽鳳台，後被楚所滅。

⑦襲：偷襲。古代戰爭鳴鐘擊鼓，無鐘鼓謂之襲。

⑧憂大王：使大王憂。憂，用如使動詞。

譯文

秦國派公子樗里疾率領一百輛兵車造訪西周，西周國君用一百名兵士去迎接他們，很是恭敬。楚懷王很氣憤，並譴責西周，認為他們過分尊重秦國的客人。西周的一位大臣游騰對楚懷王說：「從前智伯想要討伐狄人的仇由國，就贈給仇由一口大鐘，用大車裝著，派士兵尾隨而入，仇由終於被消滅了，那是毫無防備的緣故。齊桓公討伐蔡國的時候，表面上宣稱討伐楚國，其實是去偷襲蔡國。現在的秦國是個虎狼之國，懷有吞併周朝的野心；派樗里疾率領一百輛兵車進入周境，周君為此而恐懼，深以蔡國和仇由的教訓為戒，所以派持戈的士兵走在前面，強弩手跟在後面，名義上是保衛樗里疾，其實是圍住他。周君難道不愛自己的國家嗎？是怕有朝一日國家滅亡，而增加您的憂慮。」楚王聽了這番話才高興起來。

雍氏之役

原文

雍氏之役韓徵甲與粟於周①。周君患之，告蘇代②。蘇代曰：「何患焉？代能為君令韓不徵甲與粟於周，又能為君得高都③。」周君大悅曰：「子苟能，寡人請以國聽④。」蘇代遂往見韓相國公中曰：「公不聞楚計乎？昭應謂楚王曰：『韓氏罷於兵，倉廩空⑤，無以守城，吾收之以飢，不過一月必拔之。』今圍雍氏五月不能拔，是楚病也⑥。楚王始不信昭應之計矣，今公乃徵甲及粟於周，此告楚病也。昭應聞此，必勸楚王益兵守雍氏，雍氏必拔。」公中曰：「善。然吾使者已行矣。」代曰：「公何不以高都與周？」公中怒曰：「吾無徵甲與粟於周，亦已多矣。何為與高都？」代曰：「與之高都，則周必折而入於韓⑦，秦聞之必大怒，而焚周之節⑧，不通其使，是公以弊高都得完周也⑨，何不與也？」公中曰：「善。」不徵甲與粟於周而與高都，楚卒不拔雍氏而去。

注釋

①徵：無償索要。鮑彪注：「征，猶索。」
②蘇代：洛陽人，姚本注為蘇秦之兄，鮑本注為蘇秦之弟。
③高都：韓地，在今河南洛陽市西南。
④聽：聽從。鮑彪注：「以國事從之。」
⑤倉廩：都是儲存糧食的倉庫。倉藏穀。廩藏米。
⑥病：困苦。鮑彪注：「病猶困也。」
⑦折：猶言轉過來。
⑧節：符節，符信。是古代國與國之間通使的憑證，竹質。
⑨弊：破，不重要。完：全，完整。

譯文

在楚國圍攻韓國雍氏的戰役中，韓國向西周徵兵調糧。西周國君很憂慮，把自己的心情告訴了蘇代。蘇代說：「何必憂慮呢？我能替您讓韓國不在西周徵兵調糧，而且還能為您得到韓國的高都。」周君非常高興地

說：「您如果能辦成，請讓我把國家大事交給你管理。」於是蘇代便去拜見韓國的相國公中，說：「您沒有聽到楚國的計策嗎？楚國將領昭應曾經對楚王說：『韓國兵員疲憊，糧庫空虛，無力守城，我們趁著韓國鬧饑荒去奪取它的雍氏，不出一個月一定可以攻下來。』如今楚軍圍困雍氏五個月還不能攻下來，這就顯露出楚國已陷入困境了。楚王這時已經開始不相信昭應的計策了，現在您卻向西周徵兵調糧，這就等於告訴楚國自己支持不住了。如果昭應聽到這種情況，一定會勸說楚王增兵攻取雍氏，雍氏定會被攻陷。」公中說：「您說的對。可是我們的使者已經起程了。」蘇代說：「您為什麼不把高都送給西周？」公中氣憤地說：「我不向西周徵兵和調糧，已經夠不錯的了。為什麼還要給它高都呢？」蘇代說：「給西周高都，周王一定轉而歸順韓國，秦國聽到這事也必定大發雷霆，就會燒掉西周的符信，斷絕使臣的往來。這樣您就能用破敗的高都換得一個完整的西周，為什麼不給呢？」公中說：「好吧。」於是就沒有向西周徵兵調糧，反而割出了高都。楚軍最後也沒有攻下雍氏而離去了。

蘇厲謂周君

原文

蘇厲謂周君曰：「敗韓、魏，殺犀武，攻趙，取藺、離石、祁者，皆白起。是攻用兵①，又有天命也。今攻梁②，梁必破，破則周危，君不若止之。謂白起曰：『楚有養由基者，善射；去柳葉者百步而射之③，百發百中。左右皆曰善。有一人過曰，善射，可教射也矣。養由基曰，人皆善，子乃曰可教射，子何不代我射之也。客曰，我不能教子支左屈右④。夫射柳葉者，百發百中，而不已善息，少焉氣力倦，弓撥矢鈎，一發不中，前功盡矣。今公破韓、魏，殺犀武，而北攻趙，取藺、離石、祁者，公也。公之功甚多。今公又以秦兵出塞，過兩周，踐韓而以攻梁，一攻而不得，前功盡滅，公不若稱病不出也。』」

注釋

①攻：通「功」，巧，善。

②梁：魏都大梁，今河南開封市。

③去：距離。

④支左屈右：善射之法。

譯文

　　蘇厲對周君說：「打敗韓、魏兩國，殺死韓將犀武，攻破趙國，奪取藺、離石、祁三地的人都是白起。這是白起善於用兵，又有天命相助的緣故。現在他又進攻魏國大梁，大梁必定被攻破，大梁一破西周就危險了，君王不如去勸阻他。您可以這樣對白起說：『從前楚國有個叫養由基的人，善於射箭，離柳葉一百步而對射，百發百中，左右的人都叫好。有一個人從旁邊走過說：你很會射箭，可以教射箭了。養由基說，別人都說我射得好，你卻說才可以教射，你何不替我射它一下。這人說，我不能教你左臂支、右臂屈的那種射擊法。射柳葉，即使百發百中，您卻不善於歇息，射過一會兒之後力氣倦怠，便會弓不正箭不直，將要一次也射不中，那就前功盡棄了。現在您已經擊破韓、魏兩國，殺死了犀武，並且向北攻破趙國，奪取了趙國的藺、離石、祁等，這些地方的都是您。您的功勞太多了。現在您又率領秦兵出塞，經過東、西兩周，踏過韓國來攻打大梁，如果一舉進攻而不取勝，豈不前功盡滅，所以您還不如稱病不出兵攻魏為好。』」

楚兵在山南

原文

　　楚兵在山南，吾得將為楚王屬怨於周①。或謂周君曰：「不如令太子將軍正迎吾得於境，而君自郊迎，令天下皆知君之重吾得也②。因泄之楚，曰：『周君所以事吾得者器，必名曰某。』楚王必求之，而吾得無效也③，王必罪之。」

注釋

　　①吾得：楚將名。屬怨：結怨。

②重：尊重。

③效：獻。

譯文

　　楚軍進駐在伊闕山的南邊，楚將吾得打算替楚王去結怨周君（即與周交戰）。有人對周君說：「不如讓太子同軍正一起到邊境上去迎接吾得，而您自己也親自到郊外去迎接，讓天下人都知道君王是尊重楚將吾得的。再有意地向楚國透露說：『周君所用來事奉吾得的東西，必定是一件什麼寶物。』楚王也一定想得到這件寶物，可是吾得卻沒有拿到什麼寶物，因此無法獻出來，這樣楚王一定會怪罪他的。」

司寇布為周最謂周君

原文

　　司寇布為周最謂周君曰①：「君使人告齊王以周最不肯為太子也，臣為君不取也。函冶氏為齊太公買良劍，公不知善，歸其劍而責之金②。越人請買之千金，折而不賣③。將死，而屬其子曰④：『必無獨知。』今君之使最為太子，獨知之契也⑤，天下未有信之者也⑥。臣恐齊王之為君實立果而讓之於最，以嫁之齊也⑦。君為多巧，最為多詐，君何不買信貨哉⑧？奉養無有愛於最也⑨，使天下見之。」

注釋

　　①司寇布：周臣。司寇，主管刑獄的最高長官。布，為其名。

　　②責：求，索取。

　　③折：虧損，不夠本錢。

　　④屬：通「囑」。

　　⑤契：約。

　　⑥信：知。

　　⑦嫁：欺。

　　⑧信貨：人所共知的珍物，比喻周最。

⑨愛：仁惠。

譯文

　　司寇布替周最對周君說：「您想派人到齊國把周最不想做太子的事告訴齊王，我認為您的作法不可取。過去函冶氏替齊太公買了一把寶劍，太公沒有看出寶劍質地的優良，就把這把寶劍還給了函冶氏而要回買劍的錢。一個越國人願意出一千斤金買這把寶劍，函冶氏認為不夠本沒有賣。函冶氏臨死時，囑咐他兒子說：『千萬不要只有自己知道這把寶劍的價值。』現在您想讓周最做太子，只有您自己一個人知道，諸侯都不知道這件事。我只怕齊王要說您實際上是想立周果為太子，而謊說想立周最，藉以欺騙齊國。如果有人認為您是在玩弄計謀，而周最又是詭計多端，那麼您為什麼不買真正為眾人所知的好貨呢？對親人奉養沒有比周最再仁惠的了，應該讓天下人都知道。」

秦策

　　《秦策》記述了秦國歷史上的重大事件。《衛鞅亡魏入秦》記述了戰國時期秦孝公任用商鞅為相，商鞅依法治國，一年之後秦國大治，成為諸侯中勢力最強大的一個，這件事。但不幸的是，商鞅未能善終，而是落了個車裂的下場，其歷史悲劇值得我們深思。《蘇秦始將連橫》記述了蘇秦以連橫之計上書秦王失敗之後，又發憤讀書，最後以合縱之策遊說諸侯，而達到富貴地位的歷史故事。《秦惠王謂寒泉子》寫秦惠王接受寒泉子派張儀出使山東六國的建議。《司馬錯與張儀爭論於秦惠王前》記述了秦惠王的兩位大臣司馬錯和張儀在秦國的發展道路上的爭論，他們一個主張伐韓，一個主張伐蜀。但秦惠王最終選擇了後者，歷史證明，其選擇是正確的。《張儀欲以漢中與楚》寫甘茂對張儀勸秦惠王割讓漢中之地以與楚和策略的駁斥。文章雖短，但把張儀的目光短淺和甘茂的深謀遠慮刻畫得惟妙惟肖。《齊助楚功秦》寫的是張儀為秦拆散齊、楚聯盟之事。這一事件成為秦併六國的重要轉捩點。《楚絕齊齊舉兵伐楚》寫陳軫巧解秦國對楚國的威脅。《醫扁鵲見秦武王》寫名醫扁鵲為秦武王治病。《秦武王謂甘茂》記述甘茂使魏，並最終與秦武王盟於息壤之事。《薛公為魏謂魏冉》寫薛公田文勸秦國穰侯魏冉支持魏國攻齊之事。《秦客卿造謂穰侯》寫秦客卿造為穰侯出「使燕專志於攻齊」之策。《范雎至秦》記述范雎勸諫秦昭王在軍事上採用遠交近攻的策略，在朝政上廢除「四貴」（太后、穰侯、高陵君、涇陽君）的治國之道。《秦攻邯鄲》記述秦將王稽不善待下屬，終致獲罪；而舉薦王稽受到牽連的范雎則巧妙地逃脫了株連。《蔡澤見逐於趙》寫范雎在秦國因薦人不當而深感內心慚愧與不安，燕人蔡澤乘此機會入秦勸諫范雎激流勇退，以免重蹈商君、白公、吳起、大夫種等人功成不去、終以禍終的悲慘結局。《秦昭王謂左右》寫秦國大臣中期勸諫秦昭王戒驕戒躁之事。《楚王使景鯉如秦》寫楚懷王相景鯉巧諫秦王，解除了自己被秦王殺害的危險。《濮陽人呂不韋賈於邯鄲》則記述了呂不韋的傳奇經歷。

衛鞅亡魏入秦

原文

　　衛鞅亡魏入秦①，孝公以為相②，封之於商③，號曰商君④。商君治秦，法令至行⑤，公平無私，罰不諱強大⑥，賞不私親近，法及太子，黥劓其傅⑦。期年之後⑧，道不拾遺，民不妄取，兵革大強，諸侯畏懼。然刻深寡恩⑨，特以強服之耳⑩。

注釋

　　①衛鞅：衛國貴族的後代，又名公孫鞅，秦孝公封他於商，故名商鞅。
　　②孝公：獻公之子，名渠梁，秦國第二十九君，西元前361～前338年在位。
　　③商：地名，在今陝西商縣東南。
　　④君：古代一種尊稱，如孟嘗君、信陵君、平原君、春申君等。
　　⑤至：大。
　　⑥諱：避忌。
　　⑦黥（ㄑㄧㄥˊ）：古代肉刑的一種，用刀刺犯人面額後，再用墨塗，即墨刑。劓（ㄧˋ）：古代五刑之一，即割鼻。鮑彪注：「墨其顙曰黥，截其鼻曰劓。」
　　⑧期（ㄐㄧ）年：週年。
　　⑨刻深寡恩：高誘注：「刻，急也。寡，少也。深，重也。言少恩仁也。」
　　⑩特：只。

譯文

　　衛鞅從魏國逃往秦國，秦孝公讓他做相國，封給他商地，稱為商君。商君治理秦國，法令大行，公平不偏袒，懲罰違法者不避強宗大族，獎賞有功者不偏袒親屬近臣，太子犯法也要受制裁，即太子的老師要受黥、劓之刑。商君的法令施行一年之後，路上丟失的東西沒有人去撿拾，老百姓不敢亂取非分之財，國家兵力強大，各諸侯國都害怕秦國。但是，商君執

法過於苛刻嚴峻，只是用強制手段迫使群臣百姓服從而已。

原文

　　孝公行之八年，疾且不起，欲傳商君①，辭不受。孝公已死，惠王代後，蒞政有頃②，商君告歸③。

　　人說惠王曰④：「大臣太重者國危，左右太親者身危。今秦婦人嬰兒皆言商君之法，莫言大王之法，是商君反為主，大王更為臣也⑤。且夫商君，固大王仇讎也⑥，願大王圖之⑦。」商君歸還，惠王車裂之⑧，而秦人不憐。

注釋

　　①傳：讓位。
　　②蒞（ㄌㄧˋ）政：執政。
　　③商君告歸：鮑彪注：「懼誅歸商。」高誘注：「懼惠王誅之，欲還歸魏也。」
　　④說：勸說，遊說。
　　⑤更：變。
　　⑥仇讎（ㄔㄡˊ）：仇敵。
　　⑦圖：謀，計議。
　　⑧車裂：古代酷刑之一。被刑者的四肢及頭縛在五輛車上，以五馬駕車，同時分馳，撕裂肢體。亦稱「轘」（ㄏㄨㄢˋ）或「轘刑」，又稱「肢解」，俗稱「五馬分屍」。

譯文

　　秦孝公用商君法令治國八年後，大病不起，想把王位傳給商君，商君辭謝不接受。後來，孝公去世，他的兒子惠王繼位，執政不久，商君害怕惠王陷害自己，想要回到魏國去。

　　有人對惠王說：「大臣聲望過重，將危及國家，左右之人太接近國君，將危及君王自身。如今，連秦國的婦女孩童都在談論商君的法令，卻沒有人談論大王的法令。這是商君反臣為主，而大王您倒變成了人臣了。商君本來就是大王的仇敵啊！希望大王計議此事。」商君歸魏不成，又返

回秦國，秦惠王對他施用了車裂的酷刑，但秦國人一點也不憐憫他。

蘇秦始將連橫

原文

　　蘇秦始將連橫說秦惠王曰①：「大王之國，西有巴、蜀、漢中之利，北有胡貉、代馬之用，南有巫山、黔中之限，東有肴、函之固，田肥美，民殷富②，戰車萬乘，奮擊百萬③，沃野千里，蓄積饒多，地勢形便④，此所謂天府，天下之雄國也。以大王之賢，士民之眾，車騎之用⑤，兵法之教，可以併諸侯，吞天下，稱帝而治。願大王少留意，臣請奏其效。」

　　秦王曰：「寡人聞之，毛羽不豐滿者不可以高飛，文章不成者不可以誅罰⑥，道德不厚者不可以使民⑦，政教不順者不可以煩大臣。今先生儼然不遠千里而庭教之，願以異日⑧。」

注釋

　　①連橫：聯合關東諸國共同事秦。

　　②殷：盛，多。

　　③奮擊：勇於殊死作戰的士卒。

　　④地勢形便：所處的地理位置險要有利，而山、川、草、木諸地形有利；攻之不可得，守之不可破。勢，力。便，利。

　　⑤騎（ㄐㄧˋ）：一人一馬為騎。

　　⑥文章：法令。

　　⑦道德：仁義恩惠。

　　⑧異日：他日。

譯文

　　蘇秦起初用連橫的主張去遊說秦惠王說：「您的國家，西面有巴、蜀、漢中這些富饒的土地，北面有胡地出產的貉皮和代地出產的良馬可供使用，南面有巫山、黔中的險阻，東面有肴山、函谷關的堅固。田地肥美，百姓眾多而且富裕，戰車上萬輛，勇士有百萬，沃野千里，物產豐

富，地理環境又便於攻守，這真稱得上是天然的寶庫，天下最強大的國家了。憑著大王您的賢明，百姓的眾多，將士的聽命效勞，兵法的熟習，盡可以兼併諸侯，吞滅天下，稱帝王而統治諸侯了。請大王稍稍留意我的話，讓我陳說能使秦國地利兵強見到功效的方法。」

　　秦王說：「我曾聽到這樣的說法，羽毛不豐滿的，不可以高飛；法令不完備的，不可以用刑罰；道德不厚重的，不可以驅使百姓；政治教化不昌明的，不可以煩勞大臣。現在先生不遠千里來到朝廷上莊重嚴正地指教我，請把這件事推遲到以後再議吧。」

原文

　　蘇秦曰：「臣固疑大王之不能用也。昔者神農伐補遂，黃帝伐涿鹿而擒蚩尤，堯伐驩兜，舜伐三苗，禹伐共工，湯伐有夏，文王伐崇，武王伐紂，齊桓任戰而伯天下①。由此觀之，惡有不戰者乎②？古者使車轂擊馳③，言語相結，天下為一；約從連橫，兵革不藏；文士並飭④，諸侯亂惑，萬端俱起，不可勝理；科條既備，民多偽態；書策稠濁⑤，百姓不足，上下相愁，民無所聊；明言章理，兵甲愈起；辯言偉服，戰攻不息；繁稱文辭，天下不治；舌弊耳聾，不見成功；行義約信，天下不親。於是，乃廢文任武，厚養死士，綴甲厲兵，效勝於戰場。夫徒處而致利，安坐而廣地，雖古五帝、三王、五伯，明主賢君，常欲坐而致之，其勢不能，故以戰續之。寬則兩軍相攻，迫則杖戟相撞，然後可建大功。是故兵勝於外，義強於內，威立於上，民服於下。今欲併天下，凌萬乘，詘敵國⑥，制海內，子元元，臣諸侯，非兵不可！今之嗣主，忽於至道，皆惛於教⑦，亂於治，迷於言，惑於語，沉於辯，溺於辭。以此論之，王固不能行也。」

注釋

　　①任：用。伯（ㄅㄚˋ）：通「霸」。
　　②惡：何，哪。
　　③使車：出使別國的使臣所乘的車。轂（ㄍㄨˇ）：車軸兩端突出的部分。
　　④飭：通「飾」。
　　⑤稠：多。濁：亂。

⑥詘（ㄑㄩ）：使屈服。

⑦惛（ㄏㄨㄣ）：不明。

譯文

　　蘇秦說：「我本來就懷疑大王是不會採納我的主張的。從前神農氏攻打補遂，黃帝攻打涿鹿擒獲蚩尤，唐堯攻打驩兜，虞舜攻打三苗，夏禹攻打共工，商湯攻打夏桀，周文王攻打崇國，周武王攻打商紂，齊桓公用戰爭做了天下的霸主。從這些情況看來，要想兼併天下，哪有不用戰爭的道理呢？古時使者車轂互相碰撞，來往奔馳，各國都用言語互相訂立盟約，天下得以統一；後來，約縱連橫相互對抗，武器並沒有棄用；文人辯士花言巧語競相遊說，使諸侯迷惑昏亂，各種矛盾和事端因此而產生，天下繁亂而無法治理；法令條規全制訂了，老百姓卻不能信守，多是虛假應付；文書、簡策繁多雜亂，老百姓反而不能豐足，君臣上下互相憂怨，民眾無所依賴；越是講那些冠冕堂皇的道理，戰爭越多，身著盛裝的說客越是能言善辯，戰爭就越是不能停息；越偏重那些繁雜的說教和浮誇的言辭，天下就越是不能治理；說的人舌頭都說破了，聽的人耳朵都被震聾了，卻見不到成效；行動看似正義，又用盟信約束，可是天下的人卻不親近。於是，放棄文治，崇尚武功，豢養一批批不怕死的武士，製作盔甲，磨礪好兵器，決勝於戰場。如果只是白白待著而想得到好處，安坐不動而想擴大領土，即使是古代的五帝、三王、五霸和那些賢明的君主，只想坐而得利，那也是辦不到的啊！所以只好用戰爭來接替文治。兩軍相距遠時，便互相攻打；距離近時，就手持武器互相搏擊，這樣才可以建立起偉大的功業。因此，兵士在外打勝仗，君主在國內施仁政，國家的威望就樹立起來了，下面的老百姓也就服從了。如今要想吞併天下，凌駕超過擁有兵車萬輛的諸侯，讓敵國屈服，從而統治天下，以百姓為子，使諸侯稱臣，非用兵不可。現在那些繼承王位的君主，卻忽略了用兵這一至關重要的道理，他們都被政教所昏亂，被花言巧語所迷惑，沉溺於辯論和辭令之中。照這樣說來，大王您本來就不能推行霸業的。」

原文

　　說秦王書十上而說不行，黑貂之裘弊，黃金百斤盡，資用乏絕，去

秦而歸，贏縢履蹻①，負書擔橐，形容枯槁，面目犁黑，狀有愧色。歸至家，妻不下紝，嫂不為炊，父母不與言。蘇秦喟歎曰：「妻不以我為夫，嫂不以我為叔，父母不以我為子，是皆秦之罪也。」乃夜發書②，陳篋數十③，得太公陰符之謀，伏而誦之，簡練以為揣摩。讀書欲睡，引錐自刺其股④，血流至足。曰：「安有說人主不能出其金玉錦繡，取卿相之尊者乎？」期年揣摩成，曰：「此真可以說當世之君矣！」

注釋

①贏（ㄌㄟ／）：纏繞。縢（ㄊㄥ／）：綁腿布。蹻（ㄐㄩㄝˊ）：草鞋。

②發：取出。

③篋（ㄑㄧㄝˋ）：書箱。

④股：大腿。

譯文

蘇秦遊說秦王的奏章上了十次，遊說還是沒有成功。弄得黑貂皮衣服也破了，百斤黃金也用光了，費用沒有了，只得離開秦國回家去。他腿上纏著裹腿，腳上穿著草鞋，背上背著書箱，肩上挑著擔子，模樣憔悴，面目黝黑，一副慚愧的樣子。回到家裡，妻子不下織布機，嫂子不給他做飯，父母不同他說話。蘇秦長歎一聲說：「唉！妻子不把我當丈夫，嫂子不把我當叔子，父母不把我當兒子，這都是我蘇秦自己的過錯呀！」於是，蘇秦便連夜發奮讀書，把幾十箱書打開，找到了呂尚所著的名叫《陰符》的兵法書，伏案誦讀，熟記書中精要處，並深入研究它的本意。讀到困倦欲睡時，就拿錐子刺自己的大腿，鮮血直流到腳跟。蘇秦說：「哪有去遊說君王，卻不能拿到黃金、美玉、錦緞，讓我得到公卿相國的尊貴位置的呢？」過了一整年，他的兵法研究成熟了，便說：「這回真可以去遊說當代的國君了。」

原文

於是乃摩燕烏集闕①，見說趙王於華屋之下，抵掌而談②。趙王大悅，封為武安君。受相印，革車百乘③，錦繡千純，白璧百雙，黃金萬溢，以

隨其後，約從散橫，以抑強秦④。

注釋

①摩：切近。
②抵掌而談：談得融洽投機。抵，側擊。
③革車：兵車。
④抑：抵抗。

譯文

　　於是蘇秦便走到燕烏集宮闕，在華麗堂皇的大殿中會見趙王，談得很融洽。趙王非常高興，就封蘇秦為武安君，並授給他相印，給兵車一百輛，錦緞一千匹，白璧一百雙，黃金二十萬兩，帶著它們到各諸侯國去，聯合山東六國，破壞連橫的謀劃，以此來抵抗強大的秦國。

原文

　　故蘇秦相於趙而關不通。當此之時，天下之大，萬民之眾，王侯之威，謀臣之權，皆欲決蘇秦之策。不費斗糧，未煩一兵，未戰一士，未絕一弦，未折一矢，諸侯相親，賢於兄弟①。夫賢人在而天下服，一人用而天下從，故曰：式於政不式於勇②；式於廊廟之內，不式於四境之外。當秦之隆，黃金萬溢為用，轉轂連騎③，炫煌於道，山東之國，從風而服，使趙大重。且夫蘇秦，特窮巷掘門桑戶棬樞之士耳④，伏軾撙銜⑤，橫歷天下⑥，廷說諸侯之王，杜左右之口，天下莫之能伉⑦。

注釋

①賢於：超過，勝過。
②式：用。
③轉轂連騎：車馬成隊。
④特：只不過。棬樞：用樹枝圈成門樞。
⑤伏軾（ㄕˋ）撙（ㄗㄨㄣˇ）銜：伏在車前的橫木上，拉著馬的勒頭。形容蘇秦乘車出遊的得意態。軾，車前扶手的橫木。撙，勒住。銜，用青銅或鐵製成的馬具，放在馬口上，用以勒馬。

⑥橫：遍。歷：經，行。

⑦伉：通「抗」。

譯文

　　因此，蘇秦在趙國做了宰相，各國都斷絕了同秦國的聯繫，六國的要塞，也都不和秦國相通了。在這個時候，天下如此之大，百姓這樣眾多，王侯這等威嚴，謀臣這麼有權勢，全都要取決於蘇秦的計謀。蘇秦沒有耗費一斗糧餉，沒有煩勞一兵一卒，沒有讓一位將軍去領兵打仗，沒有斷一根弓弦，沒有折一支竹箭，就使諸侯相親相愛，比親兄弟還要親。這就是說，賢人在位，天下自然信服，一人用事天下都順從。因此說：賢人要使用政治，不要使用武力；在朝廷之內決策天下大事，不必在國境之外去行動。正當蘇秦聲勢大振的時候，趙王拿出萬鎰黃金供給他使用，車馬成隊，威風凜凜地來往於大道上，山東各國像風吹草倒一樣地迅速附從，使趙國受到諸侯的尊重。而蘇秦只不過是一個窮巷中以桑板為門戶、圈著樹枝條作為門樞、寒窟陋室裡的窮書生罷了。現在他氣派十足地乘著車輛，勒著馬頭，遊歷天下，到各國朝廷去遊說諸侯，堵塞住周圍人們的口，天下沒有任何一個人能和他相比。

原文

　　將說楚王，路過洛陽，父母聞之，清宮除道①，張樂設飲②，郊迎三十里。妻側目而視，傾耳而聽。嫂蛇行匍伏，四拜自跪而謝③。蘇秦曰：「嫂何前倨而後卑也④？」嫂曰：「以季子之位尊而多金。」蘇秦曰：「嗟乎，貧窮則父母不子，富貴則親戚畏懼。人生世上，勢位富貴，蓋可忽乎哉⑤？」

注釋

①宮：房間。除：打掃，清掃。

②張：佈置。設：擺。

③謝：謝罪。

④倨（ㄐㄩ丶）：傲慢。

⑤蓋：同「盍」，何，怎麼。

譯文

當蘇秦將要去遊說楚王時，路過洛陽老家。他的父母聽到這個消息，便趕緊收拾房屋，清掃街道，奏起樂曲，擺出美酒，到城郊三十里去迎接他；他的妻子側著眼不敢正面直視，傾著耳朵細聽；他的嫂子伏在地上爬行，一連拜了四拜，跪著謝罪。蘇秦問他嫂子說：「嫂子，你為什麼以前那麼傲慢，現在卻又如此謙卑呢？」他嫂子回答說：「因為小叔現在地位顯貴，並且又有那麼多的金錢！」蘇秦歎息說：「唉！貧困時，父母不把我當兒子；富貴了，連家裡的親人都畏懼我。人生在世，權勢地位和金錢財富怎麼可以忽視呢？」

秦惠王謂寒泉子

原文

秦惠王謂寒泉子曰：「蘇秦欺寡人，欲以一人之智，反覆東山之君，從以欺秦[1]。趙固負其眾[2]，故先使蘇秦以幣帛約乎諸侯。諸侯不可一，猶連雞之不能俱止於棲之明矣。寡人忿然，含怒日久，吾欲使武安子起往喻意焉[3]。」寒泉子曰：「不可。夫攻城墮邑，請使武安子。善我國家使諸侯，請使客卿張儀。」秦惠王曰：「受命。」

注釋

①從：合縱。
②負：恃，依仗。
③喻：通「諭」，告知。

譯文

秦惠王對寒泉子說：「蘇秦欺騙我，想憑他一個人的才智，去策反山東六國國君聯合起來欺騙秦國。趙國必定依仗財多人眾，而搶先讓蘇秦帶著財寶和錦繡去同各諸侯國謀約攻擊我國。各諸侯國的想法不可能完全一致，就如同你不能把幾隻雞用繩子拴在一起放在雞舍之中一樣。我對蘇秦

非常氣憤，心懷怒氣已經很久了，我打算派遣白起將軍前往山東各國去勸告他們。」寒泉子說：「不行。攻城陷邑，請派遣白將軍。要讓各諸侯友善我國，請派遣客卿張儀。」秦惠王說：「我接受先生的指教。」

司馬錯與張儀爭論於秦惠王前

原文

　　司馬錯與張儀爭論於秦惠王前。司馬錯欲伐蜀，張儀曰：「不如伐韓。」王曰：「請聞其說。」

　　對曰：「親魏善楚，下兵三川，塞轘轅、緱氏之口①，當屯留之道②，魏絕南陽③，楚臨南鄭，秦攻新城、宜陽，以臨二周之郊，誅周主之罪④，侵楚、魏之地。周自知不救，九鼎寶器必出。據九鼎，按圖籍⑤，挾天子以令天下，天下莫敢不聽，此王業也。今夫蜀，西辟之國⑥，而戎狄之長也，弊兵勞眾不足以成名⑦，得其地不足以為利。臣聞：『爭名者於朝，爭利者於市。』今三川、周室，天下之市朝也，而王不爭焉，顧爭於戎狄⑧，去王業遠矣。」

注釋

　　①轘（ㄏㄨㄢˋ）轅、緱（ㄍㄡ）氏：二險道，在河南。
　　②當：通「擋」。
　　③絕：使斷絕。
　　④誅：懲罰，聲討。
　　⑤按圖籍：圖指地圖；籍指登記人口、財帛、糧食之文簿。鮑彪注：「土地之圖，人民、金、穀之籍。」按，通「案」，考察、掌握。
　　⑥辟：通「僻」，邊遠，偏遠。
　　⑦弊：疲。
　　⑧顧：反而，卻。

譯文

　　秦將司馬錯與張儀在秦惠王面前爭論，司馬錯要攻打蜀國，張儀說：

「不如攻打韓國。」秦惠王說：「請你們各自說說理由，讓我聽聽。」

張儀說：「我們先去親近魏國，和楚國友好，然後出兵三川，阻塞轘轅、緱氏兩地的要道關口，擋住屯留的道路，讓魏國隔斷南陽，讓楚國迫近南鄭，我們秦國攻下新城、宜陽，一直打到西、東兩周的城郊，聲討周王的罪孽，再去佔領楚國、魏國的土地。周王自知無法解救，一定會獻出九鼎寶器。我們佔有了九鼎寶器，掌握地圖和戶籍，就可以脅迫周天子去向天下發號施令，天下沒有誰敢不聽從的，這是統一天下的功業。現在那蜀國，是西方偏遠的國家，而且是戎狄部落的首領，我們去攻打它，疲兵勞民而不能揚名天下，奪取那塊土地也不能獲得實際利益。我聽說：『爭名的人要到朝廷去，爭利的人要到市場去。』現在的三川、周室，就好比是天下的朝廷和市場，大王您不去爭奪，反而去和戎狄這樣偏遠落後的國家去爭奪，這離建立帝王大業實在是太遠了。」

原文

司馬錯曰：「不然。臣聞之，欲富國者，務廣其地①；欲強兵者，務富其民；欲王者，務博其德。三資者備②，而王隨之矣③。今王之地小民貧，故臣願從事於易。夫蜀，西辟之國也，而戎狄之長也，而有桀、紂之亂。以秦攻之，譬如使豺狼逐群羊也。取其地，足以廣國也；得其財，足以富民；繕兵不傷眾④，而彼已服矣。故拔一國，而天下不以為暴；利盡西海，諸侯不以為貪。是我一舉而名實兩附，而又有禁暴止亂之名。今攻韓劫天子，劫天子，惡名也，而未必利也，又有不義之名，而攻天下之所不欲，危！臣請謁其故⑤：周，天下之宗室也；齊，韓、周之與國也。周自知失九鼎，韓自知亡三川，則必將二國並力合謀，以因於齊、趙，而求解乎楚、魏⑥。以鼎與楚，以地與魏，王不能禁。此臣所謂『危』，不如伐蜀之完也⑦。」惠王曰：「善！寡人聽子。」

卒起兵伐蜀，十月取之，遂定蜀。蜀主更號為侯，而使陳莊相蜀。蜀既屬⑧，秦益強富厚，輕諸侯。

注釋

①務：一定，務必。吳師道云：「務，專力也。」
②資：謀，條件。

③王：用作動詞，稱王。

④繕兵：治理。

⑤謁：告，陳述。

⑥乎：同「於」，向。

⑦完：萬全，穩妥。

⑧屬：附，歸服。

譯文

司馬錯說：「不是這樣的。我聽說過這樣的話，要想富國，一定要擴大他的土地；要想強兵，一定要使他的百姓富足起來；要想稱霸天下，一定要廣施他的德政。這三個條件具備了，那麼稱霸天下的事業自然會隨之而來。現在大王您的地方小，百姓窮，所以我想先收拾容易對付的國家。蜀國是西方偏僻的國家，也是戎狄各族的首領，並且那裡還有夏桀、商紂那樣的禍亂。用秦國的兵力去攻打它，就好比豺狼驅趕羊群一樣，輕而易舉地就能取勝。我們取得了它的土地，便能擴大疆土；得到了它的財物，便能使百姓富足；只要整治好軍隊，並不一定去傷勞民眾，蜀國也就已經降服了。滅掉一個小國，天下的人不會認為殘暴，佔有了西蜀的全部財富，各諸侯也不會認為是貪婪。這樣的一次用兵，可以名實兩收，而且還能得到制止暴虐和平息騷亂的好名聲。現在如果去攻打韓國、劫持天子，而劫持天子，這是很壞的名聲啊！而且不一定有好處，還會落個不義的名聲，去攻打天下人不願意攻打的國家，是很危險的！請讓我講明理由：周室是天下的宗主，齊國、韓國是周室交好的國家。周室如果自知要失去九鼎，韓國自知要失去三川，兩國將通力合作，依靠齊國和趙國，並且會向楚國和魏國求救。如果周室把九鼎給楚國，韓國把三川給魏國，那大王是不能制止的。這就是我所說危險的原因，所以攻打韓國不如攻打蜀國萬全。」秦王說：「很好，我聽從你的意見。」

最後，秦國出兵攻打蜀國，用了十個月便佔領了它，接著平定了蜀國。蜀國國君改稱為侯，秦惠王派陳莊做蜀相。蜀國既已歸服秦國，秦國便更為強大富足，更加輕視各諸侯國了。

張儀欲以漢中與楚

原文

張儀欲以漢中與楚，請秦王曰：「有漢中，蠹①。種樹不處者，人必害之；家有不宜之財②，則傷。今漢中南邊為楚利，此國累也③。」甘茂謂王曰：「地大者，國多憂乎？天下有變，王割漢中以和楚，楚必畔天下而與王④。王今以漢中與楚，即天下有變，王何以市楚也⑤？」

注釋

①蠹（ㄉㄨˋ）：木中蟲，引申為禍害。

②不宜之財：不義之財。

③累：憂患。

④畔：通「叛」。

⑤市：交易。

譯文

張儀想把漢中割讓給楚國，對秦惠王說：「我國有了漢中，就是國家的一個禍害。就好像樹種得不是地方，別人必定要傷害它；又如同家裡有不義之財，也一定會遭受損害。現在漢中南邊為楚國利益的所在，這是秦國的憂患。」甘茂對秦惠王說：「土地廣大，憂患就一定多嗎？天下一有禍亂，您就割讓漢中去求和，楚國必定會背離天下諸侯與您親善。您今天拿出漢中向楚國求和，假若天下再有什麼禍亂，您又拿什麼去與楚國作交易呢？」

齊助楚攻秦

原文

齊助楚攻秦，取曲沃。其後，秦欲伐齊，齊、楚之交善①，惠王患之，謂張儀曰：「吾欲伐齊，齊、楚方歡，子為寡人慮之，奈何？」張儀

曰：「王其為臣約車並幣②，臣請試之。」

　　張儀南見楚王曰：「弊邑之王所說甚者，無大大王；唯儀之所甚願為臣者，亦無大大王。弊邑之王所甚憎者，亦無大齊王；唯儀之甚憎者，亦無大齊王。今齊王之罪，其於弊邑之王甚厚，弊邑欲伐之，而大國與之歡，是以弊邑之王不得事王，而令儀不得為臣也。大王苟能閉關絕齊，臣請使秦王獻商於之地，方六百里。若此，齊必弱，齊弱則必為王役矣。則是北弱齊，西德於秦，而私商於之地以為利也，則此一計而三利俱至。」

（注釋）

　　①善：友善，親善。
　　②約：具，備。

原文 譯文

　　齊國幫助楚國攻打秦國，奪取了秦國的曲沃。後來，秦國想要討伐齊國，以報其助楚攻秦之仇，只因齊國和楚國互相親善，秦惠王為此很憂慮，對張儀說：「我想討伐齊國，可齊、楚兩國正處在友好的時候，你替我謀劃謀劃，怎麼樣？」張儀說：「請大王為我預備車馬和禮物，讓我去試試看。」

　　張儀前往南方拜見楚懷王說：「我們國王最喜歡的人，莫過於大王您了；我所最願做臣子的，也莫過於大王您了。我們國王最憎惡的人，也莫過了齊威王了；我所最憎惡的人，也莫過於齊威王了。現在齊威王的罪惡，對於我們國王來說，是最深重的，我國想要討伐他，只是貴國與他友好，因此我們國王就不能聽從您的吩咐，我也不能做您的臣子了。大王如果能關閉關卡與齊國斷絕來往，我就請秦王獻出方圓六百里的商於之地。這樣一來，齊國失去援助而必然受到削弱，齊國一旦衰弱，就必定受大王驅使了。那麼，在北面大王可以使齊國衰弱，在西面又有恩於秦，還可以私下獲得商於之地，這一計策可以同時給您帶來三種好處。」

原文

　　楚王大說，宣言之於朝廷，曰：「不穀得商於之地，方六百里。」群臣聞見者畢賀，陳軫後見，獨不賀。楚王曰：「不穀不煩一兵，不傷

一人，而得商於之地六百里，寡人自以為智矣！諸士大夫皆賀，子獨不賀，何也？」陳軫對曰：「臣見商於之地不可得，而患必至也，故不敢妄賀。」王曰：「何也？」對曰：「夫秦所以重王者，以王有齊也。今地未可得而齊先絕，是楚孤也，秦又何重孤國？且先出地絕齊，秦計必弗為也。先絕齊後責地①，且必受欺於張儀。受欺於張儀，王必惋之②。是西生秦患，北絕齊交，則兩國兵必至矣。」楚王不聽，曰：「吾事善矣！子其弭口無言③，以待吾事。」楚王使人絕齊，使者未來，又重絕之。

注釋

①責：索取。
②惋：怨恨。
③弭：止。

譯文

　　楚懷王聽了張儀的話心裡非常高興，便在朝廷上宣佈說：「我已得到了秦國的商於之地，方圓共六百里。」聽到這個消息的臣子們都表示祝賀，陳軫最後一個去見楚懷王，只有他一人不表示祝賀。楚王說：「我不煩勞一兵，也不損失一人，卻得到了商於土地六百里，我自認為夠聰明的了！各位士大夫都來道賀，唯獨你不祝賀，為什麼？」陳軫回答說：「依我看來商於這地方是得不到的，不但得不到，而且禍患必然來到，所以不敢隨便祝賀。」楚懷王說：「為什麼？」陳軫回答說：「秦王之所以重視您，是因為您有齊國的援助。現在土地還沒有得到卻先和齊國絕交了，這樣就使楚國陷入孤立，秦國又何必要重視一個孤立無援的國家呢？但是要秦國先交出土地然後再與齊國絕交，按秦國的計策一定不會這樣做。如果我們先和齊國絕交然後去向秦國索取土地，必然會被張儀欺騙。受了張儀的欺騙，大王必定要悔恨。這樣在西邊便產生了秦國的禍害，北邊又和齊國斷交了，那麼，秦、齊兩國的軍隊必將到來。」楚王不聽陳軫的話，說：「我辦的事很好！你閉住嘴不必多言，等著我辦得好事吧。」楚王派出使者和齊國斷交，使者還沒有回來，便又派另一個使者去談絕交的事。

原文

　　張儀反①，秦使人使齊，齊、秦之交陰合。楚因使一將軍受地於秦。張儀至，稱病不朝。楚王曰：「張子以寡人不絕齊乎？」乃使勇士往詈齊王②。張儀知楚絕齊也，乃出見使者曰：「從某至某，廣從六里。」使者曰：「臣聞六百里，不聞六里。」儀曰：「儀固以小人，安得六百里？」使者反報楚王，楚王大怒，欲興師伐秦。陳軫曰：「臣可以言乎？」王曰：「可矣。」軫曰：「伐秦非計也，王不如因而賂之一名都，與之伐齊，是我亡於秦而取償於齊也。楚國不尚全乎？王今已絕齊，而責欺於秦，是吾合齊、秦之交也，固必大傷。」

　　楚王不聽，遂舉兵伐秦。秦與齊合，韓氏從之。楚兵大敗於杜陵。故楚之土壤士民非削弱，僅以救亡者，計失於陳軫，過聽於張儀。

注釋

①反：通「返」。
②詈（ㄌㄧˋ）：罵。

譯文

　　張儀回到秦國以後，秦國派人出使齊國，齊、秦兩國暗中講和。楚國依照張儀的許諾派出一位將軍去接受土地，張儀回到秦國，假裝有病不見楚將。楚懷王說：「張儀大概以為我不會和齊國絕交吧？」便派勇士去大罵齊王。張儀知道楚國已經和齊國絕交，便出來會見楚國的使臣說：「從某處到某處，縱橫六里，請貴使臣接收吧。」楚國的使者說：「我聽說是六百里，而不是六里。」張儀說：「我本來就是一個卑微貧賤的人，哪裡有六百里獻給貴國呢？」使者便回去報告楚王，楚王大怒，想出兵討伐秦國。陳軫說：「我可以說話嗎？」楚王說：「可以。」陳軫曰：「討伐秦國不是好計策，您不如趁勢送給他一個大都邑，和他一同去討伐齊國，這樣，我國丟了一個都邑給秦國，卻可以從齊國的領土得到補償。楚國不是仍然很完整嗎？您現在已經和齊國絕了交，卻譴責秦國的欺騙，這樣，我國反而使齊、秦兩國聯合起來了，那麼我國就一定會大受損失。」

　　楚王聽不進去，於是發兵討伐秦國。秦國與齊國聯合起來，韓國也加入其中。楚軍在杜陵被打得大敗。結果楚國的土地和軍民不但被削弱了，

而且僅能使國家不亡，這都是由於沒有採用陳軫的計策，而錯誤地聽信了張儀的話。

楚絕齊齊舉兵伐楚

原文

　　楚絕齊，齊舉兵伐楚。陳軫謂楚王曰：「王不如以地東解於齊，西講於秦①。」

　　楚王使陳軫之秦。秦王謂軫曰：「子秦人也②，寡人與子故也③，寡人不佞，不能親國事也，故子棄寡人事楚王。今齊、楚相伐，或謂救之便，或謂救之不便，子獨不可以忠為子主計，以其餘為寡人乎？」陳軫曰：「王獨不聞吳人之遊楚者乎④？楚王甚愛之，病，故使人問之，曰：『誠病乎？意亦思乎⑤？』左右曰：『臣不知其思與不思，誠思則將吳吟。』今軫將為王吳吟。王不聞管與之說乎⑥？有兩虎諍人而鬥者，卞莊子將刺之⑦，管與止之曰：『虎者，戾蟲⑧；人者，甘餌也。今兩虎諍人而鬥，小者必死，大者必傷。子待傷虎而刺之，則是一舉而兼兩虎也。無刺一虎之勞，而有刺兩虎之名。』齊、楚今戰，戰必敗。敗，王起兵救之，有救齊之利，而無伐楚之害。計聽知覆逆者，唯王可也。計者，事之本也；聽者，存亡之機也⑨。計失而聽過，能有國者寡也。故曰：『計有一二者難悖也，聽無失本末者難惑⑩。』」

注釋

　　①講（ㄍㄡˋ）：議和，媾和。

　　②子秦人也：高誘注曰：「軫先仕於秦，故言秦人。」

　　③故：高誘注曰：「故，舊。」意思是説秦王與陳軫有舊誼。

　　④遊：仕，做官。

　　⑤意：同「抑」，或者，還是。

　　⑥管與：人名。

　　⑦卞莊子：春秋時期魯國勇士。姚本作「官莊子」，鮑本作「卞莊子」，據文意，從鮑本。

⑧戾：兇暴。

⑨機：樞要，關鍵。

⑩惑：迷惑，迷亂。

譯文

　　楚國與齊國斷絕了外交關係，於是齊國出兵討伐楚國。陳軫對楚懷王說：「大王您不如把楚國的土地割給齊國一些，在東面與齊國和解，同時在西面與秦國媾和。」

　　楚懷王派陳軫前往秦國，秦惠王對陳軫說：「你是秦國人，我和你是老交情，我沒有才智，不能主持國事，所以你離開我去侍奉楚王了。現在齊、楚二國互相討伐，有人說救楚有利，有人說救楚無利，你為什麼不可以用你的忠心為楚懷王謀劃，然後再用你的餘力為我出出主意呢？」陳軫說：「大王難道沒有聽說過一位吳國人到楚國做官的事情嗎？楚王非常喜愛他，那位吳國人病了，楚王特意派人去探問：『是真的病了？還是思念吳國了？』左右的人說：『我不知道他是否思念吳國，如果真的思念的話，他就會發出吳國人的聲音。』現在我陳軫就給大王發出吳國的聲音吧。大王您沒聽說過管與的言論嗎？有兩隻老虎因搶著吃一人而搏鬥，卞莊子要去刺殺牠們，管與制止他說：『老虎是一種兇猛的動物，人是牠最美好的食物。現在兩隻虎因爭一人而搏鬥，小老虎一定會死掉，大老虎必定會負傷。你只需等待時機去刺殺負傷的老虎，那可是一舉而能獲得兩隻老虎。』現在齊、楚兩國交戰，交戰雙方必定有一方失敗。一方失敗，大王就可出兵去救助，這樣，能佔有救助齊國的好處，而不會有討伐楚國的壞處。能謀善斷又能預知事情發展的順利與不順利，只有大王您能做到。謀略，是國事的根本；決斷，是存亡的關鍵。謀略錯了而決斷又出現過失，能保住國家的就很少了。所以說：『經過反覆考慮的計謀是難於出現混亂的，雖聽取意見而能不本末倒置的，是難於被迷惑的。』」

醫扁鵲見秦武王

原文

醫扁鵲見秦武王[①]，武王示之病[②]，扁鵲請除[③]。左右曰：「君之病，在耳之前，目之下，除之未必已也，將使耳不聰[④]，目不明。」君以告扁鵲。扁鵲怒而投其石[⑤]：「君與知之者謀之，而與不知者敗之。使此知秦國之政也，則君一舉而亡國矣。」

注釋

①扁鵲：戰國名醫，姓秦名越人，渤海郡（今河北任丘）人。學醫於長桑君，醫療經驗豐富，擅長各科，反對巫術治病。入秦後，太醫令李醯自知不如，派人將他刺死。

②示：告訴。

③除：治療，醫治。

④聰：聽覺靈敏。

⑤石：石針，古時外科醫療工具，用石磨成石針或石刀，用來破癰疽，除膿血。

譯文

名醫扁鵲晉見秦武王，武王告訴他自己的病情，扁鵲請求為武王醫治。武王左右近臣說：「大王的病在耳朵的前面，眼睛的下面，治療不一定能根除，還會使耳不聰，目不明。」武王把左右近臣說的話告訴了扁鵲，扁鵲憤怒地扔掉石針，說：「大王和知事的人謀劃，卻又和不知事的人共同敗壞它。由此可知秦國的國政了，大王如用此法治國，一舉就可以使國家覆滅了。」

秦武王謂甘茂

原文

　　秦武王謂甘茂曰：「寡人欲車通三川，以窺周室，而寡人死不朽乎？」甘茂對曰：「請之魏，約伐韓。」王令向壽輔行[1]。

　　甘茂至魏，謂向壽：「子歸告王曰：『魏聽臣矣[2]，然願王勿攻也。』事成，盡以為子功」。向壽歸以告王，王迎甘茂於息壤[3]。

注釋

　　①輔行：副使。
　　②聽：聽從。
　　③息壤：秦邑，在今陝西咸陽。

譯文

　　秦武王對甘茂說：「我想用兵打通三川，以便窺探周室，那麼我就是死了，我的功業也會不朽的。」甘茂回答說：「請讓我到魏國去，約魏國一同討伐韓國。」武王便派向壽做副使，和甘茂同去。

　　甘茂到了魏國，就對向壽說：「你回去告訴武王說：『魏國肯聽臣的話了，但請大王不要討伐它。』這件事辦成了，我就把功勞統統歸到你身上。」向壽回去告訴了武王，武王便到息壤去迎接甘茂。

原文

　　甘茂至，王問其故[1]。對曰：「宜陽，大縣也，上黨、南陽積之久矣[2]，名為縣，其實郡也。今王倍數險[3]，行千里而攻之，難矣。臣聞張儀西併巴、蜀之地，北取西河之外，南取上庸，天下不以為多張儀，而賢先王。魏文侯令樂羊將，攻中山，三年而拔之，樂羊反而語功[4]，文侯示之謗書一篋，樂羊再拜稽首曰：『此非臣之功，主君之力也。』今臣羈旅之臣也，樗里疾、公孫衍二人者，挾韓而議，王必聽之，是王欺魏，而臣受公仲侈之怨也。昔者曾子處費，費人有與曾子同名族者而殺人[5]，人告曾子母曰：『曾參殺人。』曾子之母曰：『吾子不殺人。』織自若。有

頃焉，人又曰：『曾參殺人。』其母尚織自若也。頃之，一人又告之曰：『曾參殺人。』其母懼，投杼逾牆而走⑥。夫以曾參之賢，與母之信也，而三人疑之，則慈母不能信也。今臣之賢不及曾子，而王之信臣又未若曾子之母也，疑臣者不適三人⑦，臣恐王為臣之投杼也。」王曰：「寡人不聽也，請與子盟。」於是與之盟於息壤。

注釋

①故：指不攻韓之故。

②積：聚。

③倍：通「背」。

④反：通「返」。

⑤名：字。族：姓。

⑥杼：織布梭。

⑦適：通「啻」，但，只。

譯文

　　甘茂到了息壤，武王問他是什麼緣故。甘茂回答說：「宜陽是大縣，上黨、南陽兩地的財富積聚在這裡已經很久了，名義上是縣，其實同郡一樣。現在大王背負著險阻，士兵跋涉千里去攻打魏國，是很難的。我聽到張儀在西面兼併了巴、蜀，在北面取得了西河，在南面取得了上庸，天下人都不稱讚張儀，卻認為先王是賢明的。魏文侯派遣樂羊領兵攻打中山國，三年才攻下來，樂羊回國就談論自己的功勞。魏文侯把一箱子攻擊他的書函交給他看，樂羊跪拜叩頭說：『這不是臣的功勞，是大王您的力量啊。』現在我是一個客臣，您這裡有樗里疾、公孫衍兩個人，挾持韓國，議論著我，大王一定會聽信他們的，這分明是大王欺騙了魏國，我卻要受韓相公仲侈的埋怨了。從前曾子住在費這個地方，費地有一個和曾子同姓名的，他殺死了人，有人去告訴曾子的母親說：『曾參殺人了。』曾子的母親說：『我的兒子不會殺人。』他的母親還是只管織布。不多久，又有一個人跑來告訴曾參的母親說：『您的兒子曾參殺人了。』曾參的母親聽後還能夠保持平時坦然無事的樣子，繼續織布。再過了一會兒，另有一個人來告訴說：『曾子殺人了。』他的母親害怕起來，丟下織布梭子，爬牆

逃跑了。像曾子那樣賢德，他母親那樣相信他，只需三個人說他殺了人，他母親也便疑惑了，就是慈母也不能相信兒子了。現在我的賢德不及曾子，大王的相信我又不及曾子母親相信曾子，而疑心我的人又不僅僅是三個，恐怕大王也要為我丟下織布梭子的。」秦王說：「我不去聽他們的，請讓我和你訂立盟約。」於是便同甘茂在息壤訂下了盟約。

薛公為魏謂魏冉

原文

薛公為魏謂魏冉曰：「文聞秦王欲以呂禮收齊，以濟天下，君必輕矣。齊、秦相聚以臨三晉，禮必並相之，是君收齊以重呂禮也。齊免於天下之兵[1]，其讎君必深。君不如勸秦王令弊邑卒攻齊之事。齊破，文請以所得封君。齊破晉強，秦王畏晉之強也，必重君以取晉。齊予晉弊邑，而不能支秦[2]，晉必重君以事秦。是君破齊以為功，操晉以為重也[3]。破齊定封，而秦、晉皆重君；若齊不破，呂禮復用，子必大窮矣[4]。」

注釋

①兵：用兵，意為進攻。
②支：對抗。
③操：依仗，憑藉。
④窮：困境。

譯文

薛公田文為了魏國對秦國相國魏冉說：「我聽說秦王想讓呂禮去聯合齊國，以安天下，這樣，您的地位一定要降低了。齊國和秦國聯合去對付三晉，呂禮一定會兼任齊、秦兩國的相國，這就等於您讓呂禮聯合齊國，反而抬高了呂禮的地位。齊國即使免除了諸侯的進攻，它照樣會深深地仇視您。您不如勸說秦王讓魏國去攻打齊國。齊國失敗了，我願意把所取得的土地送給您。齊國大敗而魏國強大，秦王懼怕魏國的強大，一定會重用您去交結魏國。齊國給魏國薛邑，而魏國不能抗拒秦國，一定會借重您來

交結秦國。這樣，您打敗齊國建立了功勞，又憑藉魏國加強了您的地位。您打敗了齊國鞏固並擴大了自己的封邑，秦國和魏國就會共同重視您；如果齊國不被攻破，呂禮再次被齊國重用，那您一定會處於非常困窘的境地。」

秦客卿造謂穰侯

原文

　　秦客卿造謂穰侯曰：「秦封君以陶，藉君天下數年矣。攻齊之事成，陶為萬乘，長小國①，率以朝天子，天下必聽，五伯之事也②；攻齊不成，陶為鄰恤③，而莫之據也。故攻齊之於陶也，存亡之機也。」

　　「君欲成之，何不使人謂燕相國曰：『聖人不能為時，時至而弗失。』舜雖賢，不遇堯也，不得為天子；湯、武雖賢，不當桀④、紂不王。故以舜、湯、武之賢，不遭時不得帝王。今攻齊，此君之大時也已。因天下之力，伐讎國之齊，報惠王之恥，成昭王之功，除萬世之害，此燕之長利，而君之大名也。《書》云，樹德莫如滋，除害莫如盡。吳不亡越，越故亡吳⑤；齊不亡燕，燕故亡齊。齊亡於燕，吳亡於越，此除疾不盡也。以非此時也，成君之功，除君之害，秦卒有他事而從齊⑥，齊、趙合，其讎君必深矣。挾君之讎以誅於燕，後雖悔之，不可得也已。君悉燕兵而疾攻之，天下之從君也，若報父子之仇。誠能亡齊，封君於河南，為萬乘，達途於中國，南與陶為鄰，世世無患。願君之專志於攻齊，而無他慮也。」

注釋

　　①長：用如動詞，為……之長。
　　②伯：通「霸」。
　　③鄰恤：近於憂患。鄰，接近。
　　④當：值，遇到。
　　⑤故：通「顧」，反而。
　　⑥卒：通「猝」，突然。

譯文

　　秦國名叫造的客卿對穰侯說：「秦國封給您陶邑，借助您控制天下已經多年了。攻打齊國的事如能成功，陶邑就將成為擁有萬輛兵車的大國，同時成為各小國的首領，可以率領它們去朝拜天子，天下諸侯一定會俯首聽命的，這可是五霸事業；攻打齊國如果失敗，陶邑就將成為憂患，而失去依靠了。所以，攻打齊國對於陶邑來說，是存亡的關鍵。」

　　「您要想使攻打齊國之事成功，為何不派人去對燕國的相國說：『聖人不能創造時機，他卻能把握不讓時機失去。舜雖然賢能，但如果沒有遇上堯帝，也就成不了天子；湯王、武王雖然賢能，但如果他們沒有遇到夏桀、商紂，也就成不了帝王。所以舜帝、湯王、武王的賢能，如果不遇到時機，那是成不了帝王的。現在攻打齊國，這是您最好的時機了。依靠天下的兵力，討伐仇敵齊國，去回報燕惠王的恥辱，完成燕昭王的功業，除掉千秋萬世的禍害，這是燕國的長遠利益，也是相國您最大的聲譽。《尚書》上說，樹立德行愈多愈好，剷除禍害愈徹底愈好。吳國不滅亡越國，越國反而滅了吳國；齊國不滅亡燕國，燕國就必然會滅亡齊國。齊國被燕國滅亡，吳國被越國滅亡，這都是除禍不徹底的緣故。不在這個時候去完成您的功業，去剷除您的禍害，秦國突然有了別的變故而聯合齊國，齊國又聯合趙國，您的敵對勢力就更加嚴重了。挾持您的仇敵齊國來討伐燕國，那時即使後悔，機會不可再得了。您動員全部燕國的兵力馬上去消滅齊國，諸侯一定會像為父子報仇一樣爭先恐後地回應您的行動。果真能滅掉齊國，把黃河之南的土地封給您，使您成為萬乘之國，身居中原，而四通八達，南面與陶邑為鄰，世世代代沒有了憂患。希望您專心致志去進攻齊國，而不要有其他想法了。』」

范雎至秦

原文

　　范雎至秦，王庭迎，謂范雎曰：「寡人宜以身受令久矣①。今者義渠之事急，寡人日自請太后。今義渠之事已，寡人乃得以身受命。躬竊閔然不敏②，敬執賓主之禮。」范雎辭讓。

是日見范雎，見者無不變色易容者。秦王屏左右③，宮中虛無人，秦王跪而請曰：「先生何以幸教寡人？」范雎曰：「唯唯。」有間④，秦王復請，范雎曰：「唯唯。」若是者三。

秦王跽曰⑤：「先生不幸教寡人乎？」

（注釋）

①宜：應該。身：親自。令：教導。

②躬竊：對自己的謙稱。

③屏：通「摒」，遣退。

④有間：不多一會兒。

⑤跽（ㄐㄧˋ）：長跪。

譯文

范雎到了秦國，秦王在朝廷迎接他，對范雎說：「我早就應當親自接受您的指教了。剛巧遇上了義渠國的戰事很緊急，我天天忙於向太后請命。現在義渠國的戰事結束了，我才能夠來親自接受您的指教。我私下裡認為自己辦事糊塗而又遲鈍，現在我用賓主的禮節接見您。」范雎辭謝。

這天人們看到范雎晉見秦王，看見的人沒有不驚恐得面容變色的。秦王支開了左右的隨從人員，宮廷裡空無一人，秦王便跪在地上請教說：「先生用什麼來指教我呢？」范雎說：「哦，哦。」停了一會兒，秦王再次請教他，范雎說：「哦，哦！」這樣重複了三遍。

秦王長跪說：「先生終究不肯指教我嗎？」

原文

范雎謝曰：「非敢然也。臣聞始時呂尚之遇文王也，身為漁父而釣於渭陽之濱耳。若是者，交疏也①。已一說而立為太師，載與俱歸者，其言深也。故文王果收功於呂尚，卒擅天下而身立為帝王。即使文王疏呂望而弗與深言②，是周無天子之德，而文、武無與成其王也。今臣，羈旅之臣也，交疏於王，而所願陳者，皆匡君之事③，處人骨肉之間，願以陳臣之陋忠④，而未知王心也，所以王三問而不對者是也。臣非有所畏而不敢言也，知今日言之於前，而明日伏誅於後，然臣弗敢畏也。大王信行臣之

言，死不足以為臣患，亡不足以為臣憂，漆身而為厲⑤，被髮而為狂，不足以為臣恥。五帝之聖而死，三王之仁而死，五伯之賢而死，烏獲之力而死，賁、育之勇焉而死。死者，人之所必不免也。處必然之勢，可以少有補於秦，此臣之所大願也，臣何患乎？伍子胥橐載而出昭關⑥，夜行而晝伏⑦，至於陵水，無以餌其口，坐行蒲服⑧，乞食於吳市，卒興吳國，闔廬為霸。使臣得進謀如伍子胥，加之以幽囚，終身不復見，是臣說之行也，臣何憂乎？箕子、接輿，漆身而為厲，被髮而為狂，無益於殷、楚。使臣得同行於箕子、接輿，漆身可以補所賢之王，是臣之大榮也，臣又何恥乎？臣之所恐者，獨恐臣死之後，天下見臣盡忠而身蹶也⑨，是以杜口裹足⑩，莫肯即秦耳。足下上畏太后之嚴，下惑奸臣之態；居深宮之中，不離保傅之手；終身暗惑，無與照奸；大者宗廟滅覆，小者身以孤危。此臣之所恐耳！若夫窮辱之事，死亡之患，臣弗敢畏也。臣死而秦治，賢於生也。」

(注釋)

①疏：疏遠。
②即使：如使，假如。
③匡：糾正。
④陋：僻，狹。
⑤厲：同「癩」。
⑥橐：牛皮袋。
⑦伏：隱藏。
⑧坐行：膝行。蒲服：即「匍匐」。
⑨蹶（ㄐㄩㄝˊ）：跌倒，死亡。
⑩杜：堵塞。

[譯文]

　　范雎深表歉意地說：「我不敢這樣做。我聽說從前姜太公遇見文王的時候，他只不過是一個渭水邊釣魚的漁翁罷了。之所以在那裡相見，是因為他們原來的交情很疏遠。後來文王和他一席談話，便立他為太師，用車子送他一同回家，只因為他言談深切的緣故。所以後來文王果然得力於

呂尚獲收功業，終於得天下而身為帝王。如果文王當時疏遠呂尚，不同他深入談論，那就是周朝沒有做天子的德量，文王、武王也不能和他共同建成王業了。現在我是一個客籍的臣子，與大王的交情疏遠，但我所要陳說的，都是匡正君王的事情，牽扯在你們親骨肉之間，我願陳說自己鄙陋的一片忠心，卻不知道大王您的心意，所以大王三次問我，我三次沒有回答，就是這個緣故。並不是我有什麼害怕不敢說，我就算知道今天在大王面前說了，明天遭到誅殺，但我也不害怕。大王相信我的言論，就是死了我也不以為憂患，就是逃亡我也不憂愁，身上塗漆長出毒瘡，披頭散髮成為狂人，我也不以為羞恥。五帝那麼聖德也死了，三王那麼仁德也死了，五霸那麼賢能也死了，烏獲那麼有力氣也死了，孟賁、夏育那麼勇敢也死了。死是任何人也避免不了的。處在必要的形勢下，只要能夠稍稍有益於秦國，那便是我最大的心願了，我還有什麼害怕的呢？伍子胥被裝在牛皮袋裡逃出昭關，夜間走路白天躲藏，到了陵水，沒有食物吃，便爬著趕路，在吳市上乞討，後來終於振興了吳國，使闔廬在諸侯中稱霸。如果我能夠進謀像伍子胥一樣，即使把我幽禁起來，終身不再見大王，只要我的言論能夠實行，我還有什麼可憂慮的呢？箕子和接輿都因塗漆而生毒瘡，披頭散髮成了狂人，但對商朝和楚國沒有什麼益處。如果我和箕子、接輿一樣，即使塗漆生瘡，只要能對賢明的大王有所幫助，這便是我最大的光榮了，又怎麼會感到羞恥呢？我所怕的，只是怕我死了之後，天下人看到我盡了忠反倒身死，因此而閉口裹足，沒有人敢到秦國來了。現在大王您上怕太后的威嚴，下被奸臣所迷惑；住在深宮之中，離不開保母女傅的服侍，終身迷迷糊糊，沒有誰可以與您共同明察奸佞的事情；那些奸佞的事情，大的要使國家覆滅，小的要危及自身。這是我最害怕的！至於我那窮困受辱諸事，以及死亡的憂患，不是我害怕的。如果我死，只要秦國政治清明安定，比我活著還好。」

原文

　　秦王跽曰：「先生是何言也！夫秦國僻遠，寡人愚不肖，先生乃幸至此，此天以寡人恩先生①，而存先王之廟也。寡人得受命於先生，此天所以幸先王而不棄其孤也。先生奈何而言若此！事無大小，上及太后，下至大臣，願先生悉以教寡人，無疑寡人也。」范雎再拜，秦王亦再拜。

范雎曰：「大王之國，北有甘泉、谷口，南帶涇、渭，右隴、蜀，左關、阪；戰車千乘，奮擊百萬。以秦卒之勇，車騎之多，以當諸侯，譬若馳韓盧而逐蹇兔也②，霸王之業可致。今反閉關而不敢窺兵於山東者，是穰侯為國謀不忠，而大王之計有所失也。」

王曰：「願聞所失計。」

(注釋)

①悹（ㄏㄨㄣˋ）：煩擾。

②馳：驅使。韓盧：相傳古韓國的名犬，黑色曰「盧」，因犬毛為黑色，故名「韓盧」。蹇（ㄐㄧㄢˇ）：跛足。

[譯文]

秦王長跪著說：「先生這是什麼話！秦國偏僻遙遠，我又愚笨無才，幸而先生來到這裡，這是上天要讓我來打擾先生，從而得以保存我先王的宗廟。我得到先生的指教，這是上天寵愛先王而不遺棄他的後人。先生您為什麼說出這等話來！現在事情不論大小，上到太后，下到大臣，希望先生一概指教我，不要再疑心我了。」范雎拜了兩拜，秦王也拜了兩拜。

范雎說：「大王的國土，北面有甘泉、谷口，南面有涇水、渭水，右面是隴坻、蜀道，左面是函谷關、隴阪；擁有戰車上千輛，勇敢的士兵近百萬。憑著秦國士兵的勇敢，車馬的眾多，去攻打諸侯，就像俊犬韓盧追捕跛腳的兔子一樣，霸王大業一定能夠獲得。現在反而閉關自守不敢向山東六國用兵，這是因為穰侯為國謀劃不盡忠心，而且大王您的計策又有失誤的地方。」

昭王說：「希望聽聽我失誤的地方。」

[原文]

雎曰：「大王越韓、魏而攻強齊，非計也。少出師，則不足以傷齊；多之則害於秦。臣意王之計欲少出師，而悉韓、魏之兵則不義矣。今見與國之不可親①，越人之國而攻，可乎？疏於計矣！昔者，齊人伐楚，戰勝，破軍殺將，再辟千里，膚寸之地無得者②，豈齊不欲地哉？形弗能有也③。諸侯見齊之罷露④，君臣之不親，舉兵而伐之，主辱軍破，為天下

笑。所以然者，以其伐楚而肥韓、魏也。此所謂藉賊兵而齎盜食者也⑤。王不如遠交而近攻，得寸則王寸之，得尺亦王尺之也。今舍此而遠攻，不亦繆乎？且昔者，中山之地，方五百里，趙獨擅之⑥，功成、名立、利附，則天下莫能害。今韓、魏，中國之處⑦，而天下之樞也⑧。王若欲霸，必親中國而以為天下樞，以威楚、趙。趙強則楚附，楚強則趙附。楚、趙附則齊必懼，懼必卑辭重幣以事秦⑨，齊附而韓、魏可虛也。」

(注釋)

　　①親：信。
　　②膚寸：言少量。古時計長度，以四指為一膚，一指為一寸，則一膚為四寸。
　　③形：勢。
　　④罷露：疲弱。罷，通「疲」。露，羸，瘦弱。
　　⑤藉：同「借」。齎（ㄐㄧ）：送，贈。
　　⑥擅：專有。
　　⑦中國：中原。
　　⑧樞：樞紐，中心。
　　⑨事：侍奉。

譯文

　　范雎說：「大王越過韓國和魏國去攻打強大的齊國，這個計策是錯誤的。出兵少了，便不足以傷害齊國；出兵多了，又有害於秦國。我料想大王的計策是想自己少出兵，而讓韓國和魏國動用全部兵力去攻打齊國，這是不妥當的。現在看出與您聯合的國家是不可靠的，越過別的國家去攻打遠方的齊國，這樣做行嗎？這分明是計謀上的疏忽！從前，齊軍去攻打楚國，打了勝仗，破了楚軍殺了楚將，得地一千里，到後來連寸土也沒有得到，難道齊國不想要土地嗎？是形勢不允許。諸侯看到齊國軍隊疲乏不堪，君臣又不和睦，就出兵攻打齊國，弄得齊軍大敗，王出走，被天下人恥笑。之所以會這樣，是因為齊國攻打楚國，恰恰肥了韓、魏兩國的緣故。這就是所謂的『給賊送刀，給盜送糧』吧。大王不如用遠交近攻的辦法，那樣得一寸就是大王的一寸土地，得一尺就是大王的一尺土地。現

在丟棄這個辦法卻去遠攻，不是荒謬嗎？況且，從前中山國的土地，方圓五百里，被趙國獨自佔有，功業成就，名聲大立，利益又到了手，天下沒有一個國家敢侵害它。現在韓、魏兩國處於中原，好比天下的樞紐。大王如果想稱霸諸侯，一定要親近中原各諸侯國，以它們為天下的樞紐，進一步去威鎮楚國和趙國。趙國強了，楚國定會來歸附，楚國強了，趙國也定來歸附。楚、趙兩國都來歸附，齊國必然害怕。齊國一害怕必定用謙卑的言辭和貴重的財物來侍奉秦國了，齊國既然來歸附，那麼韓、魏兩國就一定可以滅亡了。」

原文

　　王曰：「寡人欲親魏，魏多變之國也，寡人不能親。請問親魏奈何？」范雎曰：「卑辭重幣以事之；不可，削地而賂之；不可，舉兵而伐之。」於是舉兵而攻邢丘，邢丘拔，而魏請附。

　　曰：「秦、韓之地形，相錯如繡①。秦之有韓，若木之有蠹②，人之病心腹。天下有變，為秦害者莫大於韓。王不如收韓。」王曰：「寡人欲收韓，韓不聽，為之奈何？」

　　范雎曰：「舉兵而攻滎陽，則成睪之路不通③；北斬太行之道則上黨之兵不下④；一舉而攻滎陽，則其國斷而為三。韓見必亡，焉得不聽？韓聽而霸事可成也。」王曰：「善」。

注釋

　　①相錯如繡：犬牙交錯。
　　②蠹（ㄉㄨˋ）：蛀蟲。
　　③成睪：亦作「成皋」。
　　④斬：砍斷。

譯文

　　昭王說：「我想親近魏國，但魏國是一個策略多變的國家，我不能親近它。請問該如何親近魏國？」范雎說：「先用謙遜的言辭和貴重的財物去侍奉它；如果不行，再割些土地獻給它；再不行，便出兵討伐它。」於是出兵攻打邢丘，邢丘被攻下來，魏國請求歸附秦國。

范雎又說：「秦國和韓國的地形，像絲繡一樣互相交錯。秦國有韓國，好像樹有了蠹蟲，人患了心臟病一樣，天下一有變動，成為秦國禍患的國家，莫過於韓國了。大王不如拉攏住韓國。」昭王說：「我想拉攏住韓國，但韓國不聽從，對它該怎麼辦？」

范雎說：「只要大王興兵去攻打滎陽，那麼成皋的路便不通了；北面截斷了太行山的道路，上黨的兵力便下不來；一舉攻克滎陽，韓國便被切成三段，韓國看到國家必將滅亡，哪裡還敢不依從呢？韓國一旦依從，那麼大王的霸業便可成功了。」昭王說：「太好了。」

原文

范雎曰：「臣居山東，聞齊之有田單，不聞其有王。聞秦之有太后、穰侯、涇陽、華陽[①]，不聞其有王。夫擅國之謂王[②]，能專利害之謂王，制殺生之威之謂王[③]。今太后擅行不顧，穰侯出使不報，涇陽、華陽擊斷無諱[④]，四貴備而國不危者，未之有也。為此四者，下乃所謂無王已。然則權焉得不傾[⑤]，而令焉得從王出乎？臣聞：『善為國者，內固其威，而外重其權。』穰侯使者操王之重，決裂諸侯，剖符於天下[⑥]，征敵伐國，莫敢不聽，戰勝攻取，則利歸於陶；國弊，禦於諸侯；戰敗，則怨結於百姓，而禍歸社稷。《詩》曰：『木實繁者披其枝[⑦]，披其枝者傷其心。大其都者危其國，尊其臣者卑其主。』淖齒管齊之權，縮閔王之筋，懸之廟梁，宿昔而死[⑧]。李兌用趙，減食主父，百日而餓死。今秦，太后、穰侯用事[⑨]，高陵、涇陽佐之，卒無秦王，此亦淖齒、李兌之類已。臣今見王獨立於廟朝矣[⑩]，且臣將恐後世之有秦者，非王之子孫也。」

秦王懼，於是乃廢太后，逐穰侯，出高陵，走涇陽於關外。

昭王謂范雎曰：「昔者，齊公得管仲，時以為仲父。今吾得子，亦以為父。」

注釋

①穰侯：魏冉。涇陽、華陽：繆文遠《戰國策新校注》云：「涇陽指涇陽君，為秦昭王同母弟公子市。華陽指華陽君，為秦昭王舅芈（ㄇㄧˇ）戎封號。」

②擅國：專國政。

③制：掌握，控制。

④擊斷：決斷。無諱：無所顧忌。

⑤焉：怎麼。得：能。傾：倒，廢，破壞。

⑥剖符：古代帝王授與諸侯、功臣的憑證。符為竹製，剖分為二，帝王與諸侯各執其一，故曰剖符。

⑦披：折，裂。

⑧宿昔：一晝夜。

⑨用事：執政。

⑩獨立：孤立。

譯文

　　范雎說：「我住在東方的時侯，只聽到齊國有一個田單，卻沒有聽到有齊王。只聽到秦國有太后、穰侯、涇陽君和華陽君，卻沒有聽到有秦王。只有能獨自掌管國事的方可稱為王，只有能專斷利害的方可稱為王，只有能控制生殺權柄的方可稱為王。現在太后擅自專行不顧一切，穰侯出使各國，歸來也不稟報，涇陽君、華陽君隨意處置他人毫無顧忌，在這四位權貴齊全之下而國家不危險的，那是從來沒有的。因為有此四位權貴，下面才說秦國沒有君王了。既然如此，那麼國家的權威怎麼會不倒，號令又怎麼會從大王您那裡發出來呢？我聽說，『善於治理國家的君王，對內牢固地樹立他的威嚴，對外重視他的權力。』穰侯派出的使者，借重大王的威望，割裂諸侯的土地，擅自封爵，征伐敵國，沒有人敢不聽從。打了勝仗，便把利益歸到他自己的封地陶國去；國家困難了，便讓諸侯去承擔；戰敗了，便結怨於老百姓，災禍都集中到國家。《詩經》上說：『果子多的樹定要折斷枝條，折斷了枝條定要傷害樹心。擴大封地給臣子都邑，國家必然危險，臣子太尊貴了，君王必然卑弱。』楚將淖齒在齊國專權，他竟抽了齊閔王的筋，又把齊閔王掛在廟中的梁上，一宿就死了。趙國李兌掌權，他減給主父趙武靈王的食物，一百天之後主父就餓死了。現在秦國有太后、穰侯專權，加上高陵君和涇陽君幫助他們，到頭來是不會有秦王的存在的，這些人便是淖齒、李兌的同類。我今天看到大王您在朝廷的孤立，恐怕後世佔有秦國的，不會是大王您的子孫了。」

　　秦昭王心中害怕，便廢了太后，驅逐了穰侯，調走高陵君，把涇陽君

攆出關外。

昭王對范雎說：「從前齊桓公得到管仲，便尊他為仲父。現在我得到了您，也尊您為仲父吧。」

秦攻邯鄲

原文

秦攻邯鄲，十七月不下。莊謂王稽曰：「君何不賜軍吏乎①？」王稽曰：「吾與王也②，不用人言。」莊曰：「不然。父之於子也，令有必行者③，必不行者。曰『去貴妻，賣愛妾』，此令必行者也；因曰『毋敢思也』，此令必不行者也。守閭嫗曰④，『其夕，某孺子內某士⑤。』貴妻已去，愛妾已賣，而心不有。欲教之者，人心固有。今君雖幸於王，不過父子之親；軍吏雖賤，不卑於守閭嫗。且君擅主輕下之日久矣。聞『三人成虎，十夫揉椎。眾口所移⑥，毋翼而飛。』故曰，不如賜軍吏而禮之。」王稽不聽。軍吏窮，果惡王稽⑦、杜摯以反。

注釋

①軍吏：軍中下級小官。
②與：聽從，採納。
③令：命，教。
④嫗（ㄩˋ）：老婦人。
⑤孺子：年輕婦女的美稱。
⑥移：改變。
⑦惡：說壞話。

譯文

秦軍進攻邯鄲，十七個月過去了，還沒有攻下。有個名字叫莊的人對王稽說：「您為什麼不賞賜軍中的官吏呢？」王稽說：「我聽從大王的，用不著別人插嘴。」莊說：「不對。父親對兒子來說，有的父命必定得執行，有的父命未必能執行。如果父親說『趕走你那寶貝老婆，賣掉你那心

愛的小妾』，這個父命必定做得到；如果是說『不許去想念她們』，這個父命則肯定執行不了。再比如說，有個看守閭里大門的老太婆說：『那天晚上，有個年輕妻子招進一個野男人。』對前一件事來說，兒子喜愛的妻子已經離去，心愛的小妾已經賣掉，而父親不應說不許思念之情。對後一件事來說，要想控告他們通姦，每一個人本來都會有這種想法。如今您雖然受到大王的寵愛，卻不過是父子的親情罷了；軍中的官吏雖然卑賤，卻不比那守門的老太婆更低賤吧！再說您擅自處理人主的大事，看不起手下的兵將，這時間也不短了。我聽說，『三人傳播謊言，可以把沒虎的地方說成有虎；十人彎曲木椎，可以把直木變成曲木。眾口可以改變一切，沒有翅膀也可以高飛。』因此，您不如賞賜軍中官吏，並且對他們以禮相待。」王稽沒有聽從莊的意見。當軍吏處在困境時，果然惡言相傷，說王稽和杜摯謀反。

原文

秦王大怒，而欲兼誅范雎。范雎曰：「臣，東鄙之賤人也①，開罪於魏②，遁逃來奔③。臣無諸侯之援，親習之故，王舉臣於羈旅之中④，使職事⑤，天下皆聞臣之身與王之舉也。今遇惑⑥，或與罪人同心，而王明誅之，是王過舉顯於天下，而為諸侯所議也。臣願請藥賜死，而恩以相葬臣，王必不失臣之罪⑦，而無過舉之名⑧。」王曰：「有之。」遂弗殺而善遇之⑨。

注釋

①賤：微賤。

②開罪：得罪。

③遁：逃跑。

④舉：提拔。

⑤職：主持，主掌。

⑥惑：愚惑，迷惑。

⑦失：放棄，饒恕。

⑧過舉：誤舉。

⑨遇：待。

譯文

　　秦王聽到控告後十分憤怒，想要一起處死范雎。范雎說：「我是東方卑賤的下等人，曾得罪魏王，逃命來到秦國。我本來沒有任何諸侯的援助，更沒有親近的王侯朋友，是大王把我從流亡之中提舉上來，讓我主管國家大事，天下人都知道我的身世和大王對我的提拔。如今我愚昧迷惑，與罪人王稽合流，若是大王明令處死我，這倒在天下人面前顯露出您提拔錯了，並且將成為諸侯們議論的對象。我想請大王給我毒藥，賜我一死，並恩准我以故相國的名義埋葬，這樣大王必定是既沒有放棄對我的懲處，又沒有錯誤舉薦的名聲。」秦王說：「說得有道理。」於是秦王沒有殺范雎，仍然善待他。

蔡澤見逐於趙

原文

　　蔡澤見逐於趙①，而入韓、魏，遇奪釜鬲於塗②。聞應侯任鄭安平、王稽皆負重罪，應侯內慚，乃西入秦。將見昭王，使人宣言以感怒應侯曰③：「燕客蔡澤，天下駿雄弘辯之士也。彼一見秦王，秦王必相之而奪君位④。」

注釋

　　①蔡澤：燕人，「遊學干諸侯」，不為所用，乃入秦。《史記》有《蔡澤列傳》。見：被。

　　②釜：鍋。鬲（ㄌㄧˋ）：古代炊具，似鼎，足部中空。塗：通「途」。

　　③感怒：激怒。

　　④相之：以之為相。

譯文

　　蔡澤被趙國驅逐出境，便到韓國和魏國去，路途中被人奪去了鍋、鼎

等炊具。他聽說應侯范雎所任用的鄭安平、王稽都身負重罪，范雎正因此而內心慚愧，於是他就往西進入秦國。將要謁見秦昭王，蔡澤先指使人公開揚言用以激怒范雎說：「燕客蔡澤，是當今天下才智過人的辯士。他一會見秦王，秦王必定會任用他為相國而奪取您的相位。」

原文

　　應侯聞之，使人召蔡澤。蔡澤入，則揖應侯，應侯固不快，及見之，又倨①。應侯因讓之曰②：「子常宣言代我相秦，豈有此乎？」對曰：「然。」應侯曰：「請聞其說。」蔡澤曰：「吁！何君見之晚也。夫四時之序，成功者去。夫人生手足堅強，耳目聰明聖知，豈非士之所願與？」應侯曰：「然。」蔡澤曰：「質仁秉義③，行道施德於天下，天下懷樂敬愛，願以為君王，豈不辯智之期與？」應侯曰：「然。」蔡澤復曰：「富貴顯榮，成理萬物④，萬物各得其所；生命壽長，終其年而不夭傷；天下繼其統⑤，守其業，傳之無窮，名實純粹⑥，澤流千世，稱之而毋絕，與天下終。豈非道之符，而聖人所謂吉祥善事與？」應侯曰：「然。」澤曰：「若秦之商君，楚之吳起，越之大夫種，其卒亦可願矣。」應侯知蔡澤之欲困己以說，復曰：「何為不可？夫公孫鞅事孝公，極身無二⑦，盡公不還私，信賞罰以致治，竭智能，示情素，蒙怨咎，欺舊交，虜魏公子卬，卒為秦禽將，破敵軍，攘地千里。吳起事悼王，使私不害公，讒不蔽忠，言不敢苟合，行不取苟容，行義不固毀譽，必有伯主強國，不辭禍凶。大夫種事越王，主離困辱⑧，悉忠而不解，主雖亡絕，盡能而不離，多功而不矜，貴富不驕怠。若此三子者，義之至，忠之節也。故君子殺身以成名，義之所在，身雖死，無憾悔，何為不可哉？」蔡澤曰：「主聖臣賢，天下之福也；君明臣忠，國之福也；父慈子孝，夫信婦貞，家之福也。故比干忠，不能存殷；子胥知⑨，不能存吳；申生孝，而晉惑亂。是有忠臣孝子，國家滅亂，何也？無明君賢父以聽之。故天下以其君父為戮辱⑩，憐其臣子。夫待死而後可以立忠成名，是微子不足仁，孔子不足聖，管仲不足大也。」於是應侯稱善。

注釋

　　①倨：傲慢。

②讓：責問。

③秉：持，執行。

④成：善。理：治。

⑤統：世代相傳曰統。

⑥純粹：完美。

⑦極身：終身。

⑧離：通「罹」，遭受。

⑨知：通「智」。

⑩戮辱：侮辱，唾棄。

譯文

　　范雎聽說後，便派人召見蔡澤。蔡澤進來時只向范雎拱手作揖，范雎本來就不高興，等到走近看見他，那態度又那麼傲慢，范雎就責備他說：「您曾經公開揚言要取代我擔任秦國的相國，難道真有這回事嗎？」蔡澤回答說：「是的。」范雎說：「請讓我聽一聽您的高論吧。」蔡澤說：「啊！為什麼您的見識如此遲鈍呢？春夏秋冬四時是有順序的，完成時令的季節就得讓位給後面的。一個人活著，手腳堅強，耳聰目明，通達事理，充滿智慧，這難道不是士人所希望的嗎？」范雎說：「對。」蔡澤說：「憑藉仁義，對天下推行有道有德的措施，天下的老百姓就會從內心高興而敬愛他，願意他做君主，這難道不是能言善辯有智慧的士人所期望的嗎？」范雎說：「對。」蔡澤又說：「取得富貴顯榮，長養治理萬物，讓萬物各得其所；使生命長壽，享盡自然的壽命而不夭折；讓天下繼承他的傳統，保衛他的事業，無窮無盡地傳遞下去，使名和實都完美無缺，恩澤流傳千代，後人稱頌不絕，與天地共存。這難道不正是推行道德措施，而被聖人稱為吉祥的好事嗎？」范雎說：「對。」蔡澤說：「像秦國的商君，楚國的吳起，越國的大夫種，他們的結局也是可以實現願望的。」范雎知道蔡澤想要用辯辭使自己處於窘境，於是又說：「為什麼不可以呢？公孫鞅為秦孝公服務，竭盡自己的才智，沒有二心，盡公不顧私，賞罰講信用，達到社會安定太平，他竭盡全力貢獻自己的聰明才幹，表現出真情實意，遭受到怨恨和責難，欺騙了他的老友，誘俘了魏國的公子卬，終於替秦國擒敵將，破敵軍，奪取了近千里的土地。吳起為楚悼王服務，使得

私家不能損害公家的利益，讒言不能蒙蔽忠良，他言行不苟合，只要行動合乎義理就不顧詆謗或者讚譽，一定要使楚國成為霸主強國，所以也就不辭什麼凶禍。大夫種為越王勾踐服務，越王遭到困窘和恥辱，他竭盡忠心而不懈怠，越王即使處於危亡絕境，他也總是盡力而不肯離去，他的功勞雖多但不自我誇耀，富貴但不驕傲懈怠。像這三位先生，達到了義的頂點和忠的楷模。所以，君子甘願犧牲自我成就美名，只要是義所存在的地方，即使為它而死，也沒有什麼遺憾和悔恨，為什麼不可以呢？」蔡澤說：「君主聖德，臣子賢能，這是天下的福氣；君主英明，臣子忠誠，這是國家的福氣；父親慈愛，兒子孝順，丈夫誠信，妻子貞節，這是家庭的福氣。比干那麼忠心耿耿，卻不能保住殷商；伍子胥那麼聰明智慧，卻不能保住吳國；申生那麼孝順，晉國卻內亂不止。這是有了忠臣孝子，國家仍然滅亡或混亂，為什麼呢？因為沒有英明的君主和賢良的父親來聽從他們的緣故。所以天下人都以那些昏君愚父為恥辱，而憐憫那些忠臣孝子。如果等到死了以後才能立忠成名，那麼，這就是所以活著時微子不足以稱為仁人，孔子不足以稱為聖人，管仲不足以稱為大人物了。」於是范雎說他講得好。

原文

　　蔡澤得少間，因曰：「商君、吳起、大夫種，其為人臣，盡忠致功，則可願矣。閎夭事文王，周公輔成王也，豈不亦忠乎？以君臣論之，商君、吳起、大夫種，其可願孰與閎夭、周公哉？」應侯曰：「商君、吳起、大夫種不若也。」蔡澤曰：「然則君之主，慈仁任忠，不欺舊故，孰與秦孝公、楚悼王、越王乎？」應侯曰：「未知何如也。」蔡澤曰：「主固親忠臣，不過秦孝[1]、越王、楚悼。君之為主，正亂、批患[2]、折難[2]，廣地殖穀，富國、足家、強主，咸蓋海內，功章萬里之外[3]，不過商君、吳起、大夫種。而君之祿位貴盛，私家之富過於三子，而身不退，竊為君危之。語曰：『日中則移，月滿則虧。』物盛則衰，天之常數也；進退、盈縮、變化，聖人之常道也。昔者，齊桓公九合諸侯，一匡天下，至葵丘之會，有驕矜之色，畔者九國[4]。吳王夫差無敵於天下，輕諸侯，凌齊、晉，遂以殺身亡國。夏育、太史啟叱呼駭三軍，然而身死於庸夫。此皆乘至盛不及道理也。夫商君為孝公平權衡、正度量、調輕重，決裂阡陌，教

民耕戰，是以兵動而地廣，兵休而國富，故秦無敵於天下，立威諸侯。功已成，遂以車裂。楚地持戟百萬，白起率數萬之師，以與楚戰，一戰舉鄢、郢，再戰燒夷陵，南併蜀、漢，又越韓、魏攻強趙，北坑馬服，誅屠四十餘萬之眾，流血成川，沸聲若雷，使秦業帝⑤。自是之後，趙、楚懾服，不敢攻秦者，白起之勢也。身所服者⑥，七十餘城，功已成矣，賜死於杜郵。吳起為楚悼罷無能⑦，廢無用，損不急之官⑧，塞私門之請，一楚國之俗，南攻楊越，北併陳、蔡，破橫散從，使馳說之士無所開其口。功已成矣，卒支解。大夫種為越王墾草創邑，辟地殖穀，率四方士，上下之力，以擒勁吳，成霸功。勾踐終棓而殺之⑨。此四子者，成功而不去，禍至於此。此所謂信而不能詘⑩，往而不能反者也。范蠡知之，超然避世，長為陶朱。君獨不觀博者乎？或欲分大投，或欲分功。此皆君之所明知也。今君相秦，計不下席，謀不出廊廟，坐制諸侯，利施三川，以實宜陽，決羊腸之險，塞太行之口，又斬范、中行之途，棧道千里於蜀、漢，使天下皆畏秦。秦之欲得矣，君之功極矣。此亦秦之分功之時也！如是不退，則商君、白公、吳起、大夫種是也。君何不以此時歸相印，讓賢者授之，必有伯夷之廉；長為應侯，世世稱孤，而有喬、松之壽。孰與以禍終哉！此則君何居焉？」應侯曰：「善。」乃延入坐為上客。

注釋

①過：超過。

②正：治理，平定。批：排除，消除。折：消滅。

③章：同「彰」，明顯，顯著。

④畔：通「叛」。

⑤業帝：成就帝王的功業。

⑥服：降，攻下。

⑦罷：撤掉。

⑧損：裁減。

⑨棓：通「背」。

⑩信：通「伸」。詘：通「屈」。

譯文

　　蔡澤稍停了一會，又對范雎說：「商君、吳起、大夫種，他們作為人臣，竭盡忠心建立功業，算得上如願了。閎夭事奉周文王，周公輔佐周成王，難道不也是忠心耿耿麼？如果就君臣關係來說，商君、吳起、大夫種，他們與閎夭、周公比起來，又怎麼樣呢？」范雎說：「商君、吳起、大夫種是比不上閎夭、周公的。」蔡澤說：「那麼，您的國君在仁慈和信任忠臣方面，在不欺騙故友方面，與秦孝公、楚悼王和越王勾踐比起來，又怎麼樣呢？」范雎說：「不知道怎麼樣。」蔡澤說：「您的國君固然親信忠臣，但不會超過秦孝公、越王勾踐和楚悼王。您為您的國君撥亂反正，排除患難，擴展領土，廣播五穀，使國富家足，國君強大，威力勝過天下諸侯，功勞昭著萬里之外，也還不能超過商君、吳起、大夫種。可是您地位尊貴俸祿豐厚，私家的財富超過了這三位先生，您還不引退，我暗自為您感到危險。俗話說：『太陽過了中午就要慢慢西移，月亮到了滿月就要漸漸虧缺。』事物發展到了極盛的時候就要衰退，這是自然界的客觀規律。前進與後退，滿長與縮短，以及隨著時間的推移而發生變化，這些都是聖人們都知曉的規律。從前齊桓公九次主持諸侯間的盟會，使天下一切得到匡正，到葵丘之會的時候，有驕傲自大的表情，叛離他的就有九個國家。吳王夫差無敵於天下，可由於他輕視諸侯，欺凌齊、晉，終於因此而殺身亡國。夏育、太史啟一聲呼喝，三軍為之驚駭，然而最終被平庸的人殺死。這都是仗著自己威名全盛而不通達道理所致。商君為秦孝公統一度量衡，頒佈標準的度量衡器，調整賦稅的輕重，破除井田制的疆界，重新劃分土地，教百姓學習耕種，操練軍事，因此，軍隊一出動，疆土便擴大，軍隊休戰，國家就富足。所以秦國無敵於天下，在諸侯中樹立了威信。功業已經成就了，商鞅卻被車裂了。楚國有百萬持戟的戰士，白起率領數萬軍隊，與楚軍作戰。一戰攻下了鄢和郢都，再戰燒毀了夷陵，南面吞併了蜀、漢，又越過韓、魏去攻打強大的趙國，北面坑殺了馬服君趙括，屠殺坑埋趙軍四十餘萬，流血成河，吼聲如雷，使秦國成就了帝業。從此以後，趙國、楚國恐懼而馴服，不敢攻打秦國，怕的就是白起的威力。白起親身所降服的，就有七十餘城。功業已經成就了，他卻被秦昭王賜死於杜郵。吳起為楚悼王罷免無能之輩，廢除無用之徒，刪減那些非急需的官員，堵塞來自私門的請示，使楚國的風俗得以統一，然後南面攻打

楊越，北面吞併陳、蔡，破除連橫，解散合縱，使往來遊說連橫合縱的策士們沒有地方開口。功業已經成就了，吳起卻被肢解而死。大夫種為越王勾踐大力墾荒，創建城邑，開闢田地，播殖五穀，率領各方人士，集中上下力量，降服了強勁的吳國，成就了霸王的功業。勾踐最終背棄並殺害了他。這四位先生，都是成就了功業而不肯離去官位，以致身受禍害。這就是所謂能伸而不能屈，能進而不能退的人了。范蠡懂得功成身退的道理，他超然避世，長久地做著經商致富的陶朱公。您難道沒見過進行賭博的人嗎？有的想孤注一擲，有的想瓜分勝者錢財。這都是您明明白白知道的。現在您身為秦國的相國，用計不離坐席，施謀不出朝廷，坐著控制諸侯，利益伸展到三川，直達到宜陽，斷絕了羊腸險路，堵塞了太行入口，又斷絕了三晉的道路，修築了上千里棧道與蜀、漢相通，使天下都害怕秦國。秦國的欲望實現了，您的功勞也達到頂點了。這也正是秦國人來分取您的利益的時候了！如果這時候還不隱退，那麼，商君、白公、吳起、大夫種就是您的榜樣。您為什麼不乘這時候歸還相印，讓位給賢能的人？您這樣做，一定會獲得伯夷那樣廉潔的聲譽，長久地做應侯，世代稱孤，並且還能享有王子喬、赤松子那樣的長壽。這與以禍而終相比，哪個好呢？您應當如何處理呢？」范雎說：「對。」於是請他就坐，尊為上賓。

原文

後數日，入朝，言於秦昭王曰：「客新有從山東來者蔡澤，其人辯士。臣之見人甚眾，莫有及者，臣不如也。」秦昭王召見，與語，大說之，拜為客卿[1]。

應侯因謝病[2]，請歸相印。昭王強起應侯，應侯遂稱篤[3]，因免相。昭王新說蔡澤計畫，遂拜為秦相，東收周室。

蔡澤相秦王數月，人或惡之，懼誅，乃謝病歸相印，號為剛成君。居秦十餘年，事昭王、孝文王、莊襄王，卒事始皇帝[4]。為秦使於燕，三年而燕使太子丹入質於秦。

注釋

①客卿：非本國人而任用為卿的官職。

②謝病：託病辭職。

③篤：病重。

④始皇帝：秦莊襄王之子，名政，秦國第36代國君，繼位後26年盡滅六國，建成統一的秦帝國，自號「始皇帝」，西元前246～前210年在位。

譯文

　　過了幾天，范雎上朝，對秦昭王說：「有一位新近從山東來的客人，名叫蔡澤，這人是一位辯士。我見過的人很多，沒有誰趕得上他的，我不如他。」秦昭王於是召見蔡澤，與他交談，非常喜歡他，授予他客卿的職位。

　　范雎於是稱病辭官，請求歸還相印。秦昭王強行范雎留職，他就聲稱病重，於是被免去了相國的職位。秦昭王新近正喜歡蔡澤的計畫，便授予他秦國的相國職位，不久，東面吞併了周王室。

　　蔡澤輔佐秦昭王幾個月以後，有人憎惡他，他害怕被誅殺，就稱病辭官，歸還了相印，稱為剛成君。他住在秦國十多年，事奉秦昭王、秦孝文王、秦莊襄王，最後事奉秦始皇帝。他為秦國出使燕國三年，促使燕國派太子丹到秦國來做人質。

秦昭王謂左右

原文

　　秦昭王謂左右曰：「今日韓、魏，孰與始強？」對曰：「弗如也。」王曰：「今之如耳、魏齊①，孰與孟嘗、芒卯之賢②？」對曰：「弗如也。」王曰：「以孟嘗、芒卯之賢，帥強韓、魏之兵以伐秦，猶無奈寡人何也！今以無能之如耳、魏齊，帥弱韓、魏以攻秦，其無奈寡人何，亦明矣！」左右皆曰：「甚然。」

　　中期推琴對曰：「王之料天下過矣。昔者六晉之時，智氏最強，滅破范、中行，帥韓、魏以圍趙襄子於晉陽。決晉水以灌晉陽，城不沉者三板耳③。智伯出行水④，韓康子御，魏桓子驂乘。智伯曰：『始，吾不知水之可亡人之國也，乃今知之。汾水利以灌安邑⑤，絳水利以灌平陽⑥。』魏桓子肘韓康子⑦，康子履魏桓子，躡其踵⑧。肘足接於車上，而智氏分矣。身

死國亡，為天下笑。今秦之強，不能過智伯；韓、魏雖弱，尚賢在晉陽之下也。此乃方其用肘足時也，願王之勿易也⑨。」

注釋

①如耳：曾作魏國大夫，後事衛，現為韓國大臣。魏齊：魏國大臣。
②孟嘗：即孟嘗君田文。芒卯：即孟卯，魏國大將。
③沉：淹沒。三板：六尺。高二尺為一板。
④行：視察。
⑤安邑：魏桓子的城邑，在今山西夏縣西北。
⑥平陽：韓康子的城邑，在今山西臨汾。
⑦肘：用如動詞，用肘觸之意。
⑧躡：踩。踵：腳後跟。
⑨易：輕視。

譯文

　　秦昭王對左右的臣子說：「今天的韓國和魏國與當初相比較，哪個時期更強大呢？」大臣們說：「不如當初強大。」秦昭王又問：「現在的韓國大臣如耳和魏國大臣魏齊與當初的孟嘗君和芒卯相比較，哪個更有才能呢？」大臣們回答說：「都不如孟嘗君和芒卯。」秦昭王說：「當初，憑著孟嘗君和芒卯的才幹，率領強大的韓、魏聯軍來討伐秦國，對我們還無可奈何！如今，以無能的如耳和魏齊，率領業已弱小了的韓、魏軍隊進攻秦國，他能把我怎麼樣也就很清楚的了！」大臣們都說：「的確是這樣。」

　　大臣中期推開面前的琴對秦昭王說：「大王您錯誤地估計了天下的形勢。從前晉國的韓氏、趙氏、魏氏、范氏、智氏和中行氏這六個卿相，智氏最強大，它消滅了范氏和中行氏之後，又率領韓氏和魏氏的軍隊在晉陽圍住趙襄子。然後掘開晉水以淹晉陽城，城牆只剩六尺就要被淹沒了。智伯出來巡視水勢，韓康子駕著馬車，魏桓子陪侍旁邊。智伯說：『開始我還不知道用河水可以消滅人家的國家，今天才知道了這個辦法。用汾水淹沒安邑很方便，用絳水淹沒平陽也很省事。』這時魏桓子用胳膊肘碰了一下韓康子，韓康子也用腳踩了一下魏桓子，又踢了他的腳跟。正是肘腳在

車上相碰的時候，智伯的土地已開始被瓜分了。智伯身死國亡，被天下人所恥笑。現在秦國的強大超不過智伯，韓、魏即使軟弱，也比趙襄子被圍在晉陽城時強得多。我們現在可是正處在『肘腳相碰』的時期，希望大王千萬不可輕視他們。」

楚王使景鯉如秦

原文

　　楚王使景鯉如秦[1]。客謂秦王曰：「景鯉，楚王所甚愛，王不如留之以市地。楚王聽，則不用兵而得地；楚王不聽，則殺景鯉，更與不如景鯉留，是便計也[2]。」秦王乃留景鯉。

　　景鯉使人說秦王曰：「臣見王之權輕天下[3]，而地不可得也。臣之來使也，聞齊、魏皆且割地以事秦。所以然者，以秦與楚為昆弟國。今大王留臣，是示天下無楚也，齊、魏有何重於孤國也？楚知秦之孤，不與地，而外結交諸侯以圖，則社稷必危，不如出臣。」秦王乃出之。

注釋

　　①景鯉：楚懷王之相。
　　②便：利，安全。
　　③權：勢。

譯文

　　楚懷王派景鯉到秦國去。有人對秦王說：「景鯉是楚王所喜愛的大臣，大王不如把他扣留下來，用他去換取楚國的土地。如果楚王答應了，那麼我們不用兵就能得到楚國的土地；如果楚王不答應，那麼我們就把景鯉殺掉，再和才能不如景鯉的人打交道，這是萬全之策。」秦王於是扣留了景鯉。

　　景鯉讓人給秦王傳話說：「我看大王這樣做，會失勢於天下，並且土地也不可能得到。我剛要出使秦國的時候，聽說齊、魏兩國都打算割讓土地來事奉秦國。之所以這樣，是因為秦國與楚國是兄弟之邦。如今大王扣

留我，這就在天下諸侯中顯示出秦國失去了楚國的邦交，齊國和魏國又怎麼會尊重一個孤立無援的國家呢？當楚國知道秦國處於孤立之中，不但不會送給土地，而且還會在外邊結交諸侯來圖謀秦國，那秦國必然危險了，我看不如把我放回去。」秦王這才放了景鯉。

濮陽人呂不韋賈於邯鄲

原文

　　濮陽人呂不韋賈於邯鄲①，見秦質子異人②，歸而謂父曰：「耕田之利幾倍？」曰：「十倍。」「珠玉之贏幾倍？」曰：「百倍。」「立國家之主贏幾倍？」曰：「無數。」曰：「今力田疾作，不得暖衣餘食；今建國立君，澤可以遺世。願往事之③。」

　　秦子異人質於趙，處於聊城。故往說之曰：「子傒有承國之業，又有母在中④。今子無母於中，外托於不可知之國，一日倍約⑤，身為糞土⑥。今子聽吾計事，求歸，可以有秦國。吾為子使秦，必來請子。」

注釋

　　①賈（ㄍㄨˇ）：經商。
　　②質子：古時兩國交好，或結盟，為了取信於對方，派自己的親信去對方作抵押，即所謂「人質」。如果派國君的兒子去做人質，即所謂「質子」。
　　③事：為。
　　④中：宮中，朝中。
　　⑤倍：同「背」。
　　⑥身為糞土：鮑彪注：「棄死且賤也。」

譯文

　　濮陽人呂不韋在趙都邯鄲經商，見到了秦國送到趙國做人質的王子異人，就回到家裡對他父親說：「種田得利能有幾倍？」他父親說：「十倍。」呂不韋再問：「販賣珠玉贏利能有幾倍？」他父親說：「一百倍。」呂不韋又問：「那麼擁立國家的君主贏利能有幾倍？」他父親說：

「無數倍。」呂不韋說：「如今老百姓努力耕田勞作，還不能得到溫飽；現在如果建立一個國家，擁立一位君主，那麼他的利益就可以傳給後世。我願意去辦成這件事。」

　　秦國的王子異人在趙國做人質，住在聊城。呂不韋特地去向異人遊說：「子傒已有繼承國業的資格，又有母后在宮中做後盾。現在您既無母后在宮中，自己在外又托身於一個不測的敵國，倘若有一天秦、趙背棄信約，那麼您將成為糞土。現在您若能聽從我的計畫，先求得回國，就能有掌握秦國大權的機會。我替您去秦國活動，秦王必定會請您回去。」

原文

　　乃說秦王后弟陽泉君曰：「君之罪至死，君知之乎？君之門下不居高尊位，太子門下無貴者。君之府藏珍珠寶玉，君之駿馬盈外廄，美女充後庭。王之春秋高①，一日山陵崩，太子用事②，君危於累卵，而不壽於朝生③。說有可以一切而使君富貴千萬歲④，其寧於太山四維，必無危亡之患矣。」陽泉君避席⑤，請聞其說。不韋曰：「王年高矣，王后無子，子傒有承國之業，士倉又輔之。王一日山陵崩，子傒立，士倉用事，王后之門，必生蓬蒿。子異人賢材也，棄在於趙，無母於內，引領西望，而願一得歸。王后誠請而立之，是子異人無國而有國，王后無子而有子也。」陽泉君曰：「然。」入說王后，王后乃請趙而歸之。

　　趙未之遣，不韋說趙曰：「子異人，秦之寵子也，無母於中，王后欲取而子之。使秦而欲屠趙⑥，不顧一子以留計，是抱空質也⑦。若使子異人歸而得立，趙厚送遣之，是不敢倍德畔施⑧，是自為德講⑨。秦王老矣，一日晏駕⑩，雖有子異人，不足以結秦。」趙乃遣之。

注釋

　　①春秋：喻年齡。

　　②一日山陵崩，太子用事：高誘注：「一日猶一旦也。山陵，喻尊高也。崩，死也。用事，即位治國事。」

　　③不壽於朝生：高誘注：「朝生，木槿也。朝生夕落，真為短命不壽也。言命將不至終日也。」

　　④説：辦法，計謀。一切：權宜之計。

⑤避席：離開座位而起來，表示對人尊敬。

⑥屠：屠戮，消滅。

⑦抱：據有，擁有。

⑧倍：通「背」。畔：通「叛」。

⑨是自為德講：鮑彪注：「必自為恩德講好於趙。」為，因。講，即「媾」。

⑩晏駕：指天子、諸侯國君等死亡。君王當早起上朝，如宮車晚出，必有事故。古代忌諱說「死」，故君王死稱「晏駕」。晏，晚、遲。駕，車駕。

譯文

於是呂不韋就向秦王后華陽夫人的弟弟陽泉君遊說道：「您已經犯了死罪，您知道嗎？您手下的人沒有一個不是位居高官的，太子手下的人卻沒有一個高官顯貴。您的府庫中藏著珍珠寶玉，您的馬圈裡養著許多駿馬，您的後宮裡住滿了美女。如今大王年事已高，一旦駕崩，太子掌權，那麼您的處境比堆積起來的雞蛋還危險，比朝榮夕落的木槿花的壽命還短。現在有一個權宜之計可以使您富貴千萬年，它像泰山一樣地安穩，肯定不會有危險的憂患。」陽泉君聽後便從座席上起來，請求指教。呂不韋說：「大王年事已高，王后又沒有兒子，子傒有繼承國業的權利，又有士倉的輔佐。大王一旦去世，子傒即位，士倉掌權，那時王后的門庭一定會冷落得長滿蓬蒿。現在王子異人是一位賢能的人，可是他卻被遺棄在趙國做人質，宮內又沒有母親，他常仰首西望，渴望回到秦國。王后若是真的請大王立異人為太子，這樣王子異人本沒有國卻有了國，王后本沒有兒子卻有了兒子。」陽泉君說：「對。」便進宮勸說王后，王后於是請求趙國將異人送回。

在趙國還沒有把異人送回的時候，呂不韋勸說趙王道：「王子異人是秦王的寵子，宮中雖然沒有母親，秦王后卻想領回去認他做兒子。假若秦國想要消滅趙國，它就不會為一個王子而停止進攻的計畫，趙國分明是抓著一個空的人質。假若讓王子異人回去做太子，趙國再用厚禮送行，這樣他自然不敢忘恩負義，自會以德相報。秦王老了，一旦去世，即使異人留在趙國，也不足以與秦國結好。」趙王於是送異人回國。

原文

　　異人至，不韋使楚服而見①。王后悦其狀，高其知②，曰：「吾楚人也。」而自子之，乃變其名曰楚。王使子誦，子曰：「少棄捐在外③，嘗無師傅所教學，不習於誦。」王罷之，乃留止。間曰④：「陛下嘗軔車於趙矣⑤，趙之豪傑，得知名者不少。今大王反國，皆西面而望。大王無一介之使以存之⑥，臣恐其皆有怨心。使邊境早閉晚開。」王以為然，奇其計。王后勸立之。王乃召相，令之曰：「寡人子莫若楚。」立以為太子。

　　子楚立⑦，以不韋為相，號曰文信侯，食藍田十二縣。王后為華陽太后，諸侯皆致秦邑⑧。

注釋

　　①使楚服而見：鮑彪注：「以王后楚人，故服楚制以説之。」
　　②知：通「智」。
　　③捐：棄。
　　④間：須臾，一會兒。
　　⑤軔（ㄖㄣ丶）：墊在車輪下不使車轉動的木頭。軔車：止車。
　　⑥存：勞問，慰問。
　　⑦子楚立：鮑彪注曰：「是為莊襄王。」
　　⑧致：送，進獻。

譯文

　　異人回到秦國，呂不韋讓他穿著楚人服裝去拜見王后。王后很喜歡他這副模樣，認為他聰明，並說：「我本是楚國人。」於是認他作自己的兒子，把他的名字改為楚。秦王讓異人誦讀經書，異人說：「我從小就流離在外，從來沒有教師教我學習，不熟悉怎樣誦讀經書。」秦王這才作罷，便將異人留在宮中。有次乘著秦王處理政事空閒之時，他又向秦王說：「陛下也曾在趙國停留過，趙國的豪傑被大王結識的不在少數，如今大王回國，可他們都還在朝西面仰望您。大王卻沒有派遣一位使臣去慰問他們，我擔心他們會存有怨心。不如讓邊境的關卡早閉晚開，加強警戒。」秦王認為有道理，驚奇他有這樣的心計。王后鼓動秦王立異人為太子。於是秦王召相國下令道：「我的兒子沒有哪個比得上楚的。」於是立異人為

太子。

　　後來王子楚即位，用呂不韋做相國，封號為文信侯，以藍田等十二個縣為俸祿。王后封為華陽太后，諸侯都進獻土地給秦國。

題解

　　《齊策》記載的是齊國歷史上的重大事件。《齊將封田嬰於薛》寫齊國大臣公孫閈計使楚懷王不干涉齊國封田嬰薛地之事。《靖郭君善齊貌辯》寫田嬰對齊貌辨知人善任，終受回報之事。《邯鄲之難》寫齊國大臣段干綸為齊威王出的「趙破魏弱」之策。《田忌為齊將》寫孫臏為齊將田忌出的成就大業之計。可惜田忌並未聽從，落得個「不入齊」的下場。《鄒忌修八尺有餘》寫齊相鄒忌巧諫齊威王之事。《秦假道韓魏以攻齊》寫齊威王不為謠言迷惑，深信匡章之事。《蘇秦為趙合從說齊宣王》寫齊宣王接受蘇秦的勸諫，採用合縱之策。《昭陽為楚伐魏》寫陳軫為齊巧退楚兵之事。《權之難齊燕戰》寫孟嘗君巧解趙助燕攻齊之事。《孟嘗君將入秦》寫蘇秦巧諫孟嘗君西入秦國。《孟嘗君奉夏侯章》寫孟嘗君舍人夏侯章犧牲個人聲譽以讚美孟嘗君之事。《淳于髡一日而見七人於宣王》寫淳于髡巧諫齊宣王納賢。《齊欲伐魏》寫淳于髡巧勸齊國取消征伐魏國的行動。《齊人有馮諼者》寫孟嘗君的門客馮諼為孟嘗君出謀畫策以鞏固其地位之事。《魯仲連謂孟嘗》寫魯仲連巧諫孟嘗君納賢之事。《先生王斗造門欲見齊宣王》寫齊人王斗巧諷齊宣王好馬、狗、酒、色的行為，最終使其納賢任能之事。《齊王使使者問趙威后》透過描寫趙威后詰問齊國使者的故事，反映出趙威后的民本思想。《齊人見田駢》寫齊人巧詰田駢不做官。《管燕得罪齊王》寫田需巧詰管燕難用士。

齊將封田嬰於薛

原文

　　齊將封田嬰於薛。楚王聞之，大怒，將伐齊。齊王有輟志[①]。公孫閈曰[②]：「封之成與不[③]，非在齊也，又將在楚。閈說楚王，令其欲封公也又甚於齊。」嬰子曰：「願委之於子。」公孫閈為謂楚王曰：「魯、宋事楚而齊不事者，齊大而魯、宋小。王獨利魯、宋之小，不惡齊大何也？夫齊

削地而封田嬰④，是其所以弱也。願勿止。」楚王曰：「善。」因不止。

注釋

①輟（ㄔㄨㄛˋ）：終止，停止。
②公孫閈（ㄏㄢˋ）：齊國大臣。
③不：通「否」。
④削：分。

譯文

　　齊國將要把薛地封給田嬰。楚懷王聽到此事後，大怒，準備討伐齊國。齊威王產生了停止封地的想法。公孫閈對田嬰說：「封地的事成功與否，不在齊國，還將在楚國。我去勸說楚王，使他比齊國更想賜封您。」田嬰說：「願把這件事託付給您。」公孫閈為田嬰對楚王說：「魯國、宋國事奉楚國而齊國卻不事奉楚國，這是因為齊國強大而魯國、宋國弱小的緣故。大王只認為弱小的魯國、宋國對自己有利，卻為什麼不厭惡齊國的強大對自己有害？如果齊國分割出一塊領土給田嬰，這是使自己削弱的作法。希望君王不要阻止。」楚王說：「好。」因此沒有阻止齊王把薛地封給田嬰。

靖郭君善齊貌辨

原文

　　靖郭君善齊貌辨。齊貌辨之為人也多疵①，門人弗說。士尉以証靖郭君②，靖郭君不聽，士尉辭而去。孟嘗君又竊以諫，靖郭君大怒曰：「剗而類③，破吾家，苟可慊齊貌辨者④，吾無辭為之。」於是舍之上舍，令長子御⑤，旦暮進食⑥。

　　數年，威王薨⑦，宣王立。靖郭君之交大不善於宣王，辭而之薛，與齊貌辨俱留。無幾何，齊貌辨辭而行，請見宣王。靖郭君曰：「王之不說嬰甚，公往必得死焉。」齊貌辨曰：「固不求生也⑧，請必行。」靖郭君不能止。

注釋

①疵：毛病，缺點，過失。

②証：通「諍」，諫，勸告，規勸。

③剗（ㄔㄢˇ）：剷除，消滅。而：汝。

④慊（ㄑㄧㄝˋ）：滿足，使高興。

⑤御：侍。

⑥旦暮：早晚。

⑦薨（ㄏㄨㄥ）：古代諸侯或有爵位的人死去稱薨。

⑧固：本來。

譯文

　　靖郭君和齊貌辨很要好。可是齊貌辨的為人也有不少毛病，所以門客們都不喜歡他。士尉因此去勸諫靖郭君，靖郭君不聽，士尉辭別靖郭君離去了。孟嘗君又私下裡勸諫靖郭君，靖郭君十分生氣地說：「即使是剷除你們這類人，毀掉我的家族，如果可以滿足齊貌辨的話，我都沒有什麼話可說。」於是安排他上等館舍居住，讓自己的長子侍奉他，早晚給他進獻美食。

　　幾年以後，齊威王去世，齊宣王繼位。靖郭君和齊宣王的關係特別不好，只好告辭齊宣王回到薛地去，和齊貌辨一起住在封地裡。沒過多久，齊貌辨辭別靖郭君打算到齊國都城去，請示拜見齊宣王。靖郭君說：「齊王很不喜歡我，您去必定得死在那裡。」齊貌辨說：「我本來就沒打算活著回來，請您一定讓我去。」靖郭君阻止不住他。

原文

　　齊貌辨行至齊，宣王聞之，藏怒以待之①。齊貌辨見宣王，王曰：「子，靖郭君之所聽愛夫②？」齊貌辨曰：「愛則有之，聽則無有。王之方為太子之時，辨謂靖郭君曰：『太子相不仁，過頤豕視③，若是者倍反。不若廢太子，更立衛姬嬰兒郊師。』靖郭君泣而曰：『不可，吾不忍也。』若聽辨而為之，必無今日之患也。此為一。至於薛，昭陽請以數倍之地易薛，辨又曰：『必聽之。』靖郭君曰：『受薛於先王，雖惡於後王，吾獨謂先王何乎④！且先王之廟在薛，吾豈可以先王之廟與楚乎！』

又不肯聽辨。此為二。」宣王太息，動於顏色⑤，曰：「靖郭君之於寡人一至此乎⑥！寡人少，殊不知此⑦。客肯為寡人來靖郭君乎？」齊貌辨對曰：「敬諾。」

（注釋）

①藏：懷。
②聽：聽信，聽從。
③過頤：面頰過長，耳後見腮。豕（ㄕˇ）視：下邪偷視。
④獨謂：其奈。
⑤動：發，變。
⑥一：乃，竟。
⑦殊：絕。

（譯文）

　　齊貌辨到了齊國都城，齊宣王聽說後，滿懷怒氣等待著他的到來。齊貌辨拜見宣王，宣王說：「你就是靖郭君所聽信並寵愛的人？」齊貌辨說：「如果說寵愛那是有的，聽信卻談不上。當大王正做太子的時候，我曾對靖郭君說：『太子的相貌不像仁義的人，耳後見腮，又下邪視，像這樣的人肯定會背叛您。不如廢掉太子，改立衛姬的嬰兒郊師。』靖郭君哭著說：『不行，我不忍心這樣做。』如果聽了我的話而照著辦，一定就不會有今天的憂患了。這是第一件事。再說靖郭君到了薛地以後，昭陽就請求用幾倍的土地交換薛地，我又向靖郭君說：『一定要接受這個請求。』靖郭君說：『從先王那裡接受薛地，現在即使與後王關係不好，如果把薛地交換出去，將來我對先王說什麼！況且先王的宗廟就在薛地，我難道能把先王的宗廟交給楚國嗎！』又不肯聽從我。這是第二件事。」齊宣王聽了不禁長歎，臉上的神色變了，說：「靖郭君對寡人的感情竟深到這種程度啊！我太年輕了，很不瞭解這些事情。您願意替我把靖郭君請回來嗎？」齊貌辨回答說：「好吧。」

（原文）

　　靖郭君衣威王之衣冠，帶其劍，宣王自迎靖郭君於郊，望之而泣。靖

郭君至，因請相之①。靖郭君辭，不得已而受。七日，謝病強辭②。三日而聽③。

當是時，靖郭君可謂能自知人矣！能自知人，故人非之不為沮④。此齊貌辨之所以外生、樂患、趣難者也⑤。

注釋

①相：使為相。

②謝病強辭：高誘注：「以病謝相位。強猶固也。」

③聽：允許，同意。

④沮（ㄐㄩˇ）：止。

⑤外生、樂患、趣難：高誘注：「外猶賤生，謂觸難而行見宣王也。樂解人之患，趣救人之難，令宣王相靖郭君也。」

譯文

靖郭君穿戴上齊威王賜給的衣帽，佩帶著賜給的寶劍，齊宣王親自到郊外迎接靖郭君，望著他哭泣。靖郭君到了朝廷，齊宣王就請他做相國。靖郭君表示辭謝，不得已才接受了。七天以後，又以有病為名堅決要求辭職，三天以後齊宣王才答應他的請求。

當這個時候，靖郭君才可以說自己能夠瞭解別人！自己能夠瞭解別人，所以即使有人非議某個有才能的人，他也不終止自己的行動。這就是齊貌辨所以把生死置之度外、樂於解人憂患、急於救人危難的原因。

邯鄲之難

原文

邯鄲之難，趙求救於齊。田侯召大臣而謀曰①：「救趙孰與勿救？」鄒子曰：「不如勿救。」段干綸曰②：「弗救，則我不利。」田侯曰：「何哉？」「夫魏氏兼邯鄲，其於齊何利哉！」田侯曰：「善。」乃起兵，曰：「軍於邯鄲之郊③。」段干綸曰：「臣之求利且不利者，非此也。夫救邯鄲，軍於其郊，是趙不拔而魏全也。故不如南攻襄陵以弊魏，

邯鄲拔而承魏之弊，是趙破而魏弱也。」田侯曰：「善。」乃起兵南攻襄陵。七月，邯鄲拔。齊因承魏之弊，大破之桂陵。

注釋

①田侯：此指齊威王。
②段干綸：齊國大臣。
③軍：駐紮。

譯文

　　趙都邯鄲被魏圍攻的時候，趙國向齊國求救。齊威王召集大臣謀劃說：「援救趙國還是不援救哪個好？」鄒忌說：「不如不救。」段干綸說：「不救，對齊國不利。」齊威王說：「為什麼呢？」段干綸說：「魏國兼併邯鄲，那對齊國有什麼好處！」齊威王說：「好。」於是就出兵，齊威王說：「把軍隊駐紮在邯鄲的郊外。」段干綸說：「我所說的救援有利或者無利，並不指這。救援邯鄲，駐紮在城郊，這不僅不能使邯鄲被魏攻破，而且也使魏國保全了實力。所以不如向南進攻襄陵以疲弊魏國，魏國攻下邯鄲，已經疲弊，我們則乘其疲弊進攻它，這樣就可以使趙國被攻破而使魏國受到削弱。」齊威王說，「好。」於是發兵向南進攻襄陵。七月，邯鄲被魏國佔領。齊國乘魏軍疲勞之機進攻，在桂陵把魏國軍隊打得大敗。

田忌為齊將

原文

　　田忌為齊將，係梁太子申，禽龐涓。孫子謂田忌曰①：「將軍可以為大事乎？」田忌曰：「奈何？」孫子曰：「將軍無解兵而入齊，使彼罷弊老弱守於主。主者，循軼之途也②，錭擊摩車而相過③。使彼罷弊先弱守於主，必一而當十，十而當百，百而當千。然後背太山，左濟，右天唐，軍重踵高宛④，使輕車銳騎衝雍門。若是，則齊君可正而成侯可走⑤。不然，則將軍不得入於齊矣。」田忌不聽，果不入齊。

注釋

①孫子：鮑彪注：「臏也。齊人，武之孫，為田忌軍師。」
②循：順。軼：車轍。
③轄：同「轄」，車軸頭上的銅鍵，使車輪不致脱落。
④踵：至。
⑤正：定。

譯文

　　田忌擔任齊國軍隊將領，活捉了魏國太子申，擒住了魏國大將龐涓。孫子對田忌說：「將軍想做一番大事業嗎？」田忌說：「怎麼辦？」孫子說：「將軍在這次戰役後不要解除武裝返齊，讓那些疲憊老弱的士兵守住主這個要地。主這個地方，道路狹窄，車輛只能依次順行，車多時，車轄互相碰撞，車與車互相摩擦而過。讓那些疲憊老弱的士兵守衛主地隘口，必定以一當十，以十當百，以百當千。然後背靠泰山，左涉濟水，右越高唐，軍隊輜重運到高宛，派出輕便的戰車、精銳的騎兵直衝齊都的西門雍門。如果這樣做，齊國國君就在將軍掌握之中了，而成侯鄒忌必定逃跑。不然的話，將軍再也不能回到齊國了。」田忌沒有聽從，果然沒能回到齊國。

鄒忌修八尺有餘

原文

　　鄒忌修八尺有餘①，身體昳麗②。朝服衣冠③，窺鏡，謂其妻曰：「我孰與城北徐公美？」其妻曰：「君美甚，徐公何能及君也！」城北徐公，齊國之美麗者也。忌不自信，而復問其妾曰：「吾孰與徐公美？」妾曰：「徐公何能及君也！」旦日④，客從外來，與坐談，問之客曰：「吾與徐公孰美？」客曰：「徐公不若君之美也！」

　　明日，徐公來，孰視之⑤，自以為不如，窺鏡而自視，又弗如遠甚。暮寢而思之，曰：「吾妻之美我者⑥，私我也⑦；妾之美我者，畏我也；客之美我者，欲有求於我也。」

注釋

①修：長。這裡指身高。周尺，一尺合今八寸，八尺，即今六尺四寸。
②映（一、）麗：光豔，美麗。
③朝：早晨。
④旦日：明日。
⑤孰視：仔細看。孰，通「熟」。
⑥美：以……為美。
⑦私：偏愛。

譯文

　　鄒忌身高八尺有餘，長得神采煥發容貌美麗。早晨穿戴好衣帽，照著鏡子，對他的妻子說：「我和城北的徐公誰美？」他的妻子說：「您美極了，徐公哪能趕上您呢！」城北徐公是齊國容貌美麗身材好看的人。鄒忌自己不相信比徐公美，又問他的妾說：「我和徐公哪一個漂亮？」妾說：「徐公怎麼能趕上您呢！」第二天，有個客人從外邊來，鄒忌和他坐著談話，問他的客人說：「我和徐公比誰好看？」客人說：「徐公不如您好看！」

　　又過了一天，徐公來了。鄒忌仔細地看他，自己認為不如徐公漂亮，對鏡自照，又更覺相差太遠。晚上躺在床上思考這件事，認為：「我妻子說我美的原因，是偏愛我；妾說我美的原因，是害怕我；客人說我美的原因，是因為有求於我。」

原文

　　於是，入朝見威王曰：「臣誠知不如徐公美，臣之妻私臣，臣之妾畏臣，臣之客欲有求於臣，皆以美於徐公。今齊地方千里，百二十城，宮婦左右，莫不私王；朝廷之臣，莫不畏王；四境之內，莫不有求於王。由此觀之，王之蔽甚矣①！」王曰：「善。」乃下令：「群臣吏民，能面刺寡人之過者②，受上賞；上書諫寡人者，受中賞；能謗議於市朝③，聞寡人之耳者④，受下賞。」

　　令初下，群臣進諫，門庭若市。數月之後，時時而間進⑤。期年之後⑥，雖欲言，無可進者。燕、趙、韓、魏聞之，皆朝於齊。此所謂戰勝於

朝廷⑦。

注釋

①蔽：蒙蔽。

②面刺：當面批評，當面指出。

③謗議：指責議論。市朝：市井。

④聞寡人之耳：即聞於寡人之耳。

⑤時時而間進：有時偶爾進諫。

⑥期年：一週年。

⑦戰勝於朝廷：鮑彪注曰：「坐朝廷之上，四國朝之，不待兵也。」

譯文

　　於是，鄒忌入朝拜見齊威王說：「臣下的確知道不如徐公美，可是臣下的妻子偏愛臣，臣下的妾害怕臣，臣下的客人有求於臣，都說我比徐公美。如今齊國土地方圓千里，有一百二十座城市，宮中婦女和左右的近臣，沒有一個不偏愛大王；朝廷的大臣，沒有一個不害怕大王；四境之內，沒有一個不對大王有所求的。由此看來，大王受的蒙蔽太厲害了！」威王說：「好！」於是發佈命令：「群臣、官吏、百姓，有當面指出寡人過失的，授給上等賞賜；上書勸諫寡人的，授給中等賞賜；在市井中議論寡人過失並傳到寡人耳朵裡的，授給下等賞賜。」

　　命令剛發下去，群臣都來進諫，宮門像市場一樣擁擠。幾個月以後，有時偶爾進諫。一年以後，即使有人想說，也沒有什麼可進諫的了。燕國、趙國、韓國、魏國聽到這種情況，都到齊國來朝拜。這就是所說的在朝廷上戰勝敵人。

秦假道韓魏以攻齊

原文

　　秦假道韓、魏以攻齊，齊威王使章子將而應之①。與秦交和而舍，使者數相往來，章子為變其徽章以雜秦軍。候者言章子以齊入秦②，威王不

應。頃之間，候者復言章子以齊兵降秦，威王不應。而此者三。有司請曰：「言章子之敗者，異人而同辭。王何不發將而擊之？」王曰：「此不叛寡人明矣，曷為擊之！」

頃間，言齊兵大勝，秦軍大敗，於是秦王稱西藩之臣而謝於齊。左右曰：「何以知之？」曰：「章子之母啟得罪其父，其父殺之而埋馬棧之下③。吾使章子將也，勉之曰：『夫子之強，全兵而還，必更葬將軍之母。』對曰：『臣非不能更葬先妾也④。臣之母啟得罪臣之父，臣之父未教而死。夫不得父之教而更葬母，是欺死父也。故不敢。』夫為人子而不欺死父，豈為人臣欺生君哉？」

注釋

①章子：齊國名將匡章。
②候者：偵察人員。
③馬棧：馬棚。
④先妾：在君前稱其亡母為先妾。

譯文

秦國向韓國、魏國借道來進攻齊國，齊威王命令大將匡章率軍迎戰。齊國與秦國兩軍對峙而駐紮在那裡，兩國使者多次互相往來，匡章就改變了齊國軍隊的旗幟衣服而混入秦軍。齊國偵察人員向齊王報告匡章率領齊兵進入秦軍，威王沒有理睬。不一會兒，偵察人員又向齊王報告匡章率領齊兵投降秦軍，威王仍然沒有應聲。像這樣的報告有好多次。有個負責官員詢問說：「報告匡章打了敗仗，不同的人都說同樣的話。大王為什麼不另派將軍率兵進擊匡章呢？」威王說：「這不是背叛寡人很分明的，為什麼要攻打他！」

過了一會兒，聽說齊軍大勝，秦軍大敗，在這種情況下，秦惠文王自稱是西邊的臣子而向齊國表示謝罪。左右的近臣問齊威王說：「怎麼知道章子不會叛變？」威王說：「章子的母親啟在他父親面前犯了罪，他父親就把啟殺了，埋在馬棚的下面。我任命章子為將軍的時候，勉勵他說：『您很英勇，希望率領全軍勝利歸來，一定遷葬將軍的母親。』他回答說：『我不是不能遷葬我的母親。臣下的母親啟曾在我父親面前犯過罪，

臣下的父親沒有留下遺囑就死了。沒有得到父親的教導而遷葬母親，這是欺騙死去的父親，所以不敢。』作為人子竟不敢欺騙死去的父親，難道他作為人臣還能欺騙活著的君王嗎？」

蘇秦為趙合從說齊宣王

原文

　　蘇秦為趙合從，說齊宣王曰：「齊南有太山，東有琅邪，西有清河，北有渤海，此所謂四塞之國也。齊地方二千里，帶甲數十萬①，粟如丘山。齊車之良，五家之兵，疾如錐矢，戰如雷電，解如風雨，即有軍役，未嘗倍太山②、絕清河③、涉渤海也。臨淄之中七萬戶，臣竊度之，不下戶三男子，三七二十一萬，不待發於遠縣，而臨淄之卒，固以二十一萬矣。臨淄甚富而實，其民無不吹竽、鼓瑟、擊筑④、彈琴、鬥雞、走犬、六博、蹴鞠者⑤；臨淄之途，車轂擊，人肩摩，連衽成帷⑥，舉袂成幕⑦，揮汗如雨；家敦而富，志高而揚。夫以大王之賢與齊之強，天下不能當⑧，今乃西面事秦，竊為大王羞之。」

　　「且夫韓、魏之所以畏秦者，以與秦接界也。兵出而相當⑨，不至十日，而戰勝存亡之機決矣。韓、魏戰而勝秦，則兵半折⑩，四境不守；戰而不勝，以亡隨其後。是故韓、魏之所以重與秦戰而輕為之臣也⑪。」

注釋

　　①帶甲：披甲之兵。

　　②倍：通「背」。

　　③絕：渡。

　　④筑：古代一種擊絃樂器。

　　⑤蹴鞠（ㄘㄨˋ　ㄐㄩˊ）：我國古代一種足球運動。

　　⑥衽（ㄖㄣˋ）：衣襟。

　　⑦袂：（ㄇㄟˋ）衣袖。

　　⑧當：敵。

　　⑨當：對抗，攻伐。

⑩折：損失。

⑪重：難。輕：輕易。

譯文

　　蘇秦為趙國合縱，去遊說齊宣王說：「齊國南面有泰山，東面有琅邪山，西面有濟水，北面有渤海，這就是所說的四面都有險塞的國家。齊國土地方圓兩千里，披甲的士兵幾十萬，糧食堆積如山。齊國戰車精良，又有五國軍隊的支持，軍隊行動像錐矢一樣銳利，戰鬥起來像雷電一樣猛烈，軍隊後撤有如風雨一樣神速，即使有敵國入侵，也不必越過泰山，穿過濟水，橫渡渤海。臨淄城中有七萬戶人家，臣下暗中估計，每戶不少於三個男子，三七二十一萬人，不用徵發遠縣的兵丁，而臨淄的士卒，早已有二十一萬了。臨淄這個地方十分富有殷實，這裡的民眾都會吹竽、鼓瑟、擊筑、彈琴、鬥雞、賽狗、下棋、踢球；臨淄城的道路上，車轂相撞，人肩互相摩擦，如果把人們的衣襟連接起來可成帷幔，舉起衣袖可成帳幕，揮一把汗如同下雨；家家富足，人人志氣高揚。憑藉大王的賢明和齊國的強盛，天下的諸侯沒有誰敢來對抗，如今您卻要向西去事奉秦國，我私下裡為大王感到羞愧。」

　　「再說韓國、魏國之所以害怕秦國，是因為它們和秦國接壤。如果出動軍隊互相對抗，不到十天，勝敗存亡的關鍵就決定了。如果韓國、魏國出戰並能打勝秦國，那麼自己的兵力就會損失一半，四面的邊境就無法守衛；如果戰鬥不能取勝，就會隨著戰爭的結束而滅亡。這就是韓國、魏國難與秦國交戰並輕易臣服的原因。」

原文

　　「今秦攻齊則不然，倍韓①、魏之地，至衛陽晉之道，徑亢父之險②，車不得方軌③，馬不得並行，百人守險，千人不得過也。秦雖欲深入，則狼顧④，恐韓、魏議其後也。是故恫疑虛喝⑤，高躍而不敢進，則秦不能害齊，亦已明矣。夫不深料秦之不奈我何也，而欲西面事秦，是群臣之計過也。今無臣事秦之名，而有強國之實，臣固願大王之少留計。」齊王曰：「寡人不敏⑥，今主君以趙王之教詔之⑦，敬奉社稷以從。」

注釋

①倍：通「背」。
②徑：通「經」。
③方軌：並行。
④狼顧：像狼一樣回頭看。吳師道曰：「狼性怯，走常還顧。」
⑤恫（ㄉㄨㄥˋ）疑：恐懼。虛喝：虛張聲勢。
⑥不敏：不明事理。此謙辭。
⑦詔：告。

譯文

「如果現在秦國進攻齊國，那情形就不是這樣了，背後有韓國、魏國的土地，衛地的陽晉是必經之路，通過亢父天險時，車不能並行，雙馬不能同過，百人扼守險要的地方，千人不能通過。秦國軍隊即使想要深入，那麼也得像狼一樣張惶四顧，害怕韓國、魏國在背後算計它。因此它恐懼疑慮虛張聲勢嚇唬人，跳得挺高卻不敢前進，那麼秦國不能危害齊國，已經是明擺著的事了。不能深遠地預料到秦國是不能把我們怎麼樣的，反而想西去事奉秦國，這是大臣們計謀的錯誤。如今臣下的計謀沒有事奉秦國的名聲，卻可以得到富國強兵的實利，臣下堅決希望大王稍稍留心謀劃一下。」齊宣王說：「我不明事理，現在您把趙王的教誨告訴我，我的國家一定聽命。」

昭陽為楚伐魏

原文

昭陽為楚伐魏，覆軍殺將得八城，移兵而攻齊。陳軫為齊王使，見昭陽，再拜賀戰勝，起而問：「楚之法，覆軍殺將，其官爵何也？」昭陽曰：「官為上柱國，爵為上執珪[①]。」陳軫曰：「異貴於此者何也[②]？」曰：「唯令尹耳[③]。」陳軫曰：「令尹貴矣！王非置兩令尹也，臣竊為公譬可也[④]。楚有祠者，賜其舍人卮酒[⑤]。舍人相謂曰：『數人飲之不足，一人飲之有餘。請畫地為蛇，先成者飲酒。』一人蛇先成，引酒且飲之，乃

左手持卮，右手畫蛇，曰：『吾能為之足。』未成，一人之蛇成，奪其卮曰：『蛇固無足，子安能為之足。』遂飲其酒。為蛇足者，終亡其酒⑥。今君相楚而攻魏，破軍殺將得八城，不弱兵，欲攻齊，齊畏公甚，公以是為名足矣，官之上非可重也⑦。戰無不勝而不知止者，身且死，爵且後歸，猶為蛇足也。」昭陽以為然，解軍而去⑧。

注釋

①上柱國：楚國最高武官，職位僅次於令尹。上執珪：楚國最高爵位。珪，一種長條形玉器。

②異：特，更。

③令尹：楚國集將相軍政大權於一身的官職，相當於戰國時別國的丞相。

④譬：打比方。

⑤卮（ㄓ）：古代盛酒的器具。

⑥亡：失。

⑦重（ㄔㄨㄥˊ）：重疊，重複。

⑧解：撤。

譯文

　　楚國大將昭陽率領楚軍攻打魏國，打敗魏國軍隊殺死魏國將領，奪取了八座城邑之後，準備調動軍隊攻打齊國。陳軫作為齊王的使者，去見昭陽，兩拜之後向昭陽祝賀戰事勝利，站起來詢問昭陽說：「按照楚國的法令，擊潰敵軍殺死敵將，他的官爵是什麼？」昭陽說：「官是上柱國，爵是上執珪。」陳軫說：「比這個更顯貴的官爵是什麼？」昭陽說：「只有令尹了。」陳軫說：「令尹夠顯貴的了！可是楚王不能設置兩個令尹，請讓我為您打個比方。楚國有個祭祀的人，賞賜舍人一杯酒。舍人互相說：『幾個人都喝這酒不夠，一個人喝還有剩餘。讓我們在地上畫蛇，先畫成的人喝酒。』一個人先畫成了蛇，他拿起酒杯將要喝酒，卻又左手握著酒杯，右手畫著蛇，說：『我能給牠畫上腳。』還沒畫完，另一個人的蛇已畫完了，奪過他的酒杯說：『蛇本來沒有腳，您怎麼能給牠畫上腳。』於是就喝了那杯酒。給蛇畫腳的人，終於失掉了那杯酒。如今您輔佐楚王攻

打魏國，擊潰魏軍殺死魏將，奪取八座城邑，沒有削弱自己軍隊的實力，又想要攻打齊國，齊國非常害怕您，您因此聞名也就足夠了，官爵的上面是不可能再加上官銜了。戰無不勝卻不知適可而止的人，他自身將被殺死，爵位將歸於後來的人，這就像給蛇畫腳的人一樣。」昭陽認為很對，於是撤軍離去。

權之難齊燕戰

原文

權之難，齊、燕戰。秦使魏冉之趙，出兵助燕擊齊。薛公使魏處之趙[1]，謂李向曰[2]：「君助燕擊齊，齊必急。急必以地和於燕，而身與趙戰矣。然則是君自為燕東兵，為燕取地也。故為君計者，不如按兵勿出。齊必緩，緩必復與燕戰。戰而勝，兵罷弊，趙可取唐、曲逆；戰而不勝，命縣於趙[3]。然則吾中立而割窮齊與疲燕也，兩國之權，歸於君矣。」

注釋

①魏處：齊國大臣。
②李向：應為李兌，趙國大臣。
③縣：通「懸」。

譯文

權地的戰爭，是齊國、燕國在此交兵。秦國派魏冉到趙國去，促使趙國出兵幫助燕國攻打齊國。孟嘗君派魏處到趙國去，對李兌說：「您幫助燕國攻打齊國，齊國一定危急。危急一定用土地和燕國講和，反過來會親自和趙國交戰。這樣一來，那麼您自己就成了燕國向東方進攻的軍隊，為燕國奪取土地。所以為您考慮，不如按兵不動。齊國的形勢一定緩和，緩和一定再與燕國交戰。如果燕國取勝，燕軍就會疲勞不堪，趙國可以乘機奪取唐地、曲逆；如果燕國不能取勝，它的命運就操在趙國手裡。這樣一來，那麼您嚴守中立並且可以從困境中的齊國和疲憊的燕國割取土地，兩個國家的大權，就歸您掌管了。」

孟嘗君將入秦

原文

孟嘗君將入秦①，止者千數而弗聽。蘇秦欲止之，孟嘗君曰：「人事者，吾已盡知之矣；吾所未聞者②，獨鬼事耳③。」蘇秦曰：「臣之來也，固不敢言人事也④，固且以鬼事見君⑤。」

孟嘗君見之。謂孟嘗君曰：「今者臣來，過於淄上，有土偶人與桃梗相與語⑥。桃梗謂土偶人曰：『子西岸之土也，挺子以為人⑦，至歲八月，降雨下，淄水至，則汝殘矣。』土偶曰：『不然。吾西岸之土也，吾殘則復西岸耳⑧。今子東國之桃梗也，刻削子以為人，降雨下，淄水至，流子而去，則子漂漂者將何如耳⑨。』今秦四塞之國，譬若虎口，而君入之，則臣不知君所出矣。」孟嘗君乃止。

注釋

①孟嘗君將入秦：孟嘗君，田文。鮑彪注曰：「《傳》言，秦昭王聞其賢，求見之，故將入。」

②未聞：未知。高誘注曰：「聞，知。」

③獨：只。

④固：本來。

⑤且：將，要，姑且。

⑥土偶人：用泥土做的人像。桃梗：用桃木刻的人像。

⑦挺：糅和，製作。姚本、鮑本皆誤作「挺」，黃丕烈《戰國策箚記》作「挺」，從黃說。

⑧吾殘：原作「土」。王念孫《讀書雜誌》曰：「『土則復西岸』義不可通，此承上『則汝殘矣』而言，則作『吾殘』者是也。」王說是，當據改。

⑨如：往。

譯文

孟嘗君將要到秦國去，勸阻他出行的有上千人，可是他全不聽。蘇秦想要勸阻他，孟嘗君說：「關於人的事情，我已經全知道了；我所不知

道的事情，只有鬼的事情。」蘇秦說：「我這次來，本來不敢談論人的事情，姑且以談論鬼事拜見您。」

　　孟嘗君接見了蘇秦。蘇秦對孟嘗君說：「今天我來的時候，從淄水上經過，聽見一個用泥土捏的人和一個用桃木削成的人互相談話。桃木人對泥人說：『您是西岸的泥土，人家把您揉製成人形，到今年八月，大雨降下，淄水沖來，您就完蛋了。』泥人說：『不對，我本來就是西岸的泥土製成的，被水沖散還回到西岸。如今您卻是東方的桃木枝，經過刻削您才成為人形，大雨降下，淄水暴至，沖您而去，那您漂漂蕩蕩將不知何往。』現在秦國是個四面險固的國家，就像虎口一樣，如果您要進去，那麼臣下我就不知道您從哪裡出來了。」孟嘗君這才取消了西行。

孟嘗君奉夏侯章

原文

　　孟嘗君奉夏侯章以四馬百人之食[①]，遇之甚歡[②]。夏侯章每言未嘗不諛謗孟嘗君也[③]。或以告孟嘗君，孟嘗君曰：「文有以事夏侯公矣，勿言。」董之繁菁以問夏侯公，夏侯公曰：「孟嘗君重非諸侯也，而奉我四馬百人之食。我無分寸之功而得此，然吾毀之以為之也。君所以得為長者，以吾毀之者也。吾以身為孟嘗君，豈得持言也。」

注釋

　　①夏侯章：孟嘗君舍人。
　　②遇：待遇，對待。
　　③諛謗：誹謗。

譯文

　　孟嘗君用四匹馬和一百人的食祿奉養夏侯章，給他很好的待遇。可是夏侯章每次談話的時候沒有不誹謗孟嘗君的。有的人把這件事告訴孟嘗君，孟嘗君說：「我有事請夏侯先生在做，你不要再說了！」董之繁菁也因此去問夏侯先生，夏侯章說：「孟嘗君尊重的人雖然不是諸侯，卻用四

匹馬和一百人的食祿奉養我。我雖然沒有分寸之功卻得到這麼優厚的待遇，然而我誹謗孟嘗君正是為了抬高他。孟嘗君之所以能夠被人稱為德高望重的人，是因為我誹謗他，他從不計較。我是用犧牲我來為孟嘗君效力，哪裡是憑幾句話就能做到的呢？」

淳于髡一日而見七人於宣王

原文

　　淳于髡一日而見七人於宣王①。王曰：「子來，寡人聞之，千里而一士，是比肩而立②；百世而一聖，若隨踵而至也。今子一朝而見七士，則士不亦眾乎？」淳于髡曰：「不然。夫鳥同翼者而聚居，獸同足者而俱行③。今求柴葫、桔梗於沮澤④，則累世不得一焉⑤。及之睪黍、梁父之陰，則郄車後載耳⑥。夫物各有疇⑦，今髡賢者之疇也。王求士於髡，譬若挹水於河⑧，而取火於燧也⑨。髡將復見之，豈特七士也⑩。」

注釋

　　①見：介紹，引薦。
　　②比肩；並肩，一個挨一個。
　　③俱行：同行。
　　④沮澤：水草叢生的低濕之地。
　　⑤累：數。
　　⑥郄（ㄒㄧˋ）：鮑彪注：「郄、卻同。言多獲，車重不前。」
　　⑦疇：類。
　　⑧挹（一ˋ）：舀，汲取。
　　⑨燧：古代取火的器具，如石燧。
　　⑩特：只。

譯文

　　淳于髡一天之內向齊宣王引薦了七個人。齊宣王說：「您過來，我聽說千里之內有一位賢士，這賢士就是並肩而立了；百代之中如果出一個聖

人，那就像接踵而至了。如今您一個早晨就引薦了七位賢士，那賢士不也太多了嗎？」淳于髡說：「不對。那翅膀相同的鳥類聚居在一起生活，足爪相同的獸類一起行走。如今若是到低濕的地方去採集柴葫、桔梗，那世世代代採下去也不能得到一株，到睪黍山、梁父山的北坡去採集，那就可以敞開車裝載。世上萬物各有其類，如今我淳于髡是賢士一類的人。君王向我尋求賢士，就譬如到黃河裡去取水，在燧中取火。我將要再向君王引薦賢士，哪裡只是七個。」

齊欲伐魏

原文

　　齊欲伐魏。淳于髡謂齊王曰：「韓子盧者[1]，天下之疾犬也。東郭逡者[2]，海內之狡兔也。韓子盧逐東郭逡，環山者三，騰山者五。兔極於前[3]，犬廢於後[4]；犬兔俱罷[5]，各死其處。田父見而獲之，無勞勧之苦[6]，而擅其功[7]。今齊、魏久相持。以頓其兵[8]，弊其眾[9]，臣恐強秦、大楚承其後，有田父之功。」齊王懼，謝將休士也[10]。

注釋

　　①韓子盧：韓國的黑狗，名盧。
　　②東郭逡（ㄑㄩㄣ）：齊國東郭的兔，名逡。
　　③極：力盡，疲。
　　④廢：倒下。
　　⑤罷：通「疲」。
　　⑥勧（ㄐㄩㄢˋ）：通「倦」。
　　⑦擅：專有。
　　⑧頓：疲弱。
　　⑨弊：勞困。
　　⑩謝：辭。休：止。

譯文

　　齊國想征伐魏國。淳于髡對齊王說：「韓國有條黑狗名叫盧，是天下跑得最快的狗。東郭有隻兔子名叫逡，是天下最敏捷的兔子。韓國的黑狗追逐東郭的兔子，繞著山跑了三圈，又翻過了五座山，兔子在前面盡力地跑，狗在後面竭力地追，狗和兔子都疲倦了，各自死在那裡。農夫看見了，沒有費力，就得到了狗和兔子。現在齊、魏二國長久地相持下去，使士卒困苦不堪，民眾精疲力竭，我恐怕強大的秦國、楚國正在後邊等著，準備獲取農夫之利。」齊王聽了淳于髡的話很害怕，於是就辭去將軍，休養士卒了。

齊人有馮諼者

原文

　　齊人有馮諼者，貧乏不能自存，使人屬孟嘗君①，願寄食門下。孟嘗君曰：「客何好？」曰：「客無好也。」曰：「客何能？」曰：「客無能也。」孟嘗君笑而受之曰：「諾。」左右以君賤之也②，食以草具③。

　　居有頃④，倚柱彈其劍，歌曰：「長鋏歸來乎⑤！食無魚。」左右以告。孟嘗君曰：「食之，比門下之客。」居有頃，復彈其鋏，歌曰：「長鋏歸來乎！出無車。」左右皆笑之，以告。孟嘗君曰：「為之駕，比門下之車客。」於是乘其車，揭其劍⑥，過其友曰⑦：「孟嘗君客我⑧。」後有頃，復彈其劍鋏，歌曰：「長鋏歸來乎！無以為家。」左右皆惡之，以為貪而不知足。孟嘗君問：「馮公有親乎？」對曰：「有老母。」孟嘗君使人給其食用，無使乏⑨。於是馮諼不復歌。

注釋

　　①屬：告訴。
　　②賤：看不起，輕視。
　　③食（ㄙˋ）：使之食，拿東西給人吃。草：粗。
　　④居：待，處。有頃：不久。
　　⑤鋏（ㄐㄧㄚˊ）：劍。

⑥揭：舉。

⑦過：拜訪。

⑧客：以……為客。

⑨乏：缺。

譯文

　　齊國有個叫馮諼的人，貧困得自己不能養活自己，讓人告訴孟嘗君，希望在孟嘗君門下討口飯吃。孟嘗君說：「客人有什麼愛好？」馮諼說：「客人沒有什麼愛好。」孟嘗君又問：「客人有什麼才能？」馮諼說：「客人沒有什麼才能。」孟嘗君笑著接受了他說：「好吧。」左右的人認為孟嘗君輕視他，就給他吃粗劣的飯食。

　　過了不久，馮諼靠著柱子彈著他的寶劍，唱道：「長劍啊，咱們回去吧！吃飯沒有魚。」左右把這件事告訴了孟嘗君。孟嘗君說：「給他魚吃，和門下客人吃的魚相同。」過了幾天，馮諼又彈著他的劍，唱道：「長劍啊，回去吧！出門沒有車。」左右的人都譏笑他，把這件事報告給了孟嘗君。孟嘗君說：「給他備車，如同門下有車的客人。」於是馮諼乘著他的車，高舉著他的劍，拜訪他的朋友說：「孟嘗君把我當客人對待。」此後又過不久，馮諼又彈著他的劍，唱道：「長劍啊，回去吧！沒有什麼用來養家。」左右的人都很厭惡他，認為他貪婪不知滿足。孟嘗君問：「馮先生有親人嗎？」回答說：「有位老母親。」孟嘗君派人供給她衣食費用，不使她缺乏。從此，馮諼不再唱歌了。

原文

　　後孟嘗君出記①，問門下諸客：「誰習計會②，能為文收責於薛者乎③？」馮諼署曰④：「能。」孟嘗君怪之，曰：「此誰也？」左右曰：「乃歌夫長鋏歸來者也。」孟嘗君笑曰：「客果有能也，吾負之，未嘗見也。」請而見之，謝曰：「文倦於事，憒於憂而性懧愚⑤，沉於國家之事，開罪於先生。先生不羞，乃有意欲為收責於薛乎？」馮諼曰：「願之。」於是約車治裝⑥，載券契而行，辭曰：「責畢收，以何市而反⑦？」孟嘗君曰：「視吾家所寡有者。」

　　驅而之薛，使吏召諸民當償者⑧，悉來合券。券徧合⑨，起，矯命以責

賜諸民⑩，因燒其券，民稱萬歲。

注釋

①記：佈告，告示。

②計會：會計。

③責：通「債」。

④署：簽，寫。

⑤憒（ㄎㄨㄟˋ）：昏亂。懧（ㄋㄨㄛˋ）：通「懦」，怯懦，柔弱。

⑥約車治裝：準備車輛，置辦行裝。

⑦市：買。反：通「返」。

⑧當：應當。

⑨徧：「遍」，全部。

⑩矯：假託。

譯文

後來孟嘗君貼出一張告示，詢問門下的各位客人：「誰熟悉會計，能為我到薛地去收債？」馮諼簽名說：「我能。」孟嘗君看了感到很奇怪，問道：「這個人是誰呀？」左右的人說：「就是唱長鋏啊，我們還是回去吧的那個人。」孟嘗君笑著說：「客人果然有才能，我虧待了他，還沒有接見過他呢。」於是把他請來，孟嘗君謝罪說：「我被瑣事弄得很疲倦，被憂慮弄得心煩意亂，而我生性又怯懦愚笨，沉溺在國家事務之中，得罪了先生。先生不以此為羞辱，還願意替我到薛地去收債？」馮諼說：「我願意。」於是就準備車輛，置辦行裝，載著收債契約出發了，辭別孟嘗君時問道：「債務收完以後，買些什麼東西回來？」孟嘗君說：「看我家缺少的東西買吧。」

馮諼驅車到了薛地，派官吏召集應當還債的百姓，都來核對債券。債券全部核對完畢，馮諼站起來，假託孟嘗君的命令把債款全部賞賜給百姓，同時燒毀了那些債券，百姓高呼萬歲。

原文

長驅到齊，晨而求見。孟嘗君怪其疾也，衣冠而見之①，曰：「責畢

收乎？來何疾也！」曰：「收畢矣。」「以何市而反？」馮諼曰：「君云『視吾家所寡有者』。臣竊計，君宮中積珍寶，狗馬實外廄，美人充下陳②。君家所寡有者乃義耳！竊以為君市義。」孟嘗君曰：「市義奈何？」曰：「今君有區區之薛，不拊愛子其民③，因而賈利之④。臣竊矯君命，以責賜諸民，因燒其券，民稱萬歲。乃臣所以為君市義也。」孟嘗君不說⑤，曰：「諾，先生休矣！」

注釋

①衣冠：皆用作動詞，即穿好衣服，戴好帽子。
②陳：列。
③拊：撫。
④利：求利，謀利。
⑤說：通「悅」。

譯文

　　馮諼驅車一直趕回齊都臨淄，清晨就去求見孟嘗君。孟嘗君對他往返迅速感到奇怪，穿好衣服戴好帽子去見他，說：「債都收完了嗎？怎麼回來這麼快！」馮諼說：「收完了。」孟嘗君又問：「買什麼回來了？」馮諼說：「您說『看我家缺什麼』。我私下考慮，您家中堆積了許多珍寶，狗和馬擠滿了外面的棚子，美女充滿了後列。您家裡所缺的只是義罷了！私下為您買回了義。」孟嘗君說：「買義又能怎麼樣？」馮諼說：「如今您有小小的薛地，不把那裡的百姓當作自己的子女一樣撫愛，卻用商賈的手段向他們謀取財利。我私下假託您的命令，把債款賞給那些百姓，因此燒了那些券契，百姓歡呼萬歲。這就是我所為您買義的辦法。」孟嘗君很不高興，說：「好，先生算了吧！」

原文

　　後期年，齊王謂孟嘗君曰：「寡人不敢以先王之臣為臣。」孟嘗君就國於薛①，未至百里，民扶老攜幼，迎君道中。孟嘗君顧謂馮諼：「先生所為文市義者，乃今日見之。」馮諼曰：「狡兔有三窟，僅得免其死耳。今君有一窟，未得高枕而臥也。請為君復鑿二窟。」孟嘗君予車五十乘，

金五百斤，西游於梁，謂惠王曰：「齊放其大臣孟嘗君於諸侯[2]，諸侯先迎之者，富而兵強。」於是梁王虛上位，以故相為上將軍，遣使者，黃金千斤，車百乘，往聘孟嘗君。馮諼先驅誡孟嘗君曰：「千金，重幣也；百乘，顯使也。齊其聞之矣。」梁使三反，孟嘗君固辭不往也。齊王聞之，君臣恐懼，遣太傅齎黃金千斤[3]，文車二駟，服劍一，封書謝孟嘗君曰[4]：「寡人不祥[5]，被於宗廟之祟[6]，沉於諂諛之臣，開罪於君，寡人不足為也。願君顧先王之宗廟，姑反國統萬人乎？」馮諼誡孟嘗君曰：「願請先王之祭器[7]，立宗廟於薛。」廟成，還報孟嘗君曰：「三窟已就，君姑高枕為樂矣[8]。」

孟嘗君為相數十年，無纖介之禍者[9]，馮諼之計也。

(注釋)

①就：歸。

②放：放逐。

③齎（ㄐㄧ）：持，拿。

④封書：封好的書信。

⑤祥：善。

⑥被：遭受。祟（ㄙㄨㄟˋ）：災禍。

⑦祭器：祭祀用的禮器。

⑧姑：就，且。

⑨介：纖，微。

译文

　　過了一年，齊王對孟嘗君說：「寡人不敢把先王的大臣做為自己的大臣。」孟嘗君只好回到自己的封地薛邑，離薛地還有一百里，百姓扶老攜幼，在路上迎接孟嘗君。孟嘗君回頭對馮諼說：「先生所給我買義的效果，竟在今天看到了。」馮諼說：「狡猾的兔子有三個窩，僅僅可以免掉一死罷了。現在您只有一個窩，不能高枕而臥。請讓我為您再鑿兩個窩。」孟嘗君給他五十輛車，五百斤黃金，馮諼到西邊的魏國去遊說，對魏惠王說：「齊國放逐他的大臣孟嘗君到諸侯國去，諸侯首先迎接他的，國富而兵強。」於是魏王空出最高的職位，把原來的相國調任為上將

軍，派遣使者，帶著黃金千斤，百輛車子，前去聘請孟嘗君。馮諼先驅車回薛邑告訴孟嘗君說：「千金黃金，是貴重的騁禮；百輛車子，是顯赫的使者。齊國大概聽到這件事了。」魏國使者往返多次，孟嘗君堅決推辭不去。齊國聽到這些情況，君臣十分恐慌，派遣太傅送去黃金千斤，彩車兩輛，佩劍一把，封好的書信一封向孟嘗君道歉說：「寡人不好，遭到祖宗降下的災禍，被諂媚奉迎的臣子所迷惑，得罪了您，寡人不值一提。希望您顧念先王的宗廟，暫且回國統率萬民好嗎？」馮諼告誡孟嘗君說：「希望求得祭祀先王的禮器，在薛邑建立宗廟。」宗廟建成後，馮諼回去向孟嘗君報告說：「三個窩已經鑿成，您姑且高枕而臥，過快樂的日子吧。」

　　孟嘗君做了幾十年相國，沒有些微的災禍，全仗馮諼的計謀。

魯仲連謂孟嘗

原文

　　魯仲連謂孟嘗：「君好士也？雍門養椒亦，陽得子養，飲食、衣裘與之同之，皆得其死。今君之家富於二公，而士未有為君盡遊者也[1]。」君曰：「文不得是二人故也。使文得二人者，豈獨不得盡[2]？」對曰：「君之廄馬百乘，無不被繡衣而食菽粟者，豈有騏麟、騄耳哉？後宮十妃，皆衣縞紵[3]，食梁肉[4]，豈有毛嬙、西施哉[5]？色與馬取於今之世，士何必待古哉？故曰君之好士未也。」

注釋

　　①盡遊：盡力。
　　②獨：就。
　　③縞紵（ㄍㄠˇ ㄓㄨˋ）：潔白細布。
　　④梁：應做「粱」，精米。
　　⑤毛嬙、西施：相傳皆為古代美女。

譯文

　　魯仲連對孟嘗君說：「您真的喜愛人才嗎？過去雍門供養椒亦，陽

得子供養人才，飲食和衣物都和自己相同，門客們都願意為他們效死力。如今您的家比雍門子、陽得子富有，然而您養的士卻沒有為您盡力的。」孟嘗君說：「這是因為我沒有遇到像椒亦那樣的賢人。假如我遇到這兩個人，難道不能使他們為我盡力？」魯仲連回答說：「您的馬棚裡有拉一百輛車子的馬，沒有一匹不披著錦繡、吃著豆子和米類飼料的，難道只有騏麟、騄耳才可以有這樣的待遇嗎？後宮的十個妃子，都穿著潔白細布衣，吃的是精米和肉，難道只有毛嬙、西施那樣的美女才能有這樣的待遇嗎？美女、駿馬要用現在的，而人才為什麼一定要用古代的呢？所以說您喜歡人才不是真的。」

先生王斗造門而欲見齊宣王

原文

　　先生王斗造門而欲見齊宣王①，宣王使謁者延入②。王斗曰：「斗趨見王為好勢③，王趨見斗為好士，於王何如？」使者復還報。王曰：「先生徐之，寡人請從。」宣王因趨而迎之於門，與入，曰：「寡人奉先君之宗廟，守社稷，聞先生直言正諫不諱。」王斗對曰：「王聞之過④。斗生於亂世，事亂君⑤，焉敢直言正諫⑥。」宣王忿然作色，不說。

注釋

　　①造：至。
　　②延：迎，引。
　　③好：愛，貪慕。
　　④過：錯，誤。
　　⑤事：事奉。
　　⑥焉：怎麼。

譯文

　　先生王斗到了王宮門前想要拜見齊宣王，宣王派謁者領他進來。王斗說：「我要快步向前去拜見大王是貪慕權勢，大王快步向前來見我是喜

愛賢士，在大王看來怎麼樣？」謁者又回去報告齊宣王。宣王說：「請先生等一會兒進來，我去迎接。」宣王於是快步向前到宮門去迎接王斗，和他一起進宮，說：「寡人奉祀祖廟，守衛國家，聽說先生直言敢諫毫不忌諱。」王斗回答說：「大王聽說的錯了。我生活在動亂的時代，事奉的是昏亂的君主，怎麼敢直言正諫呢？」宣王臉色忿怒，很不高興。

原文

　　有間，王斗曰：「昔先君桓公所好者，九合諸侯，一匡天下，天子受籍①，立為大伯。今王有四焉。」宣王說，曰：「寡人愚陋，守齊國，唯恐失抎之②，焉能有四焉？」王斗曰：「否。先君好馬，王亦好馬。先君好狗，王亦好狗。先君好酒，王亦好酒。先君好色，王亦好色。先君好士，而王不好士。」宣王曰：「當今之世無士，寡人何好？」王斗曰：「世無騏麟、騄耳，王駟已備矣。世無東郭俊、盧氏之狗，王之走狗已具矣。世無毛嬙、西施，王宮已充矣。王亦不好士也，何患無士？」王曰：「寡人憂國愛民，固願得士以治之。」王斗曰：「王之憂國愛民，不若王愛尺縠也③。」王曰：「何謂也？」王斗曰：「王使人為冠，不使左右便辟而使工者何也④？為能之也。今王治齊，非左右便辟無使也，臣故曰不如愛尺縠也。」宣王謝曰：「寡人有罪國家。」於是舉士五人任官，齊國大治。

注釋

　　①受：通「授」。
　　②抎（ㄩㄣˇ）：隕，丟失，失去。
　　③縠（ㄏㄨˊ）：有縐紋的紗。
　　④便辟：親近寵愛者。

譯文

　　過了一會兒，王斗說：「從前先君桓公所喜歡的事情，是多次會合諸侯，一舉匡正天下，天子授給他封地，立桓公為諸侯的首領。如今大王有四點和桓公相同。」齊宣王很高興，說：「寡人愚笨淺薄，守護齊國，只怕有所損失，哪裡有四點與先王相同呢？」王斗說：「不對。先君喜歡

馬，大王也喜歡馬。先君喜歡狗，大王也喜歡狗。先君喜歡酒，大王也喜歡酒。先君喜歡女色，大王也喜歡女色。先君喜歡賢士，可是大王不喜歡賢士。」宣王說：「當今的時代沒有賢士，寡人要喜歡什麼？」王斗說：「世間沒有騏麟和騄耳那樣的良馬，可是大王駕車的四匹馬已經具備了。世間沒有東郭俊、盧氏這樣的好狗，可是大王的獵狗已經具備了。世間沒有毛嬙、西施那樣的美女，可是大王的後宮已經住滿了。大王只不過不喜歡賢士，為什麼憂慮沒有賢士？」宣王說：「寡人憂國愛民，本來希望得到賢士以治理國家。」王斗說：「大王的憂國愛民，趕不上大王喜歡一尺縐紗。」宣王說：「這說的是什麼意思？」王斗說：「大王派人做帽子，不讓身邊親近的人去做而讓工匠去做，為什麼呢？是因為工匠有能力做好它。如今大王治理齊國，不是左右親近寵信的人不任用，臣下所以說大王憂國愛民不如愛惜一尺縐紗。」宣王謝罪說：「寡人對國家有罪。」於是宣王選了五位賢士擔任官職，齊國因此治理得非常好。

齊王使使者問趙威后

原文

　　齊王使使者問趙威后。書未發①，威后問使者曰：「歲亦無恙耶？民亦無恙耶？王亦無恙耶？」使者不說②，曰：「臣奉使使威后，今不問王，而先問歲與民，豈先賤而後尊貴者乎？」威后曰：「不然。苟無歲，何以有民？苟無民，何以有君？故有問舍本而問末者耶？」乃進而問之曰：「齊有處士曰鍾離子③，無恙耶？是其為人也，有糧者亦食④，無糧者亦食；有衣者亦衣，無衣者亦衣。是助王養其民也，何以至今不業也？葉陽子無恙乎⑤？是其為人，哀鰥寡⑥，恤孤獨⑦，振困窮⑧，補不足。是助王息其民者也，何以至今不業也？北宮之女嬰兒子無恙耶？徹其環瑱，至老不嫁，以養父母。是皆率民而出於孝情者也，胡為至今不朝也⑨？此二士弗業，一女不朝，何以王齊國，子萬民乎？於陵子仲尚存乎？是其為人也，上不臣於王，下不治其家，中不索交諸侯⑩。此率民而出於無用者，何為至今不殺乎？」

注釋

①發：打開，拆開。

②說：通「悅」。

③處士：古代稱有才德隱居不做官的人。

④食（ㄙˋ）：拿東西給人吃。

⑤葉（ㄕㄜˋ）陽子：齊國隱士。

⑥鰥：無妻者。寡：死了丈夫的婦人。

⑦孤：幼年喪父或父母雙亡的孩子。獨：年老無子者。

⑧振：救濟。

⑨不朝：古時婦人受封而有封號者為「命婦」，命婦即可入朝。

⑩索：求。

譯文

　　齊王派使者去問候趙威后。趙威后還沒有把齊王的書信拆開，就問齊國使者說：「年成沒有遭災吧？百姓平安無事吧？大王也康健吧？」使者很不高興，說：「臣下奉命出使趙國來問候您，現在您不問齊王，卻先問年成和百姓，難道把卑賤的擺在前面卻把尊貴的放在後面嗎？」威后說：「不是這樣。如果沒有好年成，靠什麼養育百姓？如果沒有老百姓，怎麼能有國君？所以說問話哪有舍本而求末的呢？」於是又進一步問道：「齊國有個處士叫鍾離子，他很好嗎？這個人的為人，對有糧食的人他給食物吃，對沒有糧食的人他也給食物吃；對有衣服的人他給衣服穿，對沒有衣服的人也給衣服穿。這是幫助齊王養育百姓，為什麼到現在不使他成就功業呢？葉陽子身體好嗎？這個人的為人，憐憫鰥寡，撫恤孤兒老人，救濟窮困的人，補助缺衣少食的人。這是幫助齊王使百姓生活下去的人，為什麼直到現在不讓他成就功業呢？北宮家的孝女嬰兒子好嗎？她不戴玉環耳墜，一直到老都不出嫁，盡心奉養父母。這是率領民眾奉行孝道的人，為什麼至今還沒封為命婦呢？這兩個隱士至今不能成就功業，這個孝女至今沒有成為命婦，齊王還憑什麼統治齊國，成為百姓的父母呢？於陵子仲尚還活著嗎？這個人的為人，上不向國君稱臣，下不治理他自己的家，中不與諸侯結交，這是一個帶領百姓無所作為的人，為什麼到現在不殺掉他呢？」

齊人見田駢

　　齊人見田駢①曰：「聞先生高議②：設為不宦，而願為役。」

　　田駢曰：「子何聞？」

　　對曰：「臣聞之鄰人之女。」

　　田駢曰：「何謂也？」

　　對曰：「臣鄰人之女，設為不嫁，行年三十，而有七子。不嫁則不嫁，然嫁過畢矣③！今先生設為不宦，訾養千鍾④，徒百人⑤，不宦則然矣，而宦過畢矣⑥！」

　　田子辭。

注釋

　　①田駢（ㄆㄧㄢˊ）：齊處士，即齊國有道術的隱居之士，遊稷下，與尹文、宋鈃、彭蒙等同稷下學士，不做官而議論，綽號天口駢，著《田子》二十五篇，今佚。

　　②高議：崇高的品格。「議」，當是「義」字的誤寫。

　　③過畢：指已超過。

　　④訾（ㄗˇ）養千鍾：意思是拿一千鍾俸祿。訾，資；鍾，古量器名，六斛四斗。

　　⑤徒：隨從侍衛的人。

　　⑥宦：另本作「富」字。矣：另本作「也」字。

譯文

　　齊國有一個去謁見田駢，說道：「久仰先生清高的作風：您號稱不做官，我現在願做您的僕人。」

　　田駢說：「您從什麼地方聽說的？」

　　齊人回答說：「我從我鄰居的女兒那裡聽到的。」

　　田駢說：「她說些什麼？」

　　齊人回答說：「我鄰居的女兒，號稱不出嫁，可是她剛剛三十歲卻

有了七個孩子。說不出嫁倒是沒有出嫁，可是比出嫁的女子生的孩子還多呢！現在先生您號稱不做官，卻享有千鍾資財的供養，有百名徒屬可供驅使，說不做官倒是沒有做官，可是您的財富卻超過了做官的人！」

田駢對齊人的話很感謝。

管燕得罪齊王

原文

　　管燕得罪齊王，謂其左右曰：「子孰而與我赴諸侯乎①？」左右嘿然莫對②。管燕連然流涕曰③：「悲夫！士何其易得而難用也！」田需對曰：「士三食不得饜④，而君鵝、鶩有餘食⑤；下宮糅羅紈⑥，曳綺縠⑦，而士不得以為緣⑧。且財者君之所輕，死者士之所重，君不肯以所輕與士，而責士以所重事君，非士易得而難用也。」

注釋

　　①孰：誰。
　　②嘿（ㄇㄛˋ）：通「默」。
　　③連：通「漣」，泣下貌。涕：泣。
　　④饜（一ㄢˋ）：飽。
　　⑤鶩（ㄨˋ）：鴨子。
　　⑥糅：雜。
　　⑦曳：拖。
　　⑧緣：衣邊。

譯文

　　管燕得罪了齊王，他對身邊的人說：「你們誰願意和我去投奔其他諸侯？」身邊的人都默不作聲沒有一人回答。管燕泣涕漣漣地說：「可悲呀！士人為什麼容易得到而難以任用啊！」田需回答說：「士人三頓飯都不能吃飽，可是您的鵝、鴨還有剩餘；後宮的美人穿著各種綾羅素絹，拖著綺繡細紗，可是士人不能與這些東西沾邊。再說財物是您所輕視的東

西，死亡卻是士人所重視的事情，您不肯把所輕視的財物送給士人，卻要求士人把所重視的生命獻給您，由此可見，決不是士人容易得到卻難以任用的問題。」

楚策

題解

　　《楚策》記載了楚國歷史上的重要事件。《荊宣王問群臣》寫江乙巧諫楚宣王，打消其懷疑令尹昭奚恤之事。成語「狐假虎威」即出於這個故事。《魏氏惡昭奚恤於楚王》寫昭奚恤巧諫楚宣王不要聽信對他的詆毀之言。《江乙惡昭奚恤》寫江乙在楚宣王面前詆毀昭奚恤之事。《江乙說於安陵君》寫安陵君用江乙計巧使自己受到楚宣王尊寵的故事。《郢人有獄三年不決》寫郢城人巧計判斷自己三年未判的案子的結果。《蘇秦為趙合從說楚威王》寫蘇秦勸諫楚威王採用合縱之策。《張儀為秦破從連橫》寫張儀為秦遊說楚懷王，破壞六國聯合抗秦的合縱之約。《威王問於莫敖子華》寫莫敖子華以生動形象的楚國史實勸諫楚威王要真正喜歡賢才。《楚懷王拘張儀》寫靳尚利用楚懷王寵幸的夫人鄭袖巧救張儀故事。《楚襄王為太子之時》寫楚頃襄王採用慎子三策、巧全東地之事。《蘇子謂楚王》寫蘇秦向楚懷王推行的賢臣明主之術。《張儀之楚貧》寫張儀巧計獲財，使自己脫離這種尷尬境地之事。《張儀逐惠施於魏》寫楚國大臣馮郝為楚懷王出的兩全其美之策—既不得罪張儀又有恩於惠施。《魏王遺楚王美人》寫鄭袖設計陷害楚懷王新寵魏美人之事。《楚王后死》寫有人為楚國大臣昭魚獻計，判斷楚王將要立誰為新王后之事。《莊辛謂楚襄王》寫莊辛對襄王的兩次諫諍。《天下合從》寫趙國大臣魏加用「驚弓之鳥」為喻，勸諫春申君棄用臨武君為抗秦主將的故事。《汗明見春申君》寫汗明巧薦自己於春申君。

荊宣王問群臣

原文

　　荊宣王問群臣曰[①]：「吾聞北方之畏昭奚恤也[②]，果誠何如[③]？」群臣莫對。江乙對曰：「虎求百獸而食之，得狐。狐曰：『子無敢食我也。天帝使我長百獸[④]，今子食我，是逆天帝命也。子以我為不信，吾為子先

行，子隨我後，觀百獸之見我而敢不走乎？」虎以為然，故遂與之行。獸見之皆走。虎不知獸畏己而走也，以為畏狐也。今王之地方五千里，帶甲百萬，而專屬之昭奚恤；故北方之畏奚恤也，其實畏王之甲兵也，猶百獸之畏虎也。」

注釋

①荊宣王：楚宣王。
②昭奚恤：楚宣王時之令尹。
③果誠：果真。
④長：以……為長。

譯文

　　楚宣王問群臣說：「我聽說北方各國畏懼昭奚恤，果真是這樣嗎？」群臣沒有回答。江乙回答說：「老虎尋找各種野獸吃，捉住一隻狐狸。狐狸說：『您是不敢吃我的。天帝讓我做百獸的首領，現在您想吃我，這是違抗天帝的命令。您如果不相信我的話，我走在您前面，您跟在我後面，看看各種野獸見到我，它們敢不逃跑嗎？』老虎認為很對，於是就跟狐狸同行。各種野獸看見他們都逃走了。老虎不知道野獸是害怕自己而逃走，而認為是害怕狐狸。現在大王的土地方圓五千里，披甲的士兵百萬，而專歸昭奚恤掌管；所以北方各國害怕昭奚恤，其實是害怕大王的軍隊，就像各種野獸害怕老虎一樣。」

魏氏惡昭奚恤於楚王

原文

　　魏氏惡昭奚恤於楚王，楚王告昭子。昭子曰：「臣朝夕以事聽命，而魏入吾君臣之間，臣大懼。臣非畏魏也！夫泄吾君臣之交，而天下信之，是其為人也近苦矣①。夫苟不難為之外，豈忘為之內乎②？臣之得罪無日矣。」王曰：「寡人知之，大夫何患？」

①苦：惡。

②夫苟不難為之外：即「夫苟外為之不難」的倒裝。其意為假如一個國外之人這樣做感到不難。豈忘為之內：即「豈內忘為之」的倒裝。其意為難道國內別有用心的人會忘記這樣做嗎？

譯文

　　魏國人在楚宣王面前詆毀昭奚恤，楚宣王告訴了昭奚恤。昭奚恤說：「我早晚事奉君王聽從命令，而一個魏國人卻在我們君臣之間挑撥離間，我很害怕。我不是害怕這個魏國人！我害怕的是他把我們君臣關係洩露出去，而使諸侯又聽信那些離間之辭，這樣的人為人也太可惡了。假如一個國外之人這樣做感到不難，難道國內別有用心的人會忘記這樣做嗎？我獲罪的日子沒有幾天了。」宣王說：「我明白這些事情，您還擔心什麼呢？」

江乙惡昭奚恤

原文

　　江乙惡昭奚恤，謂楚王曰：「人有以其狗為有執而愛之①。其狗嘗溺井②，其鄰人見狗之溺井也，欲入言之。狗惡之，當門而噬之。鄰人憚之，遂不得入言。邯鄲之難，楚進兵大梁，取矣。昭奚恤取魏之寶器，以居魏知之，故昭奚恤常惡臣之見王。」

（注釋）

①有執：善於守衛。

②溺：通「尿」。

譯文

　　江乙討厭昭奚恤，對楚宣王說：「有一個人認為他的狗很會看門而寵

愛它。他的狗曾經往井裡撒尿，他的鄰人看見狗往井裡撒尿，想要進去告訴牠的主人。狗卻討厭他，守住大門而咬他。鄰人害怕它，於是就不敢進去說話了。邯鄲之戰，楚國進兵大梁，攻佔了它。昭奚恤取得了魏國很多的寶器，因為我那時正居住在魏國，我知道這回事，所以昭奚恤常常討厭我來進見大王。」

江乙說於安陵君

原文

江乙說於安陵君曰：「君無咫尺之功，骨肉之親，處尊位，受厚祿，一國之眾，見君莫不斂衽而拜①，撫委而服②，何以也？」曰：「王過舉而已。不然，無以至此。」

江乙曰：「以財交者，財盡而交絕，以色交者，華落而愛渝③。是以嬖女不敝席④，寵臣不避軒。今君擅楚國之勢⑤，而無以深自結於王，竊為君危之。」安陵君曰：「然則奈何？」「願君必請從死，以身為殉，如是必長得重於楚國。」曰：「謹受令。」

注釋

①斂：整飾，約束。衽：衣襟。
②撫委：拍打禮服，正冠，以示恭敬。
③華落：以草木之花落喻人之色衰。華，同「花」。渝：改變。
④嬖（ㄅ一ˋ）：寵愛。
⑤擅：專。勢：權。

譯文

江乙向楚宣王寵臣安陵君遊說說：「您對楚國沒有一點功勞，與楚王也沒有骨肉之親，卻身居尊位，享受優厚的俸祿，整個國家的人，看見您沒有一個不整理衣袖參拜、拍打禮服表示恭順的，憑什麼？」安陵君說：「這是因為大王過分抬舉罷了。否則，何以至此。」

江乙說：「用財物交往的人，財物用盡交情就斷絕；用女色交往的

人，美色衰減愛心就會改變。因此受寵的美女不等坐席用壞就被疏遠了，受寵的臣子不等車子用壞就不被信任了。如今您獨攬楚國大權，卻未能與楚王深交，我私下裡為您感到危險。」安陵君說：「既然如此，我該怎麼辦？」江乙說：「希望您一定向楚王請求跟隨他一起死，表示願以身殉葬。如此一定能在楚國長久得到重用。」安陵君說：「我接受您的教導。」

原文

三年而弗言。江乙復見曰：「臣所為君道，至今未效。君不用臣之計，臣請不敢復見矣。」安陵君曰：「不敢忘生之言，未得間也①。」

於是，楚王游於雲夢，結駟千乘，旌旗蔽日，野火之起也若雲蜺，兕虎嗥之聲若雷霆②，有狂兕牂車依輪而至，王親引弓而射，壹發而殪③。王抽旃旄而抑兕首④，仰天而笑曰：「樂矣，今日之遊也。寡人萬歲千秋之後，誰與樂此矣？」安陵君泣數行而進曰：「臣入則編席⑤，出則陪乘。大王萬歲千秋之後，願得以身試黃泉，蓐螻蟻⑥，又何如得此樂而樂之。」王大說，乃封壇為安陵君⑦。

君子聞之曰：「江乙可謂善謀，安陵君可謂知時矣。」

注釋

①間：空隙。

②兕（ㄙˋ）：犀牛。

③殪（一ˋ）：死。

④旃（ㄓㄢ）：旗的曲柄。旄（ㄇㄠˊ）：古時旗杆頭上用旄牛尾作的裝飾。抑：按著，壓住。

⑤編席：鮑彪注：「編，次簡也。言與王相次如之。」言席位相連。

⑥蓐（ㄖㄨˋ）：草墊，草席。

⑦壇：安陵君其名為壇，其姓不詳。「壇」字《新序》寫作「纏」。

譯文

安陵君三年沒說江乙教的話。江乙又進見安陵君說：「我所教您的計謀，時至今日沒有見效。您不用我的計謀，我不敢再來見您了。」安陵君

說：「不敢忘記先生的話，是沒有機會說。」

在這時候，楚宣王到雲夢遊獵，四馬拉的車子上千輛，旌旗遮住了太陽，點燃的大火像雲彩霓虹，犀牛老虎嗥叫的聲音像雷霆，有一條發狂的犀牛依著車輛快步來到近前，宣王親自拉弓射箭，一箭就射死了。宣王抽出有旄牛尾裝飾的旗幟的曲柄壓住犀牛的頭，仰天大笑說：「真快樂呀，今天的遊獵。寡人死去以後，跟誰一起有這樣的快樂呢？」安陵君流著眼淚上前說：「我進入王宮緊挨大王坐著，外出則與大王同乘一輛車。大王萬歲千秋之後，我願意跟隨您一起死，給大王當草席以防禦蚰蟻螞蟻，又哪裡有比這種歡樂更歡樂的事情呢？」宣王非常高興，於是就封他為安陵君。

君子們聽到這件事說：「江乙可說是善於出謀劃策，安陵君可以說是會掌握說話時機。」

郢人有獄三年不決

原文

郢人有獄三年不決者，故令請其宅，以卜其罪①。客因為之謂昭奚恤曰：「郢人某氏之宅，臣願之。」昭奚恤曰：「郢人某氏，不當服罪，故其宅不得。」

客辭而去。昭奚恤已而悔之，因謂客曰：「奚恤得事公，公何為以故與奚恤②？」客曰：「非用故也。」曰：「請而不得，有說色③，非故如何也？」

注釋

①卜：這裡指預料、判斷之義。
②故：詐。
③說：通「悅」。

譯文

楚都郢城有一個人其訟事三年沒有判決，因此就請一個人假裝買他的

住宅，用這件事來判斷他是否有罪。有位客人為此對昭奚恤說：「郢城某某人的住宅，我希望買下它。」昭奚恤說：「郢城某某人，不應當判罪，所以他的住宅您是得不到的。」

　　這位客人聽了昭奚恤的話後，辭謝要走。昭奚恤說了這幾句話後就後悔了，就對這位客人說：「奚恤為您辦事，您為什麼用欺詐對待我？」這位客人回答說：「我沒有欺詐呀。」昭奚恤說：「您要求買房子而沒有買到，但卻表現出高興的樣子，不是欺騙是什麼？」

蘇秦為趙合從說楚威王

原文

　　蘇秦為趙合從，說楚威王曰：「楚，天下之強國也。大王，天下之賢王也。楚地西有黔中、巫郡，東有夏州、海陽，南有洞庭、蒼梧，北有汾陘之塞、郇陽。地方五千里，帶甲百萬，車千乘[1]，騎萬匹，粟支十年，此霸王之資也[2]。夫以楚之強與大王之賢，天下莫能當也。今乃欲西面而事秦，則諸侯莫不西面而朝於章台之下矣。秦之所害於天下莫如楚[3]，楚強則秦弱，楚弱則秦強，此其勢不兩立。故為王至計，莫如從親以孤秦。大王不從親，秦必起兩軍：一軍出武關；一軍下黔中。若此，則鄢、郢動矣。臣聞治之其未亂，為之其未有也；患至而後憂之，則無及矣[4]。故願大王之早計之。

注釋

　　①乘（ㄕㄥˋ）：四匹馬拉的戰車為一乘。
　　②資：資本。
　　③害：患，擔憂。
　　④無及：來不及。

譯文

　　蘇秦為趙國推行合縱之策，到楚國遊說楚威王說：「楚國，是天下的強國。大王您，是天下的賢君。楚地西面有黔中、巫郡，東面有夏州、海

陽，南面有洞庭、蒼梧，北面有汾丘、陘山、郇陽的要塞。土地方圓五千里，甲兵百萬，戰車千輛，戰馬萬匹，糧食可以支持十年，這是稱霸的資本。以楚國的強盛和大王的賢明，天下沒有一個國家可以抵擋的。可是如今竟想向西去事奉秦國，那麼諸侯就沒有一個不向西朝拜秦國於章台之下了。秦國所擔憂的是天下沒有誰能趕上楚國，楚國強大秦國就弱小，楚國弱小秦國就強大，秦、楚勢不兩立。所以，我為大王謀劃，不如合縱來孤立秦國。如果大王不合縱，秦國一定派出兩支軍隊來攻打楚國：一支從武關出發；一支從黔中而下。如果這樣，那麼鄢、郢就要動搖了。我聽說治國當在未亂以前，謀事當在事情沒發生以前；禍患到來以後方才憂慮，那就來不及了。所以希望大王您趁早考慮這件事。

原文

　　「大王誠能聽臣，臣請令山東之國，奉四時之獻①，以承大王之明制②，委社稷宗廟，練士厲兵，在大王之所用之③。大王誠能聽臣之愚計，則韓、魏、齊、燕、趙、衛之妙音美人，必充後宮矣。趙、代良馬橐駝④，必實於外廄。故從合則楚王，橫成則秦帝。今釋霸王之業⑤，而有事人之名，臣竊為大王不取也。」

　　「夫秦，虎狼之國也，有吞天下之心。秦，天下之仇讎也，橫人皆欲割諸侯之地以事秦⑥，此所謂養仇而奉仇者也。夫為人臣而割其主之地，以外交強虎狼之秦，以侵天下，卒有秦患⑦，不顧其禍。夫外挾強秦之威，以內劫其主⑧，以求割地，大逆不忠，無過此者。故從親，則諸侯割地以事楚；橫合，則楚割地以事秦。此兩策者，相去遠矣⑨，有億兆之數。兩者大王何居焉？故弊邑趙王，使臣效愚計⑩，奉明約，在大王命之。」

注釋

　　①奉：獻。
　　②承：奉行，遵行。
　　③在：於，由，任。
　　④橐駝：駱駝。
　　⑤釋：舍。

⑥橫人：主張連橫之策的人。

⑦卒：通「猝」，突然。

⑧劫：逼迫，脅迫。

⑨去：距。

⑩效：獻。

譯文

　　「大王如果能聽從我的建議，我可以使山東各諸侯國，貢獻四時的物品，奉行大王的指示，委託國家給楚國，訓練士卒磨礪兵器，任憑大王指揮。大王如果能聽從我的計謀，那麼韓、魏、齊、趙、衛的美好動聽的音樂及漂亮的女子，一定充滿您的後宮。趙國、代地的良馬駱駝，一定會充滿您外面的棚圈。所以，合縱之策成功楚國就會稱王，連橫之策成功秦國就會稱帝。如今您拋棄了霸王的大業，卻得到了事奉他人的名聲，我私自認為大王是不應該這樣做的。」

　　「秦國是個虎狼之國，有併吞天下的野心。秦國，是天下人的仇敵，主張連橫的人都想割取諸侯的土地來事奉秦國，這就是所說的豢養成仇敵並事奉仇敵的人。作為國君的臣子卻要割取國君的土地，到外面去結交強大得像虎狼一樣的秦國，幫助它去侵犯其他國家，假使突然有了秦國造成的禍患，他們會不顧本國的禍患而離去。他們在外倚仗強秦的威脅，在內逼迫他們的君主，以求割取土地，這種大逆不忠的行為，沒有什麼能再超過它的了。所以，合縱成功，諸侯就會割取土地來事奉楚國；連橫成功，楚國便會割取土地事奉秦國。這兩種計策，相距很遠，幾乎有億兆的數目。兩者之中大王選哪一種呢？所以，敝國趙王派我獻出愚計，奉獻盟約，請大王選擇。」

原文

　　楚王曰：「寡人之國，西與秦接境，秦有舉巴蜀①、併漢中之心。秦，虎狼之國，不可親也。而韓、魏迫於秦患，不可與深謀，恐反人以入於秦，故謀未發而國已危矣。寡人自料，以楚當秦，未見勝焉。內與群臣謀，不足恃也②。寡人臥不安席，食不甘味，心搖搖如懸旌，而無所終薄③。今君欲一天下，安諸侯，存危國，寡人謹奉社稷以從。」

注釋

①舉：奪取，佔領。

②恃：依靠。

③薄：附。無所終薄，終究無所依託。

譯文

楚威王說：「寡人的國家，西部和秦國接界，秦國有攻取巴蜀、吞併漢中的野心。秦國是個虎狼之國，不可以跟它親近。韓國、魏國被秦國所逼迫，不可以跟它們深謀，恐怕反叛之人會把楚國的策謀告訴給秦國，以致策謀還沒有施行，而國家已經危險了。寡人自己料想，用楚國抵擋秦國，不見得能夠打勝。與國人及各位臣子謀劃，又不可靠。寡人臥不安席，食不甘味，心神不安得像懸掛在空中的旗幟，始終無所依託。如今您想統一天下，安定諸侯，存立危亡的國家，寡人願以楚國相從。」

張儀為秦破從連橫

原文

張儀為秦破從連橫，說楚王曰：「秦地半天下，兵敵四國，被山帶河，四塞以為固。虎賁之士百餘萬，車千乘，騎萬匹，粟如丘山。法令既明，士卒安難樂死①。主嚴以明，將知以武②。雖無出兵甲，席捲常山之險，折天下之脊，天下後服者先亡。且夫為從者，無以異於驅群羊而攻猛虎也。夫虎之與羊，不格明矣③。今大王不與猛虎而與群羊，竊以為大王之計過矣。」

注釋

①安難樂死：在困難面前安然自得，在死亡面前毫不畏懼。即安於危難，樂於效死。

②知：智。以：而。武：勇。

③格：鬥，敵。

譯文

　　張儀為了秦國利益，破壞合縱而推行連橫之策，遊說楚懷王說：「秦國據有天下一半土地，兵力可以抵擋四方的諸侯國，山繞河圍，四面皆有險阻，十分牢固。勇士百餘萬人，戰車千輛，騎馬萬匹，糧食堆積如山。法令早已嚴明，士兵安於危難，樂於效死。君主威嚴而明察，將領聰敏而勇武。只是不出動軍隊征戰，一旦出動，就可以很容易攻克常山之險，控制諸侯要害之地，天下諸侯後臣服者先滅亡。再說推行合縱之策的人，與驅趕群羊進攻猛虎沒有什麼區別。猛虎對於綿羊，不用格鬥勝負自明。如今大王不加入猛虎的行列而加入群羊的隊伍，我私下認為大王的謀畫錯了。」

原文

　　「凡天下強國，非秦而楚，非楚而秦。兩國敵侔交爭①，其勢不兩立。而大王不與秦②，秦下甲兵，據宜陽，韓之上地不通；下河東，取成皋，韓必入臣於秦。韓入臣，魏則從風而動。秦攻楚之西，韓、魏攻其北，社稷豈得無危哉？」

　　「且夫約從者，聚群弱而攻至強也③。夫以弱攻強，不料敵而輕戰，國貧而驟舉兵④，此危亡之術也。臣聞之，兵不如者，勿與挑戰；粟不如者，勿與持久。夫從人者，飾辯虛辭⑤，高主之節行⑥，言其利而不言其害，卒有楚禍，無及為已，是故願大王之熟計之也。」

注釋

　　①侔（ㄇㄡˊ）：齊等，勢均力敵。交爭：互相進攻。
　　②而：如。與：結交。
　　③至：極。
　　④驟：屢次，頻繁。
　　⑤飾辯虛辭：誇誇其談，巧言辯說。
　　⑥高：讚美，讚揚。

譯文

「天下的強國，不是秦國就是楚國，不是楚國就是秦國。秦、楚兩國勢均力敵，互相進攻，勢不兩立。如果大王不結交秦國，秦國軍隊東下，佔據宜陽，韓國上黨之地的道路就會不通；如果秦國軍隊再攻下河東，奪取成皋，韓國一定入秦稱臣。韓國入秦稱臣，魏國就會聞風而動。秦國從楚國的西面進攻，韓、魏從楚國的北面進攻，楚國難道能沒有危險嗎？」

「再說訂立合縱盟約的國家，是聚集眾多弱小的國家進攻最強大的國家。以弱小之國攻打強大之國，不能預料敵方兵力而輕易交戰，國家本來貧窮又屢次興兵，這是造成國家危亡的辦法。我聽說，軍隊不如敵方強大的，不要跟人家挑戰；糧食不如敵方多的，不要跟人家打持久戰。那些主張合縱的人，誇誇其談，巧言辯說，讚美大王您的節操品行，只談合縱有利的一面，而不說合縱有害的一面，最終只能給楚國帶來禍患，禍患到來就來不及補救了，因此希望大王仔細考慮一下。」

原文

「秦西有巴蜀，方船積粟①，起於汶山，循江而下，至郢三千餘里。舫船載卒②，一舫載五十人，與三月之糧，下水而浮，一日行三百餘里，里數雖多，不費馬汗之勞，不至十日而距扞關③；扞關驚，則從竟陵已東，盡城守矣，黔中、巫郡非王之有已。秦舉甲出之武關，南面而攻，則北地絕。秦兵之攻楚也，危難在三月之內。而楚恃諸侯之救，在半歲之外，此其勢不相及也。夫恃弱國之救，而忘強秦之禍，此臣之所以為大王之患也。且大王嘗與吳人五戰三勝而亡之，陳卒盡矣④；有偏守新城而居民苦矣⑤。臣聞之，攻大者易危，而民弊者怨於上⑥。夫守易危之功，而逆強秦之心，臣竊為大王危之。」

注釋

①方船：並連兩船。

②舫船：「方船」。

③距：至。

④陳卒：陣卒。

⑤有：又。偏：遠。

⑥弊：疲。於：其。

譯文

「秦國向西佔領了巴蜀，兩船並連裝滿糧食，從汶山出發，沿長江順流東下，到達郢都只不過三千多里。兩船並連裝載士兵，一艘這樣的船，可以裝載五十個士兵和三個月的糧食，順流而下，一天可前進三百多里；前進的里數雖然很多，但卻不費汗馬之勞，不到十天就可以到達扞關；扞關驚懼了，那麼從竟陵以東，所有的城邑都要設兵防守，黔中、巫郡就不歸大王所有了。秦國發動軍隊從武關出發，從南面進攻楚國，那麼北部邊境地帶的道路就會被切斷。秦兵攻打楚國，秦國的危險和困難，只在前三個月內。可是楚國依靠的諸侯援救，半年以後才能來到，從這裡看到楚國所處的形勢是不如秦國的。依靠弱小國家的援救，卻忘記強大秦國的戰禍，這是我之所以為大王憂慮的原因。再說大王曾經與吳國人交戰，五戰三勝終於滅亡了它，可是上陣的士兵死光了；又遠守新奪取的城邑，居民感到很痛苦。我聽說，進攻強大的國家容易遇到危險，並且民眾疲憊怨恨當權者。守著容易發生危險的功業，而違背強大秦國的心願，我私自為大王您感到危險。」

原文

「且夫秦之所以不出甲於函谷關十五年以攻諸侯者①，陰謀有吞天下之心也。楚嘗與秦構難②，戰於漢中。楚人不勝，通侯、執珪死者七十餘人③，遂亡漢中。楚王大怒，興師襲秦，戰於藍田，又卻④。此所謂兩虎相搏者也⑤。夫秦、楚相弊⑥，而韓、魏以全制其後，計無過於此者矣⑦，是故願大王熟計之也。」

「秦下兵攻衛、陽晉，必扃天下之匈⑧，大王悉起兵以攻宋，不至數月而宋可舉。舉宋而東指，則泗上十二諸侯，盡王之有已。」

「凡天下所信約從親堅者蘇秦，封為武安君而相燕，即陰與燕王謀破齊共分其地⑨。乃佯有罪⑩，出走入齊，齊王因受而相之。居二年而覺，齊王大怒，車裂蘇秦於市。夫以一詐偽反覆之蘇秦，而欲經營天下，混一諸侯，其不可成也亦明矣。」

注釋

①甲：兵。

②構難：結怨。

③通侯：秦爵共二十級，第二十級為徹侯，漢避武帝諱稱為通侯。執珪：楚國上等爵位名。

④卻：敗。

⑤搏：鬥。

⑥弊：毀。

⑦過：錯。

⑧扃（ㄐㄩㄥ）：關閉。匈：通「胸」。

⑨陰：暗中。

⑩佯：假裝。

譯文

「再說秦國之所以十五年沒有從函谷關出兵攻打諸侯，是因為它暗中有吞併天下的野心。楚國曾經與秦國結怨，在漢中交戰。楚國人沒有取勝，通侯、執珪這樣爵位的人死了七十多人，最終丟失了漢中。楚王大怒，發動軍隊襲擊秦國，在藍田交戰，又被打得大敗。這就是所說的兩虎相鬥。秦國和楚國兩敗俱傷，而韓國和魏國的力量卻得到保全，並在後面等著控制我們，計謀沒有比這個更錯誤的了，所以希望大王仔細考慮一下。」

「秦國向東進兵攻打衛國、陽晉，等於關閉天下諸侯的胸膛，大王發動全部兵力攻打宋國，用不了幾個月就可佔領宋國。佔領宋國並繼續向東前進，那麼泗水岸邊的十二個諸侯國，就全部歸大王所有了。」

「天下最相信合縱可以使各國親近且並得堅固的是蘇秦，他被趙肅侯封為武安君，並做了燕國的相國，於是就暗中與燕王謀劃攻破齊國，共分齊國土地。於是蘇秦就假裝犯罪，逃亡到齊國，齊王因此收留了他並委任他做相國。過了兩年，陰謀被覺察，齊王大怒，把蘇秦在市場上車裂了。憑著一個欺詐虛假反覆無常的蘇秦，卻想要籌畫經營天下，統一諸侯，這不能成功，也已經很明白了。」

原文

「今秦之與楚也，接境壤界，固形親之國也。大王誠能聽臣，臣請秦太子入質於楚，楚太子入質於秦，請以秦女為大王箕帚之妾①，效萬家之都②，以為湯沐之邑③，長為昆弟之國，終身無相攻擊。臣以為計無便於此者④。故敝邑秦王，使使臣獻書大王之從車下風⑤，須以決事⑥。」

楚王曰：「楚國僻陋，托東海之上。寡人年幼，不習國家之長計。今上客幸教以明制⑦，寡人聞之，敬以國從。」乃遣使車百乘，獻駭雞之犀⑧，夜光之璧於秦王。

注釋

①箕：簸箕。帚：笤帚。箕帚之妾：猶言從事灑掃之事的賤妾，古人謙言嫁女。

②效：奉，獻。

③湯沐之邑：即湯沐邑。周制，諸侯朝見天子，天子賜以王畿以內封邑，供諸侯住宿和齋戒沐浴，此即「湯沐邑」。後來，皇帝、皇后、公主等收取賦稅的私邑也稱湯沐邑。此指後者。

④便：利。

⑤從車下風：謙敬説法，猶言不敢直接獻書楚王。

⑥須：等待。

⑦上客：貴客。明制：鮑彪注曰：「秦王之制詔。」

⑧駭雞之犀：犀角名。《抱朴子》曰：「通天犀有白理如者，以盛米置群雞中，雞欲往啄米，至輒驚卻。故南人名為駭雞。」

譯文

「如今秦國和楚國，國界相連，土地相接，本來地理形勢上就是親近的鄰邦。大王果真能聽信我的建議，我將請秦國太子到楚國做人質，楚國太子到秦國做人質，讓秦王的女兒做大王的賤妾，進獻擁有百萬戶人家的城邑，作為供沐浴邑的地，永遠結成兄弟之國，終生不互相攻伐。我以為計謀沒有比這個再好的了。所以敝國秦王派使者向大王的隨從獻上書信，等待大王對此事的決定。」

楚王說：「楚國是個偏僻的國家，靠近東海。寡人年輕，不熟悉治國

的大計。今天貴客有幸以秦王的旨意教導寡人，寡人聽到這些，願以整個國家跟隨。」於是就派遣使者帶領一百輛車子，進獻駭雞之犀、夜光之璧給秦王。

威王問於莫敖子華

原文

威王問於莫敖子華曰[①]：「自從先君文王以至不穀之身，亦有不為爵勸，不為祿勉，以憂社稷者乎？」莫敖子華對曰：「如華不足知之矣[②]。」王曰：「不於大夫，無所聞之？」莫敖子華對曰：「君王將何問者也？彼有廉其爵，貧其身，以憂社稷者；有崇其爵[③]，豐其祿[④]，以憂社稷者；有斷脰決腹[⑤]，一瞑而萬世不視[⑥]，不知所益，以憂社稷者；有勞其身，愁其志[⑦]，以憂社稷者；亦有不為爵勸，不為祿勉，以憂社稷者。」王曰：「大夫此言，將何謂也？」

注釋

①莫敖：楚國官名，掌管傳達君王命令和接受君王諮詢之事務，地位僅次於令尹、司馬。

②如：像。

③崇：抬高，提升。

④豐：增加，豐厚。

⑤脰（ㄉㄡˋ）：頸。決腹：剖腹，破腹。

⑥瞑：死。

⑦勞其身，愁其志：猶《孟子‧告子下》「苦其心志，勞其筋骨」之義。

譯文

楚威王向莫敖子華詢問說：「從先君文王一直到我自身，有不因爵位的勉勵，不因俸祿的鼓勵，而為國家憂慮的大臣嗎？」莫敖子華回答說：「像我這樣的人還不能瞭解這些。」威王說：「不向大夫詢問，就沒有地

方聽到這些事了。」莫敖子華回答說：「大王準備詢問哪類大臣呢？有為官清廉、自身貧困而憂慮國家的；有使自己爵位升高，使自己俸祿豐厚，而憂慮國家的；有甘願砍頭剖腹，眼睛一閉，不考慮身後之事，不顧個人利益，而憂慮國家的；有情願使自己身體勞累，為自己的志向所愁苦，而憂慮國家的；也有不為爵位的勉勵，不為俸祿的鼓勵，而憂慮國家的。」威王說：「大夫的這些話，說的是什麼意思呢？」

原文

　　莫敖子華對曰：「昔令尹子文，緇帛之衣以朝①，鹿裘以處②；未明而立於朝，日晦而歸食③；朝不謀夕④，無一月之積。故彼廉其爵，貧其身，以憂社稷者，令尹子文是也。」

　　「昔者葉公子高，身獲於表薄⑤，而財於柱國⑥；定白公之禍，寧楚國之事；恢先君以掩方城之外⑦，四封不侵⑧，名不挫於諸侯。當此之時也，天下莫敢以兵南鄉⑨，葉公子高食田六百畛⑩。故彼崇其爵，豐其祿，以憂社稷者，葉公子高是也。」

　　「昔者吳與楚戰於柏舉，兩御之間夫卒交⑪。莫敖大心撫其御之手，顧而大息曰⑫：『嗟乎子乎，楚國亡之日至矣！吾將深入吳軍，若撲一人⑬，若捽一人⑭，以與大心者也⑮，社稷其為庶幾乎！』故斷脰決腹，一瞑而萬世不視，不知所益，以憂社稷者，莫敖大心是也。」

注釋

①緇：黑色。帛：絲織物的總稱。朝：上朝。
②鹿裘：鹿皮衣。處：居家。
③晦：昏，暗。
④謀：顧及，打算。
⑤表薄：鮑彪注曰：「表，野外；薄，林也。言其初賤。」
⑥財：通「才」。
⑦恢：擴大。掩（一ㄢˇ）：通「掩」，覆取。
⑧封：境。
⑨鄉：通「向」，即往、進。
⑩食田：賜田，封田。畛（ㄓㄣˇ）：古代計算田地的單位，千畝為一

畛。

　　⑪御：兵車，戰車。夫卒：士兵。交：交戰。

　　⑫大息：即太息，歎息。

　　⑬撲：倒，猶言打倒。

　　⑭捽（ㄗㄨˊ）：捉住。

　　⑮與：敵，相當。

譯文

　　莫敖子華回答說：「從前令尹子文，穿著黑色綢衣上朝，回家就穿鹿皮縫製的粗衣；天不亮就站在朝廷上等候朝見，天黑才回家吃飯；家裡窮得朝不保夕，沒有一個月的存糧。所以，為官清廉，自身貧困，而憂慮國家的，令尹子文正是這樣的人。」

　　「從前，葉公子高，出身微賤，後來其才幹被柱國發現；他平定了白公勝挑起的內亂，穩定了楚國的形勢；擴大了先君的領土，收復了方城以北的土地，四境不受侵犯，使楚王沒有受到諸侯的屈辱。在這個時候，天下諸侯沒有誰敢率兵南下進攻楚國，楚王封給葉公子高作為食祿的田地六十萬畝。所以，使自己爵位升高，俸祿豐厚，而憂慮國家的，葉公子高正是這樣的人。」

　　「從前，吳國與楚國在柏舉交戰，雙方戰車間士兵交手打仗。莫敖大心撫摸著給他駕車的人的手，回頭長歎一聲說：『唉，楚國滅亡的日子到了！我準備深入吳國軍隊，假如打倒一個，或者捉住一個，就和大心之我的命相當了，如果楚國人都能這樣，國家或許不會滅亡！』所以說那些甘願砍頭剖腹，眼睛一閉，不考慮身後之事，不顧個人利益，而憂慮國家的，莫敖大心正是這樣的人。」

原文

　　「昔吳與楚戰於柏舉，三戰入郢。君王身出，大夫悉屬①，百姓離散。棼冒勃蘇曰：『吾被堅執銳，赴強敵而死，此猶一卒也，不若奔諸侯。』於是贏糧潛行②，上崢山，逾深溪，蹠穿膝暴③，七日而薄秦王之朝。崔立不轉④，晝吟宵哭。七日不得告，水漿無入口，痟而殫悶⑤，旄不知人⑤。秦王聞而走之，冠帶不相及，左奉其首，右濡其口⑥，勃蘇乃蘇。

秦王身問之：『子孰誰也？』棼冒勃蘇對曰：『臣非異，楚使新造鼗棼冒勃蘇[7]。吳與楚人戰於柏舉，三戰入郢，寡君身出，大夫悉屬，百姓離散。使下臣來告亡，且求救。』秦王顧令之起：『寡人聞之，萬乘之君，得罪一士，社稷其危，今此之謂也。』遂出革車千乘，卒萬人，屬之子蒲與子虎[8]，下塞以東，與吳人戰於濁水而大敗之，亦聞於遂浦。故勞其身，愁其思，以憂社稷者，棼冒勃蘇是也。」

注釋

①屬：附，隨。

②贏：背，負。潛：秘密，悄悄。

③蹠（ㄓˊ）：腳掌。暴：露。

④寉（ㄏㄜˋ）：通「鶴」。寉立，即鶴立。

⑤瘨（ㄉㄧㄢ）：通「顛」，倒。殫（ㄉㄢ）：盡，此指氣絕。悶：鬱結而不通。眊：通「眊」，目昏花。

⑥奉：捧。濡（ㄖㄨˊ）：沾濕，此指灌水。

⑦鼗（ㄌㄧˋ）：罪。

⑧屬：通「囑」，托。

譯文

「從前，吳國與楚國在柏舉交戰，經過三次戰鬥，吳軍攻入郢都。楚昭王逃往國外，大夫們也跟隨出逃，百姓妻離子散。棼冒勃蘇說：『如果我身披堅固的鎧甲，手握銳利的兵器，與強敵拼死，這只是一個士兵的作用，不如到別的諸侯國去求救。』於是他背著乾糧，偷偷溜出去，攀登高山峻嶺，越過深水溪谷，腳掌磨破了，膝蓋骨都露出了，經過七天才來到秦國。站在那裡，竦身而立，晝夜不停地哭訴請求。過了七天也沒有得到秦國救援的回音，他滴水不進，氣絕暈倒，失去知覺。秦王聽後，來不及戴上禮帽，繫上腰帶，便快步走來，左手扶著棼冒勃蘇的頭，右手向他嘴裡灌水，棼冒勃蘇這才醒過來。秦王親自問他：『您是誰呀？』棼冒勃蘇回答說：『我不是別人，是楚國使臣，剛剛獲罪的棼冒勃蘇。吳軍跟楚軍在柏舉交戰，經過三次戰鬥攻入郢都，我們的國君逃往國外，大夫們都跟著他，百姓妻離子散。派我來稟告實情，並且請求援救。』秦王轉過臉，

讓他站起來，說：『我聽說，擁有萬輛兵車的國君，得罪一士，國家就危險了，說的就是今天這樣的情形吧。』於是秦王派出一千輛戰車，一萬名士兵，讓子蒲和子虎指揮，出關向東進發，與吳軍在濁水交戰並把他們打得大敗，也聽說這次戰鬥發生在遂浦。所以說使自己身體勞累，心情愁苦，而憂慮國家的，棼冒勃蘇正是這樣的人。」

原文

「吳與楚戰於柏舉，三戰入郢。君王身出，大夫悉屬，百姓離散。蒙穀結鬥於宮唐之上①，舍鬥奔郢曰：『若有孤，楚國社稷其庶幾乎！』遂入大宮，負離次之典以浮於江②，逃於雲夢之中。昭王反郢，五官失法③，百姓昏亂；蒙穀獻典，五官得法，而百姓大治。比蒙穀之功④，多與存國相若，封之執圭，田六百畛。蒙穀怒曰：『穀非人臣，社稷之臣，苟社稷血食⑤，余豈患無君乎？』遂自棄於磨山之中，至今無胄⑥。故不為爵勸，不為祿勉，以憂社稷者，蒙穀是也。」

注釋

①結：交。結鬥，猶言交戰。
②離次：失掉次序。
③五官：意為百官。
④比：比較。
⑤血食：古代祭祀常用語。言殺牲取血以祭祀。
⑥無胄：猶言子孫沒有顯要地位的人。

譯文

「吳國與楚國在柏舉交戰，經過三次戰鬥進入郢都。楚昭王逃亡，大夫們全都跟隨，百姓妻離子散。楚將蒙穀在宮唐這個地方與吳軍交戰，後來他停止了戰鬥，奔回郢都說：『如果還有嗣君，楚國大概就不會滅亡了吧。』於是就進入宮中，背起楚國的一部失掉次序的法典順江而下，逃往雲夢澤中。楚昭王返回郢都，百官無法可依，百姓困惑混亂；蒙穀獻出法典，百官有法可循，百姓得到大治。比較一下蒙穀的功勞，可以和保存楚國相當，楚王封他為執圭，賞賜土地六十萬畝。蒙穀很生氣地說：『我蒙

穀不是普通之臣，是憂慮國家安危之臣，只要國家不斷絕其祭祀，我難道是憂慮自己沒有官做嗎？』於是就隱居到磨山之中，至今他的子孫也沒有一個位居顯位。所以說，不為爵位的勉勵，不為俸祿的鼓勵，而憂慮國家的，蒙穀正是這樣的人。」

原文

　　王乃大息曰：「此古之人也。今之人，焉能有之耶？」
　　莫敖子華對曰：「昔者先君靈王好小要①，楚士約食②，馮而能立③，式而能起④。食之可欲，忍而不入；死之可惡，然而不避。華聞之，其君好發者⑤，其臣抉拾⑥。君王直不好⑦，若君王誠好賢，此五臣者，皆可得而致之⑧。」

注釋

　　①小要：細腰。要，通「腰」。
　　②約食：節食，減食。
　　③馮：通「憑」，靠。
　　④式：通「軾」，車前橫木。
　　⑤發：鮑彪注曰：「發，發矢。」猶言射箭。
　　⑥抉（ㄐㄩㄝˊ）拾：古代射箭用具。抉，用骨做成，戴在右手大拇指上，用以鉤弦，即以後作為裝飾品的扳指。拾，用皮做的護臂，拉弓時戴在左膀。
　　⑦直：只。
　　⑧致：使來。

譯文

　　楚王長歎一口氣說：「這些都是古代的人，現在的人，哪有這樣的呢？」
　　莫敖子華回答說：「從前，先君靈王喜歡細腰的人，楚國的士人就節減食物，弄得他們靠著東西才能站住，扶著東西才能起來。吃飯是人的正常欲望，卻忍著不吃；死亡是人們所憎惡的事情，然而卻寧肯挨餓也不去避免。我聽說，國君喜歡射箭，他們的臣子也準備射箭的工具，學習射

箭。大王只是不喜歡賢才罷了，如果大王真的喜歡賢明的人，以上說的這五種人，大王都可以把他們羅致來。」

楚懷王拘張儀

原文

　　楚懷王拘張儀，將欲殺之。靳尚為儀謂楚王曰：「拘張儀，秦王必怒。天下見楚之無秦也^①，楚必輕矣。」又謂王之幸夫人鄭袖曰：「子亦自知且賤於王乎^②？」鄭袖曰：「何也？」尚曰：「張儀者，秦王之忠信有功臣也。今楚拘之，秦王欲出之。秦王有愛女而美，又簡擇宮中佳麗好玩習音者^③，以歡從之；資之金玉寶器，奉以上庸六縣為湯沐邑，欲因張儀內之楚王^④。楚王必愛，秦女依強秦以為重，挾寶地以為資，勢為王妻以臨於楚。王惑於虞樂^⑤，必厚尊敬親愛之而忘子，子益賤而日疏矣。」鄭袖曰：「願委之於公，為之奈何？」曰：「子何不急言王，出張子。張子得出，德子無已時^⑥，秦女必不來，而秦必重子。子內擅楚之貴，外結秦之交，畜張子以為用^⑦，子之子孫必為楚太子矣，此非布衣之利也。」鄭袖遽說楚王出張子^⑧。

注釋

①無秦：失秦，無秦交。
②賤：輕視，失寵。
③簡：選。佳麗：貌美的女子。好：喜愛。
④因：透過。
⑤虞：通「娛」。
⑥德：感激。
⑦畜：畜養，留住。
⑧遽：立刻，馬上。說：說服。

譯文

　　楚懷王扣押了張儀，準備殺掉他。楚臣靳尚替張儀對楚懷王說：「扣

押張儀，秦王必定大怒。天下諸侯看到楚國失掉與秦國的邦交，楚國一定會被輕視。」又去對楚王寵幸的夫人鄭袖說：「您自己也知道將要被大王輕視了吧？」鄭袖說：「怎麼回事？」靳尚說：「張儀是秦國忠誠可靠而且有功的大臣。如今楚國扣押了他，秦王一定想讓楚國把他放回去。秦王有個愛女長得很漂亮，又選擇宮中貌美善於遊戲嫻於音樂的女子們跟隨她做陪嫁；秦王送給她黃金美玉珠寶名器，再把上庸六縣送給她做為湯沐之具的費用，想要透過張儀把他的女兒嫁給楚王。楚王一定很寵愛她，秦王的女兒就會依仗秦國的強大自以為貴，握有寶器土地自以為資本，勢必以大王妻子的身份來到楚國。如果大王被娛樂迷惑，一定會更加尊敬親近秦女而忘記了您，您就會越來越被輕視，一天天地被疏遠。」鄭袖說：「願意把這件事委託給您，您看這件事該怎麼辦？」靳尚說：「您為什麼不趕快去說服大王，放出張儀。如果張儀能夠釋放，一定會永遠感激您，秦王的女兒也就一定不會嫁到楚國來，而秦國一定會尊重您。這樣，您在國內就會獨佔高貴的地位，在國外與秦國結下深交，畜養張儀為您所用，您的子孫一定會成為楚國太子，這可不是普通老百姓平平常常的利益啊。」鄭袖立刻去說服楚王放出張儀。

楚襄王為太子之時

原文

　　楚襄王為太子之時，質於齊。懷王薨，太子辭於齊王而歸。齊王隘之[1]：「予我東地五百里，乃歸子。子不予我，不得歸。」太子曰：「臣有傅，請追而問傅。」傅慎子曰[2]：「獻之地，所以為身也。愛地不送死父，不義。臣故曰，獻之便[3]。」太子入，致命齊王曰[4]：「敬獻地五百里。」齊王歸楚太子。

注釋

　　①隘：阻止，不許。
　　②傅慎子：太子的老師慎子。
　　③便：對，妥當。

④致命：致辭，告訴。

譯文

　　楚頃襄王還是太子的時候，曾在齊國做人質。當得知懷王去世的消息，太子就去向齊閔王辭行請求回國。齊王阻擋他，說：「把楚國淮北靠近齊國的五百里土地送給我，就讓您回國。如果不給，不能回國。」太子說：「我有位老師，請讓我去問問他。」太子的老師慎子說：「獻給他土地，這是為了保護自身的緣故。愛惜土地不為死去的父親送葬，那是不仁義的。所以我認為，獻給他土地是對的。」太子進入宮中，向齊王復命說：「敬獻土地五百里。」齊王這才放楚國太子回國。

原文

　　太子歸，即位為王。齊使車五十乘，來取東地於楚。楚王告慎子曰：「齊使來求東地，為之奈何？」慎子曰：「王明日朝群臣①，皆令獻其計。」

　　上柱國子良入見。王曰：「寡人之得求反，主墳墓②、復群臣、歸社稷也，以東地五百里許齊。齊令使來求地，為之奈何？」子良曰：「王不可不與也。王身出玉聲③，許強萬乘之齊而不與，則不信，後不可以約結諸侯。請與而復攻之。與之信，攻之武。臣故曰與之。」

注釋

　　①朝：召見。
　　②主墳墓：猶言主持下葬。
　　③王身出玉聲：大王說話一字千金。身，親。玉，敬辭，如玉體、玉照、玉音、玉容等。

譯文

　　太子回國以後，即位為王。齊國派出五十輛戰車，到楚國接受淮北靠近齊國的土地。楚王告訴慎子說：「齊國派人來索取淮北的土地，對此該怎麼辦？」慎子說：「大王在明天群臣朝見的時候，都讓他們獻出自己的計策。」

　　上柱國子良進宮拜見楚王。楚王說：「寡人之所以能夠返回，主持埋葬先王、再見到各位大臣、掌握國政，是因為答應把淮北的五百里土地送給齊國。齊國派使者來索取土地，對這件事怎麼辦？」子良說：「大王不可以不給他。大王說話一字千金，答應了強大的擁有萬輛兵車的齊國而不給它，是大王言而無信，今後也無法與諸侯訂立盟約。請您給它，然後再攻取它。給它是守信用，攻取它是不示弱。所以我說給它。」

原文

　　子良出，昭常入見。王曰：「齊使來求東地五百里，為之奈何？」昭常曰：「不可與也。萬乘者，以地大為萬乘。今去東地五百里，是去戰國之半也①，有萬乘之號而無千乘之用也，不可。臣故曰勿與。常請守之。」

　　昭常出，景鯉入見②。王曰：「齊使來求東地五百里，為之奈何？」景鯉曰：「不可與也。雖然，楚不能獨守。王身出玉聲，許萬乘之強齊也而不與，負不義於天下。楚亦不能獨守。臣請西索救於秦③。」

注釋

　　①戰國：「戰」字疑衍。
　　②景鯉：楚王寵臣。
　　③索：求。

譯文

　　子良退出後，昭常入宮進見楚王。楚王說：「齊國派人來索取淮北的五百里土地，對這件事怎麼辦？」昭常說：「不能給它。所謂萬輛兵車，是因為國土大而號稱萬輛兵車。如今割去淮北五百里土地，那是割去了國家的一半，我國只有萬輛兵車的空名而沒有千輛兵車的實力，不行。所以我說不給它。我請求去守衛那裡。」

　　昭常退出後，景鯉入宮進見楚王。楚王說：「齊國派人來索取淮北五百里土地，對這件事怎麼辦？」景鯉說：「不能給它。雖然不能給它，但楚國也不能獨自守住。大王金口玉言，如果答應了擁有萬輛兵車的強大齊國而不給它，就要在天下諸侯面前背上不義的名聲。然而楚國也不能獨

自守住。我請求到西邊的秦國去求救。」

原文

　　景鯉出，慎子入，王以三大夫計告慎子曰：「子良見寡人曰：『不可不與也，與而復攻之。』常見寡人曰：『不可與也，常請守之。』鯉見寡人曰：『不可與也，雖然楚不能獨守也，臣請索救於秦。』寡人誰用於三子之計？」慎子對曰：「王皆用之。」王怫然作色曰①：「何謂也？」慎子曰：「臣請效其說②，而王且見其誠然也。王發上柱國子良車五十乘③，而北獻地五百里於齊。發子良之明日，遣昭常為大司馬，令往守東地。遣昭常之明日，遣景鯉車五十乘，西索救於秦。」王曰：「善。」乃遣子良北獻地於齊。遣子良之明日，立昭常為大司馬，使守東地。又遣景鯉西索救於秦。

注釋

　　①怫（ㄈㄨˊ）然：憤怒的樣子。怫，通「勃」。
　　②效其說：猶言詳細地解釋這種說法。
　　③發：派遣。

譯文

　　景鯉退出去，慎子入宮進見楚王，楚王把三個大夫的計謀告訴慎子說：「子良進見寡人說：『不能不給，給它然後再攻取它。』昭常進見寡人說：『不能給它，請讓我去守衛它。』景鯉進見寡人說：『不能給它，雖是這樣，但楚國不能獨自守住，我請求向秦國求救。』寡人對這三個人的計謀該用誰的？」慎子回答說：「大王全用。」楚王憤怒得變了臉色說：「你說的是什麼意思？」慎子說：「請求讓臣下詳細地解釋這種說法，這樣大王就會看到這件事的確是這樣。大王派上柱國子良率領五十輛兵車，向北到齊國進獻五百里土地。派出子良的第二天，派昭常為大司馬，命令他前去守衛淮北的土地。派出昭常的第二天，派景鯉帶領五十輛兵車，向西到秦國求救。」楚王說：「好。」於是派子良向北到齊國去獻地。派子良的第二天，封昭常為大司馬，讓他守衛淮北的土地。又派景鯉向西求救於秦國。

原文

子良到齊，齊使人以甲受東地。昭常應齊使曰①：「我典主東地②，且與死生。悉五尺至六十，三十餘萬，弊甲鈍兵，願承下塵③。」齊王謂子良曰：「大夫來獻地，今常守之何如？」子良曰：「臣身受命弊邑之王，是常矯也④。王攻之。」齊王大興兵，攻東地，伐昭常。未涉疆⑤，秦以五十萬臨齊右壤⑥。曰：「夫隘楚太子弗出，不仁；又欲奪之東地五百里，不義。其縮甲則可⑦，不然，則願待戰⑧。」齊王恐焉。乃請子良南道楚，西使秦，解齊患。士卒不用，東地復全。

注釋

①應：答，對。

②典：職，主管。主：守。

③願承下塵：謙詞，猶言願意對陣一戰。鮑彪注：「凡人相趨則有塵，戰亦有塵。不敢與齊抗，故言下。」

④矯：假託。

⑤涉：入。

⑥齊右壤：齊國的西部邊境。

⑦縮甲：收兵，退兵。

⑧待戰：等待開戰。

譯文

楚國子良到了齊國獻地，齊國派人率兵去接收淮北的土地。昭常卻對齊國使者說：「我主管守衛淮北的土地，準備與它共存亡。從五尺的童子到六十歲的老人，我們這裡有三十多萬，雖然甲兵不精，武器不良，也願意對陣一戰。」齊王對子良說：「大夫前來進獻土地，現在昭常為什麼守在那裡？」子良說：「我親自從敝大王那裡接受的命令，這一定是昭常假託楚王之命。請大王攻打他。」齊王發動很多軍隊，大舉進攻淮北土地，討伐昭常。軍隊還沒有進入淮北的地界，秦國就以五十萬軍隊逼近齊國的西部邊界。秦國的將領說：「阻止楚國太子回國奔喪，是不仁；又想奪取楚國淮北的五百里土地，是不義。如果你們退兵就算了，否則，我們願意等待開戰。」齊王害怕了。於是就請子良向南返回楚國講和，向西派出使

者說服秦國，以便解除齊國的禍患。楚國沒有動用軍隊，卻保全了淮北的土地。

張儀之楚貧

原文

張儀之楚，貧。舍人怒而欲歸。張儀曰：「子必以衣冠之敝①，故欲歸。子待我為子見楚王。」當是之時，南后、鄭袖貴於楚②。

張子見楚王，楚王不說。張子曰：「王無所用臣，臣請北見晉君。」楚王曰：「諾。」張子曰：「王無求於晉國乎？」王曰：「黃金珠璣犀象出於楚，寡人無求於晉國。」張子曰：「王徒不好色耳③？」王曰：「何也？」張子曰：「彼鄭、周之女，粉白墨黑④，立於衢閭⑤，非知而見之者，以為神。」楚王曰：「楚，僻陋之國也，未嘗見中國之女如此其美也。寡人之獨何為不好色也？」乃資之以珠玉⑥。

注釋

①敝：破。
②南后：楚懷王后。鄭袖：楚懷王寵夫人。
③徒：就。
④粉白墨黑：形容女子面如白粉，髮如黑墨。
⑤衢（ㄑㄩˊ）：大道。
⑥資：給。

譯文

張儀到楚國以後，財物都用光了。舍人們都很生氣並想回去。張儀說：「你們一定因為衣帽破了，所以想回去。你們等著，我為你們去見楚王。」這個時候，南后和鄭袖很受楚王的寵愛。

張儀去拜見楚王，楚王很不高興。張儀說：「大王如果沒有用得著我的地方，我請求到北面去拜見晉國國君。」楚王說：「好吧。」張儀說：「大王對晉國無所求嗎？」楚王說：「黃金、珠璣、犀角、象牙都出

產在楚國，寡人對晉國無所求。」張儀說：「大王就不喜歡美色嗎？」楚王說：「你說什麼？」張儀說：「鄭國、周國的女子，面如白粉，髮如黑墨，站在街市，若是不知道的人見了她們，就會認為是神女下凡了。」楚王說：「楚國是偏僻鄙陋的國家，中原女子沒有見過像你說得那麼美麗。寡人為什麼會偏偏不喜歡美色呢？」於是楚王送給張儀不少珍珠美玉。

原文

　　南后、鄭袖聞之大恐。令人謂張子曰：「妾聞將軍之晉國，偶有金千斤①，進之左右②，以供芻秣③。」鄭袖亦以金五百斤。

　　張子辭楚王曰：「天下關閉不通，未知見日也，願王賜之觴④。」王曰：「諾。」乃觴之。張子中飲，再拜而請曰：「非有他人於此也，願王召所便習而觴之⑤。」王曰：「諾。」乃召南后、鄭袖而觴之。張子再拜而請曰：「儀有死罪於大王。」王曰：「何也？」曰：「儀行天下遍矣，未嘗見人如此其美也。而儀言得美人，是欺王也。」王曰：「子釋之⑥。吾固以為天下莫若是兩人也。」

注釋

　　①偶：偶然，此言恰巧，正好。
　　②進：獻。
　　③供芻秣（ㄔㄨˊ ㄇㄛˋ）：謙詞，言只夠供給馬料的費用。
　　④觴（ㄕㄤ）：酒器，此言飲酒。
　　⑤便（ㄆㄧㄢˊ）習：即便嬖（ㄅㄧˋ），猶言左右親近寵幸之人。
　　⑥釋：放下。

譯文

　　南后、鄭袖聽到張儀要為楚王選美人的消息後，非常擔憂。派人對張儀說：「我聽說將軍要到晉國去，恰巧我手裡有黃金千斤，獻給您左右的侍從，作為購買馬料的費用。」鄭袖也以黃金五百斤相贈。

　　張儀辭別楚王說：「天下各國關閉了邊塞，無法通行，不知什麼時候才能互相再見面。希望大王賞給我一杯酒喝。」楚王說：「好。」於是就給他酒喝。張儀喝得半醉半醒的時候，再次拜謝楚王而請求說：「在這

裡沒有外人，希望大王召來您左右親近寵幸的人一起飲酒。」楚王說：
「好。」於是就召來南后、鄭袖共同飲酒。張儀再次拜謝而請罪說：「我
在大王面前犯下了死罪。」楚王說：「怎麼回事？」張儀說：「我走遍天
下，沒曾見過有像她倆長得這麼漂亮的女人。可是我還說要為大王找美
人，這豈不是欺騙了大王。」楚王說：「您放心。我本來就認為天下的女
人沒有誰比她倆更美的了。」

張儀逐惠施於魏

原文

　　張儀逐惠施於魏[1]。惠子之楚，楚王受之。

　　馮郝謂楚王曰[2]：「逐惠子者，張儀也。而王親與約，是欺儀也，臣
為王弗取也。惠子為儀者來，而惡王之交於張儀，惠子必弗行也。且宋王
之賢惠子也，天下莫不聞也。今之不善張儀也，天下莫不知也。今為事之
故，棄所貴於讎人，臣以為大王輕矣。且為事耶？王不如舉惠子而納之於
宋，而謂張儀曰：『請為子勿納也。』儀必德王。而惠子窮人，而王奉
之，又必德王。此不失為儀之實，而可以德惠子。」楚王曰：「善。」乃
奉惠子而納之宋[3]。

注釋

　　[1]惠施：即惠子，宋國人，魏惠王相，名家的代表人物。
　　[2]馮郝：楚國大臣。
　　[3]奉：送。

譯文

　　張儀從魏國驅逐了惠施。惠施到了楚國，楚懷王收留了他。

　　馮郝對楚懷王說：「驅逐惠子的人是張儀。可是大王親自與惠施結
交，這是欺騙張儀，我認為大王不該採取這種辦法。惠子因為張儀的緣故
來到楚國，然而惡化了大王與張儀的交情，惠子一定不會這樣做。況且宋
王認為惠子是賢能的人，天下沒有誰不知道。惠施和張儀關係不好，天下

也沒有誰不知道。現在您為了國事接納惠施，是在您所尊敬的張儀，他的仇人面前拋棄了他，我認為大王太輕率了。難道真是為了國事嗎？大王不如送惠子而讓宋國接納他，並且對張儀說：『請讓我為您趕走惠施。』張儀一定感激大王。然而惠施是陷入困境的人，可是大王送他回宋國，他也一定會感激大王，這樣做既不失掉幫助張儀的實際行動，又可以使惠子感激我們。」楚王說：「好。」於是送惠子到宋國並讓宋國接納他。

魏王遺楚王美人

原文

　　魏王遺楚王美人①，楚王說之②。夫人鄭袖知王之說新人也，甚愛新人。衣服玩好，擇其所喜而為之；宮室臥具，擇其所善而為之。愛之甚於王。王曰：「婦人所以事夫者，色也③；而妒者，其情也。今鄭袖知寡人之說新人也，其愛之甚於寡人，此孝子之所以事親，忠臣之所以事君也。」

　　鄭袖知王以己為不妒也，因謂新人曰：「王愛子美矣。雖然，惡子之鼻④。子為見王⑤，則必掩子鼻。」新人見王，因掩其鼻。王謂鄭袖曰：「夫新人見寡人，則掩其鼻，何也？」鄭袖曰：「妾知也。」王曰：「雖惡，必言之。」鄭袖曰：「其似惡聞君王之臭也。」王曰：「悍哉⑥！」令劓之⑦，無使逆命⑧。

注釋

　　①遺（ㄨㄟˋ）：贈予。

　　②說：通「悅」。

　　③事：事奉。色：美色。

　　④惡：討厭。

　　⑤為：若。

　　⑥悍：兇暴蠻橫，此猶言刁蠻。

　　⑦劓（一ˋ）：古代割去鼻子的酷刑。

　　⑧無使逆命：堅決執行劓刑，不許違令。

譯文

　　魏王贈給楚懷王一個美人，楚王非常喜歡她。夫人鄭袖知道楚王喜歡這個新娶的美人，所以也很喜愛她。凡是穿的衣服、玩的東西，都選擇這位美人喜歡的；房屋、家俱，都挑選這個美人喜歡的給她使用。喜愛美人超過了楚王。楚王說：「妻子所用來事奉丈夫的是自己的美色；而忌妒是女人的常情。如今鄭袖知道我喜歡這個新人，而她喜愛這個新人卻超過了我，這好似孝子事奉雙親，忠臣事奉國君。」

　　鄭袖知道楚王以為自己沒有忌妒心，就對新人說：「大王喜愛您的美貌。雖然這樣，但他討厭您的鼻子。您如果見到大王，就一定要捂住您的鼻子。」美人見到楚王，就捂住自己的鼻子。楚王對鄭袖說：「那位新人見到我，就捂住她的鼻子，這是為什麼？」鄭袖說：「我知道是怎麼回事。」楚王說：「即使是不好聽，你一定要說出來。」鄭袖說：「她好像是討厭聞到大王您身上的臭味吧。」楚王說：「太刁蠻了！」於是下令割去這位美人的鼻子，不准違抗命令。

楚王后死

原文

　　楚王后死，未立后也。謂昭魚曰[1]：「公何以不請立后也？」昭魚曰：「王不聽，是知困而交絕於后也。」「然則不買五雙珥[2]，令其一善而獻之王[3]，明日視善珥所在，因請立之。」

注釋

　　①昭魚：楚國大臣。
　　②珥：用珠、玉做的耳環。
　　③善：好，美。

譯文

　　楚國王后死了，新的王后還未確立。有人對昭魚說：「您為什麼不請

示大王立后呢？」昭魚說：「如果大王不聽從我的意見，這將使我的主意不能實現，反而會與新王后斷絕了交情。」那人說：「既然如此，那您為什麼不買五雙耳環，讓其中有一雙是最漂亮的，並把它們都獻給大王，明天看那雙漂亮的耳環誰戴著，就請大王立她為新王后。」

莊辛謂楚襄王

原文

　　莊辛謂楚襄王曰：「君王左州侯，右夏侯，輦從鄢陵君與壽陵君①，專淫逸侈靡，不顧國政，郢都必危矣。」襄王曰：「先生老悖乎？將以為楚國祅祥乎②？」莊辛曰：「臣誠見其必然者也，非敢以為國祅祥也。君王卒幸四子者不衰③，楚國必亡矣。臣請辟於趙④，淹留以觀之⑤。」莊辛去之趙，留五月，秦果舉鄢、郢、巫、上蔡、陳之地，襄王流掩於城陽⑥。於是使人發騶⑦，徵莊辛於趙。莊辛曰：「諾。」

　　莊辛至。襄王曰：「寡人不能用先生之言，今事至於此，為之奈何？」莊辛對曰：「臣聞鄙語曰⑧：『見兔而顧犬，未為晚也；亡羊而補牢，未為遲也。』臣聞昔湯、武以百里昌，桀、紂以天下亡。今楚國雖小，絕長續短⑨，猶以數千里⑩，豈特百里哉⑪？

注釋

　　①州侯、夏侯、鄢陵君、壽陵君：都是楚襄王寵臣。

　　②悖：錯亂。祅祥：不祥的預兆。

　　③卒：始終。

　　④辟：通「避」。

　　⑤淹留：停留。

　　⑥流掩：流亡。

　　⑦騶（ㄗㄡ）：古時掌馬的官，也掌駕車，一般指侍從車騎。鮑彪注曰：「騶，車御也。」

　　⑧鄙語：俗語。

　　⑨絕長續短：截長補短。絕，斷，截。

⑩猶以：尚且有。

⑪特：只。

譯文

　　莊辛對楚襄王說：「您的左邊有州侯輔佐，右邊有夏侯輔佐，車後有鄢陵君和壽陵君跟隨，一味地過著淫亂、放蕩、奢侈、靡亂的生活，不過問國家大事，郢都一定危險了。」楚襄王說：「先生老糊塗了嗎？還是把我看成楚國的不祥之兆？」莊辛說：「我確實看到您這種行為的必然結果，不敢把您看成是楚國的不祥之兆。如果大王始終寵幸這四個人，楚國一定要滅亡了。我請求到趙國躲避，居留在那裡觀看事情的變化。」莊辛離開楚國到了趙國，在趙國住了五個月，秦國果然攻取了楚國的鄢、郢、巫、上蔡、陳等地，楚襄王也逃了出來，躲藏在城陽。這時候他才派人駕著車到趙國召回莊辛。莊辛說：「好。」

　　莊辛回到楚國，楚襄王說：「我不能聽先生的話，如今事情到了這種地步，該怎麼辦呢？」莊辛回答說：「我聽俗話說：『看到兔子再回頭喚狗，還不算晚；跑了羊再修補羊圈，還不算遲。』我聽說從前，商湯、周武王憑藉方圓百里的地方昌盛起來，夏桀、商紂王曾擁有天下卻滅亡了。如今楚國雖然小了，截長補短，尚且有幾千里，難道只是百里嗎？

原文

　　「王獨不見夫蜻蛉乎①？六足四翼，飛翔乎天地之間，俯啄蚊虻而食之，仰承甘露而飲之，自以為無患②，與人無爭也。不知夫五尺童子，方將調飴膠絲③，加己乎四仞之上④，而下為螻蟻食也。蜻蛉其小者也，黃雀因是以。俯噣白粒⑤，仰棲茂樹，鼓翅奮翼，自以為無患，與人無爭也。不知夫公子王孫，左挾彈⑥，右攝丸⑦，將加己乎十仞之上，以其頸為招⑧，晝游於茂樹，夕調乎酸鹹，倏忽之間，墜於公子之手。

注釋

　　①夫：彼，那。蜻蛉：蜻蜓。

　　②無患：沒有禍患。

　　③飴：糖漿。膠：黏合。

④仞：古代長度單位，一仞合八尺。

⑤噣（ㄓㄨㄛˊ）：通「啄」。白粒：米粒。

⑥挾：通「夾」，持，帶。

⑦攝：持。

⑧招：標的，靶子，目標。

譯文

「大王難道沒有看見蜻蛉嗎？牠有六隻腳四隻翅膀，飛翔在天地之間，向下捕捉蚊虻吃，向上承接甜美的露水喝，自己認為沒有禍患，與人沒有什麼爭端。哪裡想到那五尺高的孩子，正要調和黏汁，塗在絲上，將要在幾十仞的高空中將這些加在自己身上，落在地下成為螻蟻的食物。蜻蛉恐怕是小東西，黃雀的下場也是這樣。它向下啄食米粒，向上棲息在茂盛的樹上，鼓動翅膀奮力飛翔，自己認為沒有禍患，與人沒有什麼爭端。但不知道那公子王孫，左手握著彈弓，右手捏取彈丸，正要在幾十尺的高空中將這些加在自己身上，把它的脖頸作為射擊的目標，剎那之間，就落在公子王孫的手中。它們白天還在茂密的樹林中飛翔，晚上卻被加上了酸鹹等佐料成為席上的菜肴了。

原文

「夫黃雀其小者也，黃鵠因是以。游於江海，淹乎大沼①，俯噣鱔鯉，仰嚙蔆衡②，奮起六翮③，而凌清風④，飄搖乎高翔，自以為無患，與人無爭也。不知夫射者，方將修其碆盧⑤，治其矰繳⑥，將加己乎百仞之上，被礛磻⑦，引微繳⑧，折清風而抎矣⑨。故晝遊乎江河，夕調乎鼎鼐⑩。

注釋

①淹：停留，休息。

②蔆：通「菱」。衡：杜衡，香草。

③奮：鼓起。翮（ㄏㄜˊ）：大羽毛之莖，此指鳥的翅膀。

④凌：駕，乘。

⑤碆（ㄅㄛ）：石製的箭頭。盧：黑色的弓。

⑥矰（ㄗㄥ）：一種用絲繩繫住以便於射飛鳥的短箭。繳（ㄓㄨㄛˊ

ㄛ）：繫在箭上的絲繩，射鳥用。矰繳，箭杆上繫有絲繩的射鳥的工具。

　　⑦劙（ㄌㄧㄢ）：原作「磟」，據鮑本改。磨玉的石頭，用來磨箭頭，使之銳利。此猶言銳利。碆（ㄅㄛ）：繳石所繫的石塊。

　　⑧引：拖。微：細。

　　⑨抎（ㄩㄣˇ）：隕，墜落。

　　⑩鼐（ㄋㄞˋ）：大鼎，古代燒煮食物的炊具。

譯文

　　「那黃雀的事情恐怕是小事情，天鵝也是這樣。它在江海上飛翔，在大湖裡棲息，低頭啄食鯰魚，仰頭啄咬菱角香草，鼓起翅膀，駕著清風，飄飄搖搖地在高空中自由飛翔，自認為不會有什麼禍患，與人沒有什麼爭端。卻不知道那射箭的人，正在修整石箭頭和黑弓，製造帶有絲繩的箭，將要在幾百尺的天空中將其射在自己身上，牠將被銳利石塊所製的箭射中，拖著細微的絲繩，從清風中墜落下來。因此天鵝白天在江河中浮游，晚上就在大鼎裡被烹調成菜肴。

原文

　　「夫黃鵠其小者也，蔡聖侯之事因是以。南游乎高陂，北陵乎巫山①，飲茹溪之流，食湘波之魚，左抱幼妾，右擁嬖女，與之馳騁乎高蔡之中，而不以國家為事。不知夫子發方受命乎宣王②，繫己以朱絲而見之也③。

注釋

　　①陵：升。

　　②子發：楚將。方：正。

　　③以：用。

譯文

　　「那天鵝的事情是小事，蔡聖侯的事情也是這樣。他南遊高陂，北登巫山，喝茹溪的水，吃湘水的魚，左手抱著年輕的美妾，右手摟著寵愛的美女，同她們驅車馳騁在上蔡內盡情遊樂，卻不把國家放在心上。哪裡想

到那子發正接受楚宣王的命令，將用紅色的繩索捆著他去見楚宣王。

原文

「蔡聖侯之事其小者也，君王之事因是以。左州侯，右夏侯，輦從鄢陵君與壽陵君，飯封祿之粟①，而載方府之金②，與之馳騁乎雲夢之中，而不以天下國家為事。不知夫穰侯方受命乎秦王，填黽塞之內③，而投己乎黽塞之外④。」

襄王聞之，顏色變作⑤，身體戰慄。於是乃以執珪而授之為陽陵君，與淮北之地也⑥。

注釋

①飯：吃。封祿之粟：從封地取得的糧食。
②方府：楚國財庫名。
③填：通「鎮」，鎮守，阻塞。
④投：棄。
⑤作：怍，變。
⑥與：賜予，賜給。

譯文

「蔡聖侯的事恐怕還是小事，君王的事也是這樣。您左邊是州侯，右邊是夏侯，車後跟隨著鄢陵君和壽陵君，吃著封地裡的糧食，並裝載著國庫裡的錢財，跟他們駕車在雲夢之中盡情遊樂，卻不把國家的事放在心上。哪裡知道穰侯正接受秦昭王的命令，率領軍隊阻塞在了黽塞之南，而要把您驅趕到黽塞之北。」

楚襄王聽到這些，嚇得臉色大變，身上哆嗦。於是把執珪的爵位授予莊辛，封他為陽陵君，並賜給他淮北之地。

天下合從

原文

　　天下合從，趙使魏加見楚春申君曰：「君有將乎？」曰：「有矣，僕欲將臨武君^①。」魏加曰：「臣少之時好射，臣願以射譬之^②，可乎？」春申君曰：「可。」加曰：「異日者^③，更羸與魏王處京台之下，仰見飛鳥。更羸謂魏王曰：『臣為王引弓虛發而下鳥。』魏王曰：『然則射可至此乎？』更羸曰：『可。』有間，雁從東方來，更羸以虛發而下之。魏王曰：『然則射可至此乎？』更羸曰：『此孽也^④。』王曰：『先生何以知之？』對曰：『其飛徐而鳴悲。飛徐者，故瘡痛也；鳴悲者，久失群也，故瘡未息^⑤，而驚心未去也。聞弦音，引而高飛，故瘡隕也。』今臨武君嘗為秦孽，不可為拒秦之將也。」

注釋

①將：以……為將。
②譬：打比方。
③異日者：從前，昔日。
④孽：病，此猶言有隱傷。
⑤息：安，這裡是痊癒之義。

譯文

　　天下諸侯聯合抗擊秦國，趙國派魏加去見楚國的春申君說：「您定下大將的人選了嗎？」春申君說：「定下來了，我準備委任臨武君為主將。」魏加說：「我年輕的時候喜歡射箭，我願意用射箭的事打個比方，可以嗎？」春申君說：「可以。」魏加說：「從前，更羸與魏王站在一個高臺的下邊，抬頭看見飛鳥飛過。更羸對魏王說：『臣下為大王表演一個只拉弓虛射箭就能使鳥掉下來的技術。』魏王問：『那射技能達到這種程度嗎？』更羸說：『可以。』過了一會兒，有隻大雁從東方飛來，更羸一拉弓弦，虛放一箭，那大雁就應聲而落。魏王說：『射技真可以達到這種程度嗎？』更羸回答說：『它飛得很慢，並且叫聲悲哀。飛得緩慢的

原因，是原先的傷口疼；叫聲悲哀的原因，是長久失群，舊的傷口沒有痊癒，並且驚慌的心理沒有消除。聽到弓弦的聲音，鼓動翅膀向高處飛翔，結果原先的傷口破裂，使它掉下來了。』如今臨武君是個曾經被秦國打敗的將領，猶如驚弓之鳥，不可以委任他為抵抗秦軍的主將。」

汗明見春申君

原文

　　汗明見春申君，候問三月，而後得見。談卒，春申君大說之。汗明欲復談，春申君曰：「僕已知先生，先生大息矣①。」汗明憱焉曰②：「明願有問君而恐固③。不審君之聖孰與堯也？」春申君曰：「先生過矣！臣何足以當堯？」汗明曰：「然則君料臣孰與舜？」春申君曰：「先生即舜也。」汗明曰：「不然。臣請為君終言之④。君之賢不如堯，臣之能不及舜。夫以賢舜事聖堯，三年而後乃相知也；今君一時而知臣，是君聖於堯而臣賢於舜也。」春申君曰：「善。」召門吏為汗先生著客籍⑤，五日一見。

注釋

　　①大息：休息。
　　②憱（ㄘㄨˋ）：蹙，不安的樣子
　　③固：固陋。
　　④終言：盡言。
　　⑤著：登記。客籍：賓客名冊。吳師道云：「著其名字於賓客之籍。」

譯文

　　汗明去拜見春申君，等候了三個月，然後才得到接見。談完話後，春申君對汗明很滿意。汗明還想再談，春申君說：「我已經瞭解先生了，先生先去休息吧。」汗明不安地說：「我想向您請教，可是有害怕問得淺陋。不知您和堯比誰更聖明？」春申君說：「先生錯了，我怎麼能同堯相比？」汗明說：「那麼您看我和舜相比誰更有才能？」春申君說：「先生

就是舜一樣的人。」汪明說：「不是這樣，請您讓我把話都說出來。您的賢能的確不如堯，我的才能更趕不上舜。憑著賢能的舜侍奉聖明的堯，三年之後彼此才相互瞭解。現在您在很短時間內瞭解了我，這就說明您比堯聖明而我比舜賢能。」春申君說：「講得好。」於是叫來守衛的官吏把汪明的名字登記在賓客簿上，每五天接見一次。

原文

汪明曰：「君亦聞驥乎①？夫驥之齒至矣②，服鹽車而上太行③。蹄申膝折，尾湛胕潰④，漉汁灑地⑤，白汗交流，中阪遷延⑥，負轅不能上。伯樂遭之⑦，下車攀而哭之，解紵衣以冪之⑧。驥於是俛而噴，仰而鳴，聲達於天，若出金石聲者，何也？彼見伯樂之知己也。今僕之不肖，厄於州部⑨，堀穴窮巷⑩，沉洿鄙俗之日久矣⑪，君獨無意渲拔僕也⑫，使得為君高鳴屈於梁乎⑬？」

注釋

①驥：千里馬。

②齒至矣：牙齒長滿，言馬已成年。

③服：駕。

④尾湛（ㄔㄣˊ）：尾巴下垂。湛，同「沉」。胕（ㄈㄨ）潰：腳掌潰爛。胕，同「跗」，此指腳掌。

⑤漉（ㄌㄨˋ）汁：滲流出的口水。

⑥中阪：半坡。遷延：不進。

⑦伯樂：吳師道云：「伯樂，姓孫名陽，秦穆公時人。」善相馬者。

⑧紵（ㄓㄨˋ）衣：麻布衣。冪（ㄇㄧˋ）：覆蓋。

⑨厄：困。州部：當指古代基層行政單位。

⑩堀（ㄎㄨ）穴窮巷：猶言把窮巷裡的土屋作為居住的地方。堀：同「窟」，土屋。

⑪沉洿（ㄨ）：同「沉汙」，埋沒。

⑫渲（ㄐㄧㄢ）拔：提拔。

⑬高鳴屈於梁：鮑彪注曰：「聲己之屈。」吳師道云：「高鳴屈於梁，疑明嘗困於梁者。」本譯文從吳說。

譯文

　　汗明說：「您也聽說過千里馬的故事嗎？千里馬長到駕車的年齡，駕著鹽車上太行山。四蹄伸展膝蓋彎曲，尾巴下垂腳掌潰爛，流出的口水灑了一地，全身汗水交流，走到太行山的坡道上不能前進，駕著車轅怎麼也拉不上去。伯樂遇到了牠，就從自己的車上下來，拉著馬韁繩哭泣，並脫下自己的麻布衣服給千里馬蓋上。千里馬於是低頭噴氣，仰頭長鳴，叫聲直衝雲霄，如同從金石樂器上發出的聲音。為什麼會這樣呢？因為千里馬看到伯樂是瞭解自己的。現在我是一個沒有出息的人，困在州里，住在窮巷，埋沒在鄙風陋習之中已經很久了，難道您無意提拔我，讓我能夠為您而高鳴，使我在大梁受到的屈辱得到伸展嗎？」

題解

　　《趙策》記載了趙國的歷史上的重要事件。《知伯帥趙韓魏而伐范中行氏》寫智伯滅了范、中行氏之後，又向韓、魏、趙索取土地。韓、魏畏於智伯的淫威給了智伯土地。但趙國襄子卻不給，於是智伯便勾結韓、魏，決晉水灌晉陽，圍困三年，城內居民只能架巢而居，懸鍋做飯，晉陽危在旦夕。在此危難之際，張孟談遊說韓、魏二國，使其與趙國一起滅亡智伯。《晉畢陽之孫豫讓》寫豫讓為替智伯報仇，反覆尋機刺殺趙襄子的故事。《齊攻宋奉陽君不欲》寫有人勸趙國奉陽君與齊共同攻宋之事。《蘇秦從燕之趙始合從》寫蘇秦遊說趙肅侯推行其合縱之策的故事。《張儀為秦連橫說趙王》寫張儀為秦遊說趙惠文王推行其連橫之策的故事。《武靈王平晝閒居》寫趙武靈王推行「胡服騎射」政策，反映了他「觀時而制法，因事而制禮」的進步思想。《平原君謂馮忌》寫馮忌向平原君分析趙國不可以進攻燕國的理由。《秦圍趙之邯鄲》寫魯仲連在秦圍包圍趙都邯鄲的危急時候，堅決反對尊秦為帝的故事。《說張相國》寫有人勸諫做趙相的魏國人張相國不要輕視萬乘強國趙國的故事。《齊人李伯見孝成王》寫趙孝成王用人不疑。《趙太后新用事》寫趙國左師觸龍巧妙地說服趙太后讓長安君為質於齊的故事。

知伯帥趙韓魏而伐范中行氏

原文

　　知伯帥趙、韓、魏而伐范中行氏，滅之。休數年，使人請地於韓。韓康子欲勿與，段規諫曰：「不可。夫知伯之為人也，好利而鷙復[1]，來請地不與，必加兵於韓矣。君其與之。與之，彼狃[2]，又將請地於他國，他國不聽，必鄉之以兵[3]；然則韓可以免於患難，而待事之變。」康子曰：「善。」使使者致萬家之邑一於知伯。知伯說，又使人請地於魏，魏宣子欲勿與。趙葭諫曰：「彼請地於韓，韓與之。請地於魏，魏弗與，則是

魏內自強④，而外怒知伯也⑤。然則其錯兵於魏必矣⑥！不如與之。」宣子曰：「諾。」因使人致萬家之邑一於知伯。知伯說。又使人之趙，請藺、皐狼之地，趙襄子弗與。知伯因陰結韓、魏，將以伐趙。

（注釋）

　　①鷙（ㄓˋ）復：兇狠暴戾。鮑彪注曰：「鷙，殺鳥也。喻其殘忍。」復，即「愎」，狠。

　　②狃（ㄋㄧㄡˇ）：習以為常。鮑彪注曰：「狃，性驕也。」吳師道云：「狃，習也。」

　　③鄉：通「向」，猶言進攻。

　　④自強：自恃強大。

　　⑤怒知伯：使知伯怒。

　　⑥錯：通「措」，安置。

注釋|譯文

　　智伯率領趙、韓、魏三國的軍隊進攻范氏、中行氏，滅亡了他們。休息了幾年，派人向韓國索取土地。韓康子不想給他，段規勸諫說：「不可以。智伯為人，貪利而又兇暴，他派人來索取土地，不給，一定會派兵伐韓。大王您還是給他。給了他，他就會習以為常，又將會向其他國家索取，其他國家不從，智伯一定用兵；這樣一來，韓國可以免除患難，坐待事情的發展變化。」韓康子說：「好。」派使者送了一個萬家城邑給智伯。智伯很高興，又派人向魏國索取，魏宣子想不給他。趙葭勸諫說：「他向韓國索取土地，韓國給了他。他向魏國索取土地，魏國不給，那麼這是魏國自恃強大，並且激怒了智伯。這樣一來，智伯一定要對魏國用兵了！不如給他。」魏宣子說：「好。」於是派人送了一個萬家城邑給智伯。智伯非常高興，又派人到趙國去，索取藺城、皐狼兩個地方，趙襄子不給他。智伯於是暗中勾結韓國、魏國，準備進攻趙國。

原文

　　趙襄子召張孟談而告之曰：「夫知伯之為人，陽親而陰疏，三使韓、魏，而寡人弗與焉，其移兵寡人必矣。今吾安居而可？」張孟談曰：「夫

董安于，簡主之才臣也，世治晉陽，而尹鐸循之，其餘政教猶存，君其定居晉陽。」君曰：「諾。」乃使延陵生將車騎先之晉陽，君因從之。至，行城郭①，案府庫②，視倉廩，召張孟談曰：「吾城郭已完，府庫足用，倉廩實矣，無矢奈何？」張孟談曰：「臣聞董子之治晉陽也，公宮之垣③，皆以荻蒿楛楚牆之，其高至丈，君發而用之。」於是發而試之，其堅則箘簬之勁不能過也④。君曰：「足矣，吾銅少若何⑤？」張孟談曰：「臣聞董子之治晉陽也，公宮之室，皆以煉銅為柱質，請發而用之，則有餘銅矣。」君曰：「善。」號令以定，備守以具。

注釋

①行：巡察。
②案：視。
③垣：矮牆。
④箘簬（ㄐㄩㄣˋ ㄌㄨˋ）：硬竹，可作箭。
⑤若何：奈何，怎麼辦。

譯文

　　趙襄子召來張孟談告訴他說：「智伯的為人，表面上跟你親近內心裡卻很疏遠，他三次派人到韓、魏去，可是我都沒有參加，他要移兵攻打我是一定的了。現在我住在哪裡才好？」張孟談說：「董安于是先主簡子的能幹之臣，一輩子治理晉陽，而且尹鐸也遵循他治理的方法，他們政治教化的遺留功績還存在，您還是定居在晉陽吧。」趙襄子說：「好。」於是就派延陵生率領車騎先到晉陽，趙襄子隨後也跟了去。到晉陽以後，巡視城郭，察看府庫，檢查糧倉，召見張孟談說：「我看城郭已經很完善，府庫的物資足夠使用，糧倉已經裝滿，可是沒有箭怎麼辦？」張孟談說：「我聽說董子治理晉陽的時候，凡是公宮的牆壁，都是用荻蒿楛楚築的，牆壁的高度達一丈多，您可以砍下來作箭用。」於是把它們砍下來作成箭，它們的堅硬程度連美竹也趕不上。趙襄子說：「箭已經足夠了，但是我們缺少銅怎麼辦？」張孟談說：「我聽說董子治理晉陽的時候，官府的房屋，都是用冶煉的銅做柱基的，請您打開使用它，會有足夠的銅呢。」趙襄子說：「好。」號令已經定好，防城的用具均已齊備。

原文

三國之兵乘晉陽城[1]，遂戰。三月不能拔，因舒軍而圍之，決晉水而灌之。圍晉陽三年，城中巢居而處，懸釜而炊，財食將盡，士卒病羸[2]。襄子謂張孟談曰：「糧食匱，財力盡，士大夫病，吾不能守矣。欲以城下[3]，何如？」張孟談曰：「臣聞之，亡不能存，危不能安，則無為貴知士也。君釋此計[4]，勿復言也。臣請見韓、魏之君。」襄子曰：「諾。」

張孟談於是陰見韓[5]、魏之君曰：「臣聞唇亡則齒寒，今知伯帥二國之君伐趙，趙將亡矣，亡則二君為之次矣。」二君曰：「我知其然。夫知伯為人也，粗中而少親[6]，我謀未遂而知，則其禍必至，為之奈何？」張孟談曰：「謀出二君之口，入臣之耳，人莫之知也。」二君即與張孟談陰約三軍，與之期日[7]，夜，遣入晉陽。張孟談以報襄子，襄子再拜之。

注釋

①乘：陵，迫近，逼近。
②羸（ㄌㄟˊ）：瘦弱。
③下：降。
④釋：放棄。
⑤陰：秘密。
⑥粗中而少親：猶言內心嚴厲很少親近別人。
⑦期日：日期。

譯文

三國的軍隊逼近晉陽城，就開始交戰。三個月沒能攻克，於是展開軍隊包圍了晉陽城，決開晉水淹晉陽。包圍晉陽三年，城中的居民只能架巢而居，懸鍋做飯，錢財糧食將要用光，士卒患病身體瘦弱。趙襄子對張孟談說：「糧食缺乏，財力將盡，士大夫在患病，我不能堅守了。想要投降，您看怎麼樣？」張孟談說：「我聽說這樣的話，國家滅亡不能使它復存，國家危險不能使它安定，那麼就不用看重智士了。請您放棄這個計畫，不要再說了。我請求進見韓、魏國君。」趙襄子說：「好。」

張孟談於是秘密進見韓、魏國君說：「我聽說唇亡則齒寒，現在智伯率領您們二國的軍隊進攻趙國，趙國將要滅亡了，趙國滅亡那麼就輪到

您們二國了。」兩位國君說：「我們知道是這樣。智伯為人，內心嚴厲而很少親近別人，我們的計謀沒有成功而被他知道，大禍一定來到，對此該怎麼辦？」張孟談說：「計謀出自二位之口，進入我的耳中，沒別人知道。」二位國君就和張孟談暗中訂好三軍的行動，以及舉事日期，當晚，就把張孟談送回晉陽。張孟談把情況報告給趙襄子，趙襄子再次拜謝了他。

原文

　　張孟談因朝知伯而出，遇知過轅門之外。知過入見知伯曰：「二主殆將有變。」君曰：「何如？」對曰：「臣遇張孟談於轅門之外，其志矜①，其行高。」知伯曰：「不然。吾與二主約謹矣，破趙三分其地，寡人所親之，必不欺也。子釋之，勿出於口。」知過出見二主，入說知伯曰：「二主色動而意變，必背君，不如今殺之。」知伯曰：「兵箸晉陽三年矣②，旦暮當拔之而饗其利③，乃有他心④？不可，子慎勿復言。」知過曰：「不殺則遂親之。」知伯曰：「親之奈何？」知過曰：「魏宣子之謀臣曰趙葭，康子之謀臣曰段規，是皆能移其君之計。君其與二君約，破趙則封二子者各萬家之縣一，如是則二主之心可不變，而君得其所欲矣。」知伯曰：「破趙而三分其地，又封二子者各萬家之縣一，則吾所得者少，不可。」知過見君之不用也，言之不聽，出，更其姓為輔氏，遂去不見。

注釋

　　①矜：傲慢，自大。
　　②箸（ㄓㄨˋ）：附，猶言包圍。
　　③饗：通「享」。
　　④乃：卻。

譯文

　　張孟談接著又去拜見智伯，出來以後，在轅門外遇見了智過。智過進去見智伯說：「韓魏之君恐怕要發動兵變。」智伯說：「為什麼？」智過回答說：「我在轅門之外遇到張孟談，看他神情傲慢，趾高氣揚。」智伯說：「不會這樣的。我和韓魏之君已經訂立盟約了，破趙之後三家平分

它的土地，這是我親口說的，他們不會欺騙我。請您放心，這種話不要從您嘴裡說出來。」智過出來拜見了韓魏之君，又進去遊說智伯說：「二君神色不對，一定會背叛您，不如現在殺了他們。」智伯說：「軍隊包圍晉陽三年了，早晚便可佔領而享受它的利益，卻在這時有了別的心思？這是不可能的，您千萬不要再說什麼了。」智過說：「不殺就要親近他們。」智伯說：「怎麼親近他們？」智過說：「魏宣子的謀臣叫趙葭，韓康子的謀臣叫段規，這都是能改變他們君主計策的人。您還是跟這兩位約定，破趙後各封給他們一個萬戶之縣，如果這樣，韓魏之君的心意就不會改變，而您也可以得到自己想要的土地了。」智伯說：「破趙後三家平分它的土地，現在又封給他們倆各一個萬戶之縣，那我們所得到的就少了，不能這樣做。」智過見智伯不用他的計謀，不聽他的話，出來以後，改姓為輔氏，離開智伯，到別處去了。

原文

張孟談聞之，入見襄子曰：「臣遇知過於轅門外，其視有疑臣之心，入見知伯，出更其姓。今暮不擊，必後之矣。」襄子曰：「諾。」使張孟談見韓、魏之君，以夜期，殺守堤之吏，而決水灌知伯軍。知伯軍救水而亂，韓、魏翼而擊之[1]，襄子將卒犯其前[2]，大敗知伯軍而禽知伯[3]。

知伯身死，國亡地分，為天下笑，此貪欲無厭也[4]。夫不聽知過，亦所以亡也。知氏盡滅，唯輔氏存焉。

注釋

①翼而擊之：左右夾擊。
②犯：侵，猶言進攻。
③禽：通「擒」。
④厭：滿足。

譯文

張孟談聽到這件事，進去拜見趙襄子說：「我在轅門之外遇見智過，他看我的樣子，對我有懷疑之心，進去拜見智伯，出來後便更改了自己的姓氏。今天晚上不出擊，就失去機會了。」趙襄子說：「好。」於是派張

孟談去見韓、魏之君，約定當晚殺死守堤的吏卒，掘開晉水淹智伯的軍隊。智伯的軍隊忙於救水而大亂，韓、魏的軍隊左右夾擊，趙襄子率領軍隊正面進攻，大敗智伯軍並活捉了智伯。

　　智伯身死、國亡地分，被天下人恥笑，這是他貪得無厭的緣故。不聽智過的計謀，也是他滅亡的一個原因。智氏被全都滅掉，只有輔氏還存在著。

晉畢陽之孫豫讓

原文

　　晉畢陽之孫豫讓，始事范、中行氏而不說，去而就知伯，知伯寵之。及三晉分知氏，趙襄子最怨知伯，而將其頭以為飲器。豫讓遁逃山中，曰：「嗟乎！士為知己者死，女為悅己者容。吾其報知氏之仇矣。」乃變姓名，為刑人①，入宮塗廁，欲以刺襄子。襄子如廁，心動，執問塗者，則豫讓也。刃其杇②，曰：「欲為知伯報仇！」左右欲殺之。趙襄子曰：「彼義士也，吾謹避之耳。且知伯已死，無後，而其臣至為報仇，此天下之賢人也。」卒釋之。豫讓又漆身為厲③，滅鬚去眉，自刑以變其容，為乞人而往乞，其妻不識，曰：「狀貌不似吾夫，其音何類吾夫之甚也。」又吞炭為啞，變其音。其友謂之曰：「子之道甚難而無功，謂子有志則然矣，謂子智則否。以子之才，而善事襄子，襄子必近幸子；子之得近而行所欲，此甚易而功必成。」豫讓乃笑而應之曰：「是為先知報後知，為故君賊新君④，大亂君臣之義者無此矣。凡吾所謂為此者，以明君臣之義，非從易也。且夫委質而事人，而求☒之，是懷二心以事君也。吾所為難，亦將以愧天下後世人臣懷二心者⑤。」

注釋

　　①刑人：刑餘之人，判刑罰做苦役的人。此指偽裝成刑餘之人。

　　②刃其杇（×）：就是把瓦刀磨出鋒利的刃。杇，塗飾牆壁的工具，俗稱瓦刀、泥板子。

　　③厲：通「癩」。

④賊：害，殺害。

⑤愧：羞愧，慚愧。

譯文

晉國義士畢陽的孫子豫讓，起初事奉范氏、中行氏，感覺不高興，就離開他們去事奉智伯，智伯很寵信他。等到韓、魏、趙分了智氏的土地以後，趙襄子最怨恨智伯，竟把他的頭顱做為飲酒的器皿。豫讓逃跑到山中，說：「啊！士為知己者死，女為悅己者容。我一定要為智氏報仇。」於是就改名換姓，偽裝成刑餘之人，進入襄子宮中給他粉刷廁所的牆壁，想趁機刺殺襄子。襄子到廁所解手，忽然心中一動，捉住粉刷廁所的人審問，是豫讓。豫讓指著磨得鋒利的瓦刀，說：「我想要為智伯報仇！」襄子左右的人想要殺死他。趙襄子說：「他是一個俠義之士，我小心躲避他就是了。況且智伯已死，沒有後代，他的臣子竟來為他報仇，這是天下的賢士。」最後放了豫讓。豫讓又用漆塗在身上，好像生癩一樣，刮掉鬍鬚和眉毛，自己毀壞容貌，裝扮成一個乞丐而回家去乞討，他的妻子都不認識他，說：「他的形貌不像我丈夫，他的聲音為什麼很像我丈夫。」豫讓又吞炭使聲音沙啞，改變了原來說話的聲音。他的朋友對他說：「您採用的方法很艱難並且不容易成功，說您有志氣那是對的，說您有智謀那是不對的。憑藉您的才幹，好好地事奉趙襄子，襄子一定會寵愛您；您能夠接近趙襄子，再做您想做的事，這就很容易了，也一定會成功。」豫讓竟笑著回答他說：「這是替先前的知己報復後來的知己，替原來的主人殺害新的主人。大亂君臣之義的人也沒有超過這種做法的了。我所以要這樣做，是為了表明君臣之義，不是去做那些容易辦到的事。再說向主人獻上禮物並表示誓死事奉他，然而又設法殺死他，這就是懷有二心事奉主人。我所以要做這種難以辦到的事，也是為了使天下後世為人臣而對主人懷有二心的人慚愧。」

原文

居頃之，襄子當出①，豫讓伏所當過橋下。襄子至橋而馬驚。襄子曰：「此必豫讓也。」使人問之，果豫讓。於是趙襄子面數豫讓曰②：「子不嘗事范、中行氏乎？知伯滅范、中行氏，而子不為報仇，反委質事

知伯。知伯已死，子獨何為報仇之深也？」豫讓曰：「臣事范、中行氏，范、中行氏以眾人遇臣③，臣故眾人報之；知伯以國士遇臣，臣故國士報之。」襄子乃喟然歎泣曰：「嗟乎，豫子！子之為知伯，名既成矣，寡人舍子，亦已足矣。子自為計，寡人不舍子。」使兵環之。豫讓曰：「臣聞明主不掩人之義，忠臣不愛死以成名④。君前已寬舍臣，天下莫不稱君之賢。今日之事，臣固伏誅，然願請君之衣而擊之，雖死不恨。非所望也，敢布腹心⑤。」於是襄子義之，乃使使者持衣與豫讓。豫讓拔劍三躍，呼天擊之曰：「而可以報知伯矣。」遂伏劍而死⑥。死之日，趙國之士聞之，皆為涕泣。

注釋

①當：將。

②數：數落，責備。

③眾人：普通人。

④掩：掩蓋。愛：愛惜，吝惜。

⑤布：披露，陳述。腹心：內心意願。

⑥伏劍：拔劍自刎。

譯文

　　過了不久，趙襄子將要外出，豫讓便埋伏在襄子必經的橋下。襄子來到橋邊，馬忽然驚了。襄子說：「一定是豫讓在這裡。」派人去詢問，果然是豫讓。於是趙襄子當面責備豫讓說：「您不是曾經事奉過范氏、中行氏嗎？智伯滅亡了范氏、中行氏，可是您不去為他們報仇，反而委身來事奉智伯。智伯已經死了，您為什麼只給智伯報仇？」豫讓說：「我事奉范氏、中行氏，范氏、中行氏像對待一般人那樣對待我，所以我像一般人那樣報答他們；智伯像對待國家名士那樣對待我，所以我像國家名士那樣報答他。」襄子便長歎一聲哭著說：「唉呀，豫子！您為智伯報仇，已經成就名聲了，我放了您一次，也已經足夠了。您自己考慮怎麼辦，我不能再放您。」襄子就讓士兵把豫讓四面圍住。豫讓說：「我聽說賢明的君主不掩蓋別人的大義，忠臣不愛惜一死而成就名聲。您以前已經寬恕釋放過我，天下沒有一個人不稱讚您賢明。今天的事情，我本來應該立即受死，

但我希望拿來您的衣服，讓我利劍刺斬它，這樣我雖然死了，也沒有遺憾。我的願望不見得能夠實現，我只是把內心的話說出來罷了。」襄子認為他很有義氣，就派人拿衣服交給豫讓。豫讓拔劍在手跳了三跳，仰天大呼，揮劍刺衣說：「我可以報答智伯了。」於是就自刎而死。豫讓死的那天，趙國的士人聽到此事，都落下了眼淚。

齊攻宋奉陽君不欲

原文

　　齊攻宋，奉陽君不欲。客請奉陽君曰：「君之春秋高矣[1]，而封地不定，不可不熟圖也。秦之貪，韓、魏危，楚、燕僻，中山之地薄[2]，宋罪重，齊怒深，殘伐亂宋，定身封，德強齊，此百代之一時也。」

注釋

　　①春秋高：言年高。
　　②薄：土質貧瘠。

譯文

　　齊國進攻宋國，趙國奉陽君不想幫助齊國一起攻打。有人勸奉陽君說：「您的年齡已經很大了，可是封地還沒有確定，不可不仔細考慮。秦國貪婪，封地如定在韓、魏，必然危險；如定在燕、楚，又太偏僻；如定在中山，土質又貧瘠。而宋國罪孽深重，齊國非常憤怒，如果與齊國共同攻打殘暴混亂的宋國，確定自己的封地，使強大的齊國對您感恩戴德，這是百代以來的好時機。」

蘇秦從燕之趙始合從

原文

　　蘇秦從燕之趙，始合從，說趙王曰：「天下之卿相人臣，乃至布衣

之士，莫不高賢大王之行義①，皆願奉教陳忠於前之日久矣②。雖然，奉陽君妒，大王不得任事③，是以外賓客④，遊談之士無敢盡忠於前者。今奉陽君捐館舍⑤，大王乃今然後得與士民相親，臣故敢獻其愚，效愚忠。為大王計，莫若安民無事，請無庸有為也⑥。安民之本，在於擇交。擇交而得則民安，擇交不得則民終身不得安。請言外患：齊、秦為兩敵，而民不得安；倚秦攻齊，而民不得安；倚齊攻秦，而民不得安。故夫謀人之主，伐人之國，常苦出辭斷絕人之交，願大王慎無出於口也⑦。

（注釋）

　　①高賢：推崇，稱許。
　　②陳：獻出。
　　③得：能。任：當，使。
　　④外：疏遠。
　　⑤捐館舍：死之婉稱。
　　⑥庸：用。
　　⑦無：勿。

（譯文）

　　蘇秦從燕國到趙國，開始推行合縱之策，遊說趙肅侯說：「從天下的卿、相、大臣，一直到普通百姓出身的士，沒有誰不稱許大王推行仁義的，從很久以來就都希望在大王的面前接受教誨，向大王獻出忠心。雖然如此，奉陽君忌賢妒能，大王不能親自管理政事，以致賓客受到疏遠，遊說之士沒有誰敢在大王面前盡忠了。如今奉陽君已死，大王從今以後能夠和士民相親了，所以我才敢奉獻自己的忠心。我為大王考慮，沒有什麼能趕得上使百姓安定、國家無事的了，請您不用有所作為。安定百姓的根本，在於選擇邦交。選擇邦交得當百姓就安定，選擇邦交不得當百姓就終身不得安定。請讓我談一下外面的禍患：如果齊國、秦國做了趙國的兩個敵人，那麼百姓就不得安定；倚仗秦國攻打齊國，百姓就不得安定；倚仗齊國攻打秦國，百姓也不得安定。所以謀算別國的國君，進攻別人國家的人，常為說與別國斷交感到苦惱，希望大王謹慎，這些話不要從您嘴裡說出來。

原文

「請屏左右①，白言所以異②，陰陽而已矣。大王誠能聽臣，燕必致氈裘狗馬之地，齊必致海隅魚鹽之地，楚必致桔柚雲夢之地，韓、魏皆可使致封地湯沐之邑，貴戚父兄皆可以受封侯。夫割地效實③，五伯之所以覆軍禽將而求也；封侯貴戚，湯、武之所以放殺而爭也。今大王垂拱而兩有之，是臣之所以為大王願也。大王與秦④，則秦必弱韓、魏；與齊，則齊必弱楚、魏。魏弱則割河外，韓弱則效宜陽。宜陽效則上郡絕，河外割則道不通，楚弱則無援。此三策者，不可不熟計也。夫秦下軹道則南陽動，劫韓、包周則趙自銷鑠⑤，據衛、取淇則齊必入朝。秦欲已得行於山東⑥，則必舉甲而向趙。秦甲涉河逾漳，據番吾，則兵必戰於邯鄲之下矣。此臣之所以為大王患也。

注釋

①屏：除去，排除。

②白言：說明。

③效：致。實：財物。

④與：聯合，親附。

⑤銷鑠：熔化金屬。此言削弱。

⑥行：指「行權」，即稱霸。

譯文

「請大王讓左右的人退避，我說說合縱、連橫的差別，就像陰陽黑白一樣的分明。大王果真能聽從我的話，燕國一定進獻盛產氈、裘、狗、馬的土地，齊國一定進獻盛產魚鹽的海隅之地，楚國一定進獻盛產桔柚的雲夢之地，韓國、魏國都可以讓他們進獻封地，租稅收入作為沐浴的費用，您的貴戚父兄都可以封侯。割取土地、進獻財貨，是五霸不惜軍隊覆滅、將領被擒所追求的東西；封賞王侯使貴戚尊貴，這是商湯、周武王流放夏桀、誅殺紂王所爭取的東西。如今大王可以毫不費力得到兩個好處，這是我希望大王得到的利益。大王如果親附秦國，秦國一定削弱韓國、魏國；大王如果親附齊國，齊國一定削弱楚國、魏國。魏國削弱，就會割讓河外的土地；韓國削弱，就會進獻宜陽的土地。宜陽進獻了，那麼與上郡的交

通就會隔絕；河外割讓，那麼道路就會不通。楚國削弱，趙國就會沒有救援。以上這三條計策，不可不認真仔細地謀劃一下。再說秦國攻下，軹道南陽就會動搖；劫持韓國、包圍周朝，趙國就會自行削弱；秦國佔據衛地、奪取淇水，齊國必定會去朝見秦國。秦國的稱霸願望既已實現，就必然出兵進攻趙國。秦兵渡過黃河跨過漳水，佔據番吾，那麼兩國的軍隊一定會在邯鄲城下交戰了。這就是我替大王憂慮的事情。

原文

「當今之時，山東之建國，莫如趙強。趙地方二千里，帶甲數十萬，車千乘，騎萬匹，粟支十年；西有常山，南有河、漳，東有清河，北有燕國。燕固弱國，不足畏也。且秦之所畏害於天下者莫如趙[1]。然而秦不敢舉兵甲而伐趙者，何也？畏韓、魏之議其後也[2]。然則韓、魏，趙之南蔽也。秦之攻韓、魏也，則不然。無有名山大川之限，稍稍蠶食之[3]，傅之國都而止矣[4]。韓、魏不能支秦，必入臣於秦，秦無韓、魏之隔，禍必中於趙矣[5]。此臣之所以為大王患也。

注釋

①害：患。
②議：謀。
③稍稍：逐漸，一點點地。
④傅：靠近。
⑤中：及。

譯文

「現在，山東六國裡，沒有再比趙國強大的了。趙國土地方圓兩千里，軍隊幾十萬，戰車千輛，騎馬萬匹，糧食可以支援十年；西面有常山，南面有黃河、漳水，東面有清河，北面有燕國。燕國本來是弱小的國家，不值得害怕。再說，秦國在天下最畏懼害怕的莫過於趙國。然而秦國不敢發兵進攻趙國，為什麼？主要是害怕韓、魏兩國在後面算計它。這樣看來，韓、魏就是趙國南面的屏障。如果秦國攻打韓、魏，那情況就不是這樣了。韓、魏沒有名山大川的阻隔，逐漸蠶食它的領土，靠近國都就可

以了。韓、魏抵擋不住秦國的進攻，一定向秦國歸順稱臣，秦國沒有韓、魏的阻隔，禍患就會落在趙國身上了。這是我為大王憂慮的事情。

原文

「臣聞堯無三夫之分①，舜無咫尺之地，以有天下。禹無百人之聚②，以王諸侯。湯、武之卒不過三千人，車不過三百乘，立為天子。誠得其道也。是故明主外料其敵國之強弱，內度其士卒之眾寡③、賢與不肖，不待兩軍相當，而勝敗存亡之機節，固已見於胸中矣，豈掩於眾人之言④，而以冥冥決事哉⑤！

注釋

①夫：鮑彪注：「一夫有田百畝。」
②聚：村落。
③度（ㄉㄨㄛˋ）：揣度，估量。
④掩：蔽。
⑤冥冥：昏暗，糊塗。

譯文

「我聽說堯連三百畝這麼大的土地也沒有，舜連不足一尺的土地也沒有，卻擁有了天下。大禹沒有百人居住的村落，竟統治了天下諸侯。商湯、周武王的士兵都不超過三千人，戰車不超過三百輛，卻立為天子。這都是因為他們得到了治國之道。所以，賢明的國君，對外能預料敵國的強弱，對內能估量士兵的多少、賢與不賢，不等兩軍相對，勝負存亡的關鍵，早已在心中明白了，哪裡會受眾人的言語蒙蔽，糊裡糊塗決斷事情呢！

原文

「臣竊以天下地圖案之①。諸侯之地五倍於秦，料諸侯之卒，十倍於秦。六國並力為一，西面而攻秦，秦破必矣。今見破於秦②，西面而事之，見臣於秦。夫破人之與破於人也，臣人之與臣於人也，豈可同日而言之哉？夫橫人者，皆欲割諸侯之地以與秦成③。與秦成，則高臺榭，美宮

室，聽竽瑟之音，察五味之和④，前有軒轅⑤，後有長姣⑥，美人巧笑，卒有秦患，而不與其憂。是故橫人日夜務以秦權恐喝諸侯⑦，以求割地。願大王之熟計之也。

注釋

①案：通「按」，察。

②見：被。

③成：講和。

④和：調和，適度，此言味美。

⑤軒轅：車。

⑥長姣：美女。

⑦務：專。恐喝：恐嚇。

譯文

「我查看天下的地圖。諸侯的土地是秦國的五倍，估計諸侯的兵力，是秦國的十倍。六國如果團結一致，向西進攻秦國，秦國被攻破是肯定的。現在六國卻被秦國攻破，而向西事奉它，被秦國所臣服。那攻破敵人和被敵人攻破，使別人臣服和被別人臣服，難道可以相提並論嗎？那些遊說連橫的人，都想要割取諸侯的土地送給秦國與它講和。與秦國講和，他們就可以高築台榭，建起漂亮的宮室，傾聽竽瑟之音，品嘗各種美味，前有車輿，後有美女，還有美人的微笑。當秦禍突然來臨時，他們卻不與諸侯共憂。所以，主張連橫的人，日夜專用秦國的威勢恐嚇諸侯，以求得割取諸侯的土地給秦國。希望大王仔細地考慮這些事。

原文

「臣聞明王絕疑去讒，屏流言之跡①，塞朋黨之門，故尊主廣地強兵之計②，臣得陳忠於前矣。故竊為大王計，莫如一韓、魏、齊、楚、燕、趙，六國從親，以儐畔秦③。令天下之將相，相與會於洹水之上，通質刑白馬以盟之④。約曰：『秦攻楚，齊、魏各出銳師以佐之，韓絕食道，趙涉河、漳，燕守常山之北。秦攻韓、魏，則楚絕其後，齊出銳師以佐之⑤，趙涉河、漳，燕守雲中。秦攻齊，則楚絕其後，韓守成皋，魏塞午

道，趙涉河、漳、博關，燕出銳師以佐之。秦攻燕，則趙守常山，楚軍武關，齊涉渤海，韓、魏出銳師以佐之。秦攻趙，則韓軍宜陽，楚軍武關，魏軍河外，齊涉清河，燕出銳師以佐之。諸侯有先背約者，五國共伐之。』六國從親以擯秦，秦必不敢出兵於函谷關以害山東矣！如是則伯業成矣！」

　　趙王曰：「寡人年少，蒞國之日淺，未嘗得聞社稷之長計。今上客有意存天下，安諸侯，寡人敬以國從。」乃封蘇秦為武安君，飾車百乘，黃金千鎰，白璧百雙，錦繡千純⑥，以約諸侯。

注釋

①屏：擯棄，除去，抵制。
②故：則。
③儐：通「擯」。畔：通「叛」。
④通：交換。
⑤佐：助。
⑥純：布帛的計量單位，一匹為一純。

譯文

　　「我聽說賢明的君主排除疑惑消除讒言，擯棄流言蜚語，堵塞結黨營私之路，這就使得主尊、地廣和兵強了，我也才能在您面前陳述忠心。所以我私下為大王謀劃，沒有什麼能比得上聯合韓、魏、齊、楚、燕、趙六國的，六國合縱互相親近，來抗拒秦國。使天下各國的將相，都在洹水之上相會，交換人質，殺白馬而結盟。立下誓言說：『如果秦國攻打楚國，齊、魏各派精銳的軍隊幫助楚國，韓國斷絕秦兵的糧道，趙國渡過黃河、漳水逼進秦軍，燕國固守常山之北。如果秦國進攻韓、魏，那麼楚國斷絕秦兵的後路，齊國派出精銳的部隊幫助韓、魏，趙國渡過黃河、漳水進逼秦軍，燕國固守雲中。如果秦國進攻齊國，那麼楚國斷絕秦兵的後路，韓國固守成皋，魏國堵塞午道，趙國渡過黃河、漳水，兵出博關，燕國派出精銳部隊幫助齊國。如果秦國進攻燕國，那麼趙國固守常山，楚軍進駐武關，齊軍由渤海渡過黃河進逼秦軍，韓、魏派出精銳部隊幫助燕國。如果秦國進攻趙國，那麼韓軍進駐宜陽，楚軍進駐武關，魏軍進駐河外，齊軍

渡過清河，燕國派出精銳部隊幫助趙國。如果諸侯有誰先違背盟約，五國共同討伐它。」六國合縱互相親近而抵抗秦國，秦國一定不敢從函谷關出兵來危害山東六國了！如果能做到這樣，那麼霸業就成功了！」

趙肅侯說：「我年紀小，在位的時間很短，沒有聽說過治國的大計，現在尊貴的客人有意保衛天下各國，安定諸侯，我國願聽從您的指揮。」於是封蘇秦為武安君，賜給他有文飾的車子百輛，金子二千兩，玉璧一百雙，錦繡一千匹，用這些財物去與諸侯締結合縱之約。

張儀為秦連橫說趙王

原文

張儀為秦連橫，說趙王曰：「弊邑秦王使臣敢獻書於大王御史。大王收率天下以儐秦[1]，秦兵不敢出函谷關十五年矣。大王之威，行於天下山東。弊邑恐懼慴伏，繕甲厲兵[2]，飾車騎[3]，習馳射，力田積粟，守四封之內[4]，愁居慴處，不敢動搖，唯大王有意督過之也。今秦以大王之力，西舉巴蜀，并漢中，東收兩周而西遷九鼎，守白馬之津。秦雖辟遠，然而心忿悁含怒之日久矣[5]。今寡君有敝甲鈍兵，軍於澠池，願渡河逾漳，據番吾，迎戰邯鄲之下。願以甲子之日合戰，以正殷紂之事[6]。敬使臣先以聞於左右。

注釋

①儐：通「擯」，對抗，抵制。
②繕：修補，修繕。厲：同「礪」，磨。兵：兵器。
③飾：整修。
④封：疆界，邊境。
⑤忿悁（ㄐㄩㄢˋ）：氣憤。悁，同「憤」。
⑥以正殷紂之事：周武王以甲子昧爽與商紂王的軍隊戰於牧野，殺紂滅殷。

譯文

　　張儀為秦國推行連橫之策，遊說趙惠文王說：「敝邑秦王派我冒昧地獻書給大王的御史。大王率領天下諸侯對抗秦國，秦兵不敢出函谷關已經十五年了。大王的威風傳佈於天下及山東各國，敝邑恐懼而屈服，修繕鎧甲磨礪兵器，整備戰車騎兵，學習騎馬射箭，努力耕種，積聚糧食，守衛國家四方邊境，處在愁苦恐懼之中，不敢妄動，只怕大王有意深責敝邑的過錯。如今秦國憑藉大王的威力，向西攻佔了巴蜀，兼併了漢中，向東收取了東周、西周，並把九鼎移到秦國，扼守白馬津渡口。秦國雖然偏僻遙遠，然而心懷憤怒已經好久了。現在寡君有破舊的鎧甲，不鋒利的兵器，軍隊駐紮在澠池，希望渡過黃河越過漳水，據有番吾，在邯鄲城下迎戰趙國軍隊。願在甲子日交戰，仿效武王伐紂的故事。秦王恭敬地派我先把這事告訴大王。

原文

　　「凡大王之所信以為從者，恃蘇秦之計。熒惑諸侯①，以是為非，以非為是，欲反覆齊國而不能②，自令車裂於齊之市。夫天下之不可一亦明矣。今楚與秦為昆弟之國，而韓、魏稱為東蕃之臣，齊獻魚鹽之地，此斷趙之右臂也。夫斷右臂而求與人鬥，失其黨而孤居，求欲無危，豈可得哉？今秦發三將軍，一軍塞午道，告齊使興師渡清河，軍於邯鄲之東；一軍軍於成皋，驅韓、魏而軍於河外；一軍軍於澠池。約曰：『四國為一以攻趙，破趙而四分其地。』是故不敢匿意隱情，先以聞於左右。臣竊為大王計，莫如與秦遇於澠池，面相見而身相結也③。臣請案兵無攻④，願大王之定計。」

　　趙王曰：「先王之時，奉陽君相，專權擅勢，蔽晦先王⑤，獨制官事。寡人宮居，屬於師傅，不能與國謀。先王棄群臣⑥，寡人年少，奉祠祭之日淺，私心固竊疑焉。以為一從不事秦⑦，非國之長利也。乃且願變心易慮⑧，剖地謝前過以事秦。方將約車趨行⑨，而適聞使者之明詔。」於是乃以車三百乘入朝澠池，割河間以事秦。

注釋

　　①熒惑：迷惑，惑亂。

②反覆：顛覆，推翻。

③身：親自。

④案：通「按」。

⑤蔽晦：蒙蔽。

⑥棄群臣：離開人世，去世。

⑦一從：合縱。

⑧乃且：乃，才。

⑨方將：正要。

譯文

張儀說：「凡是大王所相信並實行的事情，都是依靠蘇秦的計謀。蘇秦迷惑諸侯，把對的說成是錯的，把錯的說成是對的，他想推翻齊國而沒能得逞，卻使自己被車裂在齊國的集市上。天下不能統一，這是顯而易見的。現在楚國與秦國結為兄弟之國，而韓、魏兩國已自稱為秦國的屬國，齊國也向秦國奉獻盛產魚鹽的土地，這就斬斷了趙國的右臂。斬斷右臂而尋求與人戰鬥，失掉盟國而孤立無援，想要求得沒有危險，這怎麼可能呢？現在秦王派出三位將軍，一位大將領兵堵塞午道，告訴齊國讓他們發兵渡過清河，駐紮在邯鄲的東面；一位將軍領兵駐紮在成皋，驅使韓、魏的軍隊，讓他們駐紮在黃河之南；一位將軍領兵駐紮在澠池。約定說：『四國聯合起來攻打趙國，攻破趙國四分其地。』因此我不敢隱匿事情的真相，先把這事告訴大王。我私下為大王謀劃，不如您與秦王在澠池相會，互相見面親自結盟。我請求秦王按兵不動，希望大王確定計劃。」

趙惠文王說：「先王執政的時候，奉陽君為相國，專權獨斷，蒙蔽先王，獨自控制國家大事。寡人住在宮裡，歸師傅教導，不能參與國家大事的謀劃。先王去世的時候，我年紀小，執政時間還短，本來私下裡對合縱之策就懷疑，認為合縱不事奉秦國，不符合國家的長遠利益。這才想要改變原來的想法，割讓土地，承認以前的過錯，事奉秦國。正要備車出發，恰好聽到了您的明告。」於是就率領三百輛車到澠池去朝拜秦王，割讓河間的土地以事奉秦國。

武靈王平晝閒居

原文

　　武靈王平晝閒居①，肥義侍坐②，曰：「王慮世事之變，權甲兵之用③，念簡、襄之跡④，計胡、狄之利乎⑤？」王曰：「嗣立不忘先德，君之道也；錯質務明主之長⑥，臣之論也。是以賢君靜而有道民便事之教，動有明古先世之功。為人臣者，窮有弟長辭讓之節⑦，通有補民益主之業。此兩者，君臣之分也。今吾欲繼襄主之業，啟胡、翟之鄉，而卒世不見也。敵弱者，用力少而功多，可以無盡百姓之勞，而享往古之勳。夫有高世之功者，必負遺俗之累⑧；有獨知之慮者⑨，必被庶人之怨。今吾將胡服騎射以教百姓，而世必議寡人矣。」

注釋

　　①平晝：平日。
　　②肥義：趙武靈王父趙肅侯之臣，武靈王時為信臣，惠文王時為相國並兼為傅。侍：侍候，陪伴。
　　③權：衡量。
　　④念：追念，追思。
　　⑤計：謀劃。
　　⑥錯：委。委質，委身為臣。
　　⑦窮：未為官。弟：通「悌」。
　　⑧負：遭，受。遺俗：流俗。累：指責，議論。
　　⑨慮：見解。

譯文

　　趙武靈王平日在家閒居，大臣肥義陪坐，說：「大王在考慮當代事情的變化，衡量軍隊的效用，追思簡子、襄子的功業，謀劃抗擊胡、狄的利益嗎？」趙武靈王說：「繼位為君不忘祖先的功德，這是為君之道，委身從政一定要顯揚君主的長處，這是為臣之道。所以，賢明的君主平時要制定民眾便利行事、方便政事的教令，戰時要發揚光大先人的功業。作為臣

下的人，尚未為官時要有順從、尊長、謙恭、遜讓的節操，顯達時應有補救民眾不足、擴大君主領土的功業。這兩種行為，都是君王臣下的本分。現在我想要繼承先王襄子的功業，開發胡、狄的土地，舉世的人都還沒能看到這一點。與弱者為敵，用的力量小而功勞大，可以不用盡百姓的辛勞，就能建立簡子、襄子的勳業。具有高出當世功勞的人，必然會遭到背離世俗的指責；而有獨到見解的人，一定會遭到一般人的怨恨。現在我將把身穿胡服、學習騎馬射箭教給百姓，然而世人一定要議論我了。」

原文

肥義曰：「臣聞之，疑事無功，疑行無名。今王即定負遺俗之慮，殆毋顧天下之議矣。夫論至德者，不和於俗①；成大功者，不謀於眾。昔舜舞有苗，而禹袒入裸國，非以養欲而樂志也，欲以論德而要功也②。愚者暗於成事，智者見於未萌③，王其遂行之。」王曰：「寡人非疑胡服也，吾恐天下笑之。狂夫之樂，知者哀焉；愚者之笑，賢者戚焉④。世有順我者⑤，則胡服之功未可知也。雖驅世以笑我⑥，胡地、中山吾必有之。」

注釋

①和：迎合，附和。
②要：求。
③暗：不明。萌：萌芽，露出。
④戚：悲傷。
⑤順：同意。
⑥驅世：舉世。

譯文

肥義說：「我聽說過這樣的話，辦事猶疑不決就不會成功，行動猶疑不決就不會立名。現在您確定了這種背離世俗的決心，恐怕就要不顧天下人的議論了。談論最高道德的人，是不附和舊風俗的；成就大功業的人，是不和眾人在一起謀劃的。從前舜拿著盾牌、斧子跳舞，有苗才歸服，大禹脫衣露體進入裸體國，並非以此來滿足欲望娛樂心志，而是想要用談論道德來追求功名。愚蠢的人對於已成的事尚看不明白，聰明的人在事態尚

未露出苗頭之際就能覺察，大王還是趕快施行胡服騎射。」趙武靈王說：「我不是懷疑胡服騎射，我擔心天下人譏笑這件事。狂妄無知的人的歡樂，聰明的人感到悲哀；愚蠢的人的高興，賢明的人感到憂傷。世上如果有人同意我的意見，那麼胡服騎射的功勞是不可估量的。即使是舉世的人都來譏笑我，胡地、中山我一定要據有它。」

原文

　　王遂胡服。使王孫緤告公子成曰①：「寡人胡服且將以朝，亦欲叔之服之也。家聽於親②，國聽於君，古今之公行也；子不反親，臣不逆主，先王之通誼也③。今寡人作教易服而叔不服，吾恐天下議之也。夫制國有常，而利民為本；從政有經④，而令行為上。故明德在於論賤⑤，行政在於信貴⑥。今胡服之意，非以養欲而樂志也。事有所出，功有所止。事成功立，然後德且見也。今寡人恐叔逆從政之經，以輔公族之議。且寡人聞之，事利國者行無邪，因貴戚者名不累⑦。故寡人願慕公叔之義，以成胡服之功。使緤謁之叔，請服焉。」

注釋

　　①王孫緤（ㄒㄧㄝˋ）：趙國貴族。公子成：趙肅侯之子，趙武靈王之弟。
　　②親：父母。
　　③誼：通「義」，道理。
　　④經：準則。
　　⑤論：考慮。賤：用作名詞，地位卑賤者。
　　⑥信：使……信守。貴：地位尊貴的人。
　　⑦因：倚靠，借助。累：損害。

譯文

　　趙武靈王於是就改穿胡人服裝。派王孫緤告訴公子成說：「寡人改穿胡服並且將要穿這種衣服坐朝，也想讓叔父穿上這種服裝。家中的事情聽從父母的吩咐，國家的事情聽從君王的命令，這是從古至今公認的正確行為；做兒子的不能違背父母的意願，做臣子的不能違背國君的命令，這

是先王以來普遍適用的道理。現在寡人下令改穿胡服而叔父不穿，我擔心天下人會議論這件事。治理國家有一定的法則，以有利於民眾為根本；施政有一定的準則，以能夠執行命令為最好。所以，要修明朝廷的德政在於考慮地位卑賤的民眾，施政在於使地位尊貴的人信守。現在改穿胡服的意思，並不是以此來滿足欲望、娛樂心志。凡事皆有起因，只要有了開始，成功就有了基礎。事業成就，功名樹立，然後德政就會顯現出來。現在寡人擔心叔父違背施政的準則，而附和公族反對改穿胡服的議論。況且寡人聽到這樣的話，事情有利於國家就要堅決執行不要偏邪，倚靠貴戚辦事名聲不會受到損害。所以寡人希望仰仗公叔的義行，以成就改穿胡服的功業。派王孫緤去拜見叔父，請叔父改穿胡服吧。」

原文

公子成再拜曰：「臣固聞王之胡服也，不佞寢疾①，不能趨走，是以不先進。王今命之，臣固敢竭其愚忠。臣聞之，中國者，聰明睿知之所居也，萬物財用之所聚也，賢聖之所教也，仁義之所施也，《詩》、《書》、《禮》、《樂》之所用也，異敏技藝之所試也，遠方之所觀赴也，蠻夷之所義行也②。今王釋此，而襲遠方之服，變古之教，易古之道，逆人之心，畔學者③，離中國④，臣願大王圖之。」

注釋

①寢疾：臥病在床。
②義：通「儀」，法則，榜樣。
③畔：通「叛」，違背。
④離：畔，違。

譯文

公子成再一次拜謝說：「我本來聽說君王改穿胡服了，可是不才因為臥病在床，不能趨步快走去拜見君王，所以沒有事先進言。君王現在下了命令，我竭盡我的一點愚忠。我聽說，中原地方，是聰明有遠見的人居住的地方，是萬物財用聚積的地方，是聖賢教化的地方，是仁義施行的地方，《詩》、《書》、《禮》、《樂》的教化在這裡推行，奇異精巧技能

在這裡得以施展，是遠方國家觀摩嚮往的地方，是四方少數民族效法的地方。現在君王放棄這些固有的東西，而要實行胡服，改變自古以來的教化，更換自古以來的道理，違背人們的心意，背離聖賢的教誨，背離中原的風俗，我希望大王考慮這件事。」

原文

使者報王。王曰：「吾固聞叔之病也。」即之公叔成家，自請之曰：「夫服者，所以便用也；禮者，所以便事也。是以聖人觀其鄉而順宜，因其事而制禮，所以利其民而厚其國也。被髮文身，錯臂左衽，甌越之民也①。黑齒雕題②，鯷冠秫縫③，大吳之國也。禮服不同，其便一也。是以鄉異而用變，事異而禮易。是故聖人苟可以利其民，不一其用；果可以便其事，不同其禮。儒者一師而禮異，中國同俗而教離，又況山谷之便乎！故去就之變④，知者不能一；遠近之服，聖賢不能同。窮鄉多異，曲學多辯，不知而不疑，異於己而不非者，公於求善也。今卿之所言者，俗也。吾之所言者，所以制俗也。今吾國東有河、薄洛之水，與齊、中山同之，而無舟楫之用⑤。自常山以至代、上黨，東有燕、東胡之境，西有樓煩、秦、韓之邊，而無騎射之備。故寡人且聚舟楫之用，求水居民，以守河、薄洛之水；變服騎射，以備燕、三胡、秦、韓之邊。且昔者簡主不塞晉陽，以及上黨，而襄主兼戎取代，以攘諸胡⑥，此愚知之所明也。先時中山負齊之強兵，侵掠吾地，係累吾民⑦，引水圍鄗，非社稷之神靈，即鄗幾不守。先王忿之，其怨未能報也。今騎射之服，近可以備上黨之形，遠可以報中山之怨。而叔也順中國之俗⑧，以逆簡、襄之意⑨，惡變服之名⑩，而忘國事之恥，非寡人所望於子！」公子成再拜稽首曰：「臣愚不達於王之議，敢道世俗之聞。今欲繼簡、襄之意，以順先王之志，臣敢不聽令。」再拜，乃賜胡服。

注釋

①甌（ㄡ）越：我國古代少數民族名。

②黑齒：用草汁染黑牙齒。雕題：在額上刺畫花卉，塗以丹青。題，額。

③鯷（ㄊㄧˊ）冠：用鯷魚皮做的帽子。秫（ㄕㄨˊ）縫：指縫紉粗

拙。秫，長針。

　　④去：離開，引申為捨棄。就：靠近，引申為採用。

　　⑤舟檝（ㄐㄧˊ）：船隻。檝，通「楫」，船槳。

　　⑥攘（ㄖㄤˇ）：卻，抗擊。

　　⑦係累：捆綁，擄掠。

　　⑧順：因襲。俗：舊習。

　　⑨逆：違背。意：遺願，遺志。

　　⑩惡：討厭，反對。名：命令。

譯文

　　使者把公子成的情況報告給趙武靈王。武靈王說：「我本來就聽說叔父生病了。」立刻前往公叔成家，親自告訴公叔成說：「服裝，是為了穿著方便；禮節，是為了辦事方便。因此，聖人考察當地的風俗而因地制宜地製作服裝，根據行事的便利而制定禮儀，這是利國利民的措施。披散著頭髮，身刺花紋，站立時兩臂交叉並向左掩衣襟，這是甌越民族的風俗禮儀。用草汁染黑牙齒，在額上刺畫花卉塗以青丹，用鯰魚皮做帽子，縫紉粗拙，這是吳國的風俗和禮儀。他們的禮節服飾雖然不一樣，但是在方便民眾上卻一致。所以地區不同，用的衣服器物就改變；事情不同禮節就有所差異。因此，聖人治國，只要可以便利民眾，就不強行統一他們的衣服和器物；如果可以便於行事，就不統一他們的禮節。儒家學者都以孔子為先師而禮節不同，中原各國風俗相同而政教法令都有分歧，又何況地處偏僻山區，更應該考慮便於行事了！所以對禮俗的捨棄或採用，就是很聰明的人也不能把它統一；邊遠和中原地區的服飾，就是聖賢也不能使它相同。窮鄉僻壤多異俗，邪僻學說多辯論。不知道的就不要隨便懷疑，和自己意願不符合的不應隨便非議它，這才是出於公心追求美好的辦法。現在您所講的是風俗，而我所講的是駕馭風俗。現在我國東部有黃河、薄洛之水，是與齊國、中山國共有的水域，可是我們並沒有水軍巡邏。從常山到代郡、上黨，東有燕國、東胡的邊境，西有樓煩、秦國、韓國的邊境，而沒有騎射的防備。所以寡人聚集船隻所用的物品，尋找熟水性的居民，以便守衛黃河、薄洛之水；改變服裝學習騎馬射箭，來防守燕國、三胡、秦國、韓國的邊境。況且從前簡子不堵塞晉陽，使它直通上黨，襄子兼併西

戎奪取代地，以抗擊各個胡人部族，這是我知道得明明白白的事情。前些時候中山倚仗齊國強大的軍隊，侵掠我國領土，俘獲我國民眾，引水圍困鄗邑，不是社稷神靈的保佑，那麼鄗邑幾乎不能堅守。先王對此很忿怒，他的怨恨一直沒有報。現在改穿胡服，學習騎射，近可以防守上黨這樣形勢險要的地方，遠可以報復中山之仇。可是叔父卻要因襲中原的舊習而違背簡子、襄子的遺願，討厭改穿胡服的命令，而忘記了國事的羞恥，這不是寡人期望您做的事情！」公子成再拜叩頭行禮說：「我很愚笨，不瞭解您的謀略，我竟說了一些俗人之聞。現在您想要繼承簡、襄二主的遺志，順應先王的志向，我怎敢不聽從命令。」公子成向趙武靈王再一次拜謝，趙王賜給他胡服。

原文

　　趙文進諫曰[1]：「農夫勞而君子養焉[2]，政之經也。愚者陳意而知者論焉[3]，教之道也。臣無隱忠，君無蔽言[4]，國之祿也[5]。臣雖愚，願竭其忠。」王曰：「慮無惡擾，忠無過罪，子其言乎。」趙文曰：「當世輔俗[6]，古之道也。衣服有常，禮之制也。循法無怨[7]，民之職也。三者，先聖之所以教。今君釋此，而襲遠方之服，變古之教，易古之道，故臣願王之圖之。」

　　王曰：「子言世俗之聞。常民溺於習俗，學者沉於所聞。此兩者，所以成官而順政也，非所以觀遠而論始也[8]。且夫三代不同服而王，五伯不同教而政。知者作教[9]，而愚者制焉[10]。賢者議俗，不肖者拘焉。夫制於服之民，不足與論心；拘於俗之眾，不足與致意。故勢與俗化，而禮與變俱，聖人之道也。承教而動，循法無私，民之職也。知學之人，能與聞遷；達於禮之變，能與時化。故為己者不待人，制今者不法古[11]，子其釋之。」

注釋

　　①趙文：趙國貴族。
　　②養：供養。
　　③論：論定，評定。
　　④蔽：堵塞。

⑤祿：福。

⑥當：順應。

⑦愆（ㄑㄧㄢ）：過失。

⑧觀遠：高瞻遠矚。論始：創造革新。

⑨教：法令，政令。

⑩制：束縛，受制約。

⑪法：效法。

譯文

　　貴族趙文進諫說：「農夫從事勞作、供養君子，這是天經地義的。愚笨的人陳述自己的意願而由聰明的人來評定，這是教化的常規。臣下不隱匿忠心，君王不阻塞言路，這是國家的幸福。我雖然愚笨，願意竭盡忠心。」趙武靈王說：「考慮問題不要厭惡不同意見的擾亂，臣下盡忠不應責備他失當之罪，您還是說吧。」趙文說：「順應時代附和風俗，這是從古以來的道理。衣服有一定的規格，這是禮儀上制定的。遵循古法，不犯錯誤，這是民眾的職守。這三種道理，是先代聖明君主用來教導後王的。現在大王您放棄這些，而襲用遠方的服式，改變古代的教化，變革古代的道理，所以我希望大王好好考慮這件事。」

　　武靈王說：「您說的話都是世俗的見聞。一般百姓沉迷於舊的風俗習慣，有學問的人沉迷於所見所聞。這兩種人，堅持職守、依從政令辦事是可以的，讓他們高瞻遠矚、創造革新就不成。再說夏、商、周三代服式雖然不同，卻都統一了天下；五霸雖然教化不同，卻都能在天下推行政令。聰明的人製作教化，而愚笨的人卻把它看成定制。賢明的人移風易俗，愚蠢的人只知因循守舊。那些受事物限制而不知變通的人，不能和他們深切交談；那些被舊的禮俗束縛而抱殘守缺的人，不能和他們徹底論事。所以時勢與風俗一起變化，禮法也隨著一起改變，這是聖人治國的辦法。秉承教令而行動，遵守法令而沒有私心，這是民眾的職分。聰明有才學的人，能夠隨著見聞改變；通達禮儀變化的人，能夠隨著時勢的發展一起變化。所以，那些為了實現自己理想而奮鬥的人，他們不能等待別人，那些治理當世的人不能效法古人，您還是放寬心吧。」

原文

　　趙造諫曰①：「隱忠不竭，奸之屬也②。以私誣國，賊之類也。犯奸者身死，賊國者族宗③。有此兩者，先聖之明刑，臣下之大罪也。臣雖愚，願盡其忠，無遁其死④。」王曰：「竭意不諱，忠也。上無蔽言，明也。忠不辟危⑤，明不距人⑥。子其言乎！」

　　趙造曰：「臣聞之，聖人不易民而教⑦，知者不變俗而動⑧。因民而教者，不勞而成功⑨；據俗而動者，慮徑而易見也⑩。今王易初不循俗，胡服不顧世，非所以教民而成禮也。且服奇者志淫，俗辟者亂民⑪。是以蒞國者不襲奇辟之服⑫，中國不近蠻夷之行，非所以教民而成禮者也。且循法無過，修禮無邪，臣願王之圖之。」

注釋

　　①趙造：趙國貴族。
　　②屬：類。
　　③族宗：古代一種酷刑，殺死犯罪者的家族。族，滅；宗，宗族。
　　④遁：逃避。
　　⑤辟：通「避」。
　　⑥距：通「拒」。
　　⑦易民：改變民眾的要求。教：教化。
　　⑧動：治理。
　　⑨勞：費。
　　⑩徑：易，方便。
　　⑪辟：通「僻」。
　　⑫蒞：臨。襲：襲用，採用。

譯文

　　趙造進諫說：「臣下隱匿忠心不竭盡全力，是奸佞一類的行為。以私利而加害國家，是蠹賊一類的行為。奸臣應該處死，害國者應當滅族。有以上兩種情況的人，先王明確規定要對他們用刑，因為這是臣下的大罪。我雖然愚笨，願意竭盡忠心，不逃避死亡。」武靈王說：「竭盡忠心無所隱諱，這是忠臣。君王不阻塞言路，這是賢明。臣下盡忠就不躲避危險，

國君英明就不拒絕別人進言。您還是說吧！」

　　趙造說：「我聽說，聖人不改變民眾的要求而進行教化，聰明人不為改變舊的風俗而進行治理。依據民眾的實際情況進行教化，不費很大力量就會成功；依據風俗而治理的人，謀劃起來簡捷便當並容易見功效。現在大王改變了原來的風俗、禮法，不遵守中原的風俗，改穿胡服不顧世人的反對，這不是教化民眾而成就禮儀的辦法。況且穿奇異服裝的人心志不正，風俗怪僻使民眾迷惑。因此，君臨一國的人不採用奇異怪僻的服裝，中原人不效法蠻夷的做法，因為這不是教化民眾成就禮儀的辦法。況且遵守禮法沒有過錯，學習禮法沒有偏邪。我希望大王考慮這些事。」

原文

　　王曰：「古今不同俗，何古之法？帝王不相襲，何禮之循？宓戲、神農教而不誅，黃帝、堯、舜誅而不怒①。及至三王，觀時而制法，因事而制禮，法度制令，各順其宜；衣服器械，各便其用。故治世不必一其道，便國不必法古②。聖人之興也，不相襲而王。夏、殷之衰也，不易禮而滅。然則反古未可非，而循禮未足多也③。且服奇而志淫，是鄒、魯無奇行也；俗僻而民易④，是吳、越無俊民也。是以聖人利身之謂服，便事之謂教，進退之謂節，衣服之制，所以齊常民⑤，非所以論賢者也⑥。故聖與俗流，賢與變俱⑦。諺曰：『以書為御者，不盡於馬之情。以古制今者，不達於事之變。』故循法之功，不足以高世；法古之學，不足以制今。子其勿反也！」

注釋

　　①怒：通「努」。
　　②便：利。
　　③多：讚揚。
　　④易：輕浮，不莊重。
　　⑤齊：一致。常民：老百姓。
　　⑥論：衡量。
　　⑦俱：協調，一致。

譯文

趙武靈王說：「古代和今天風俗不相同，效法什麼古代？由五帝至三王禮法制度不相承襲，遵循什麼禮法？宓戲、神農教導民眾而不施以死刑，黃帝、唐堯、虞舜施用死刑而不株連妻子和子女。等到夏禹、商湯、周文王，觀察時勢而制定法令，根據事實而制定禮儀，制定的法度政令，各自順應時宜；服飾器械，各自便於使用。所以，治理當世不一定使法度禮儀一致，便利國家不一定要效法古人。聖人的興起，不是互相襲用舊俗而統治天下。夏朝、商朝的衰敗，不是因為改變了禮儀而滅亡。既然這樣，那麼反對古代的法度禮儀不可非難，而遵循古代的禮法不值得稱讚。況且，如果服飾新奇就會心志不正，那麼鄒、魯這樣遵守古禮的國家就不會有奇異不正的違禮行為；如果風俗僻異而民眾就會輕浮散漫，那麼吳、越兩國就不會有傑出之士。所以，聖人為了有利於身體才製作了衣服，為了便於行事，才進行了教化。送往迎來的禮節，衣服方面的型制，是為了讓普通老百姓取得一致的，而不是用來衡量賢者的。所以，聖人治國與客觀情況一致；賢人治國與變化了的情況相協調。俗話說：『按照書本上的方法去駕馬車，就不可能完全瞭解馬的性情，充分發揮馬的能力。而根據古代禮法來治理現代的國家，就不可能符合變化了的情況，也不可能把國家治理好。』因此，遵循古法的結果，不可能創新，超過現世；效法古人的禮法，不能夠治理好現代的國家。您還是不要反對胡服騎射吧！」

平原君謂馮忌

原文

平原君謂馮忌曰：「吾欲北伐上黨，出兵攻燕，何如？」馮忌對曰：「不可。夫以秦將武安君公孫起乘七勝之威[①]，而與馬服之子戰於長平之下，大敗趙師，因以其餘兵，圍邯鄲之城。趙以七敗之餘，收破軍之敝守，而秦罷於邯鄲之下[②]，趙守而不可拔者，以攻難而守者易也。今趙非有七克之威也[③]，而燕非有長平之禍也。今七敗之禍未復，而欲以罷趙攻強燕，是使弱趙為強秦之所以攻，而使強燕為弱趙之所以守。而強秦以休兵承趙之敝[④]，此乃強吳之所以亡，而弱越之所以霸。故臣未見燕之可以

攻也。」平原君曰：「善哉！」

注釋

①威：勢。
②罷：通「疲」，困。
③克：勝。
④敝：疲。

譯文

平原君對馮忌說：「我想北攻上黨，出兵攻燕，您看怎麼樣？」馮忌回答說：「不可以。當初秦將武安君白起趁七次戰勝趙兵的威勢，與馬服君之子趙括在長平城下大戰，把趙國的軍隊打得大敗，又以其餘兵力包圍了趙都邯鄲。趙國用七戰七敗的餘兵，收集殘兵敗將守衛邯鄲城，然而秦國的攻城部隊卻在邯鄲城下被弄得疲倦不堪。趙國堅守不可攻破的緣故，是因為攻城困難防守容易。現在趙國沒有七勝的威勢，燕國也沒有長平之戰的禍患。現在趙國七敗的士兵尚未恢復元氣，卻想要用疲倦的趙國去攻打強大的燕國，這是使弱小的趙國做強秦那種攻打邯鄲一樣的事情，而使強大的燕國做弱趙那種守衛邯鄲一樣的事情。而強大的秦國用休整的士兵趁著趙國破敗疲倦突然打過來，這就是強大的吳國當初之所以滅亡，而弱小的越國之所以稱霸的原因。所以我看不出燕國是可以進攻的。」平原君說：「說得好！」

秦圍趙之邯鄲

原文

秦圍趙之邯鄲。魏安釐王使將軍晉鄙救趙。畏秦，止於蕩陰，不進。魏王使客將軍辛垣衍間入邯鄲①，因平原君謂趙王曰②：「秦所以急圍趙者，前與齊湣王爭強為帝，已而復歸帝③，以齊故。今齊已益弱。方今唯秦雄天下④，此非必貪邯鄲，其意欲求為帝。趙誠發使尊秦昭王為帝，秦必喜，罷兵去。」平原君猶豫未有所決。

注釋

①客將軍：非本國人而做將軍，故名。間：秘密。
②因：透過。
③已而：不久。
④方今：當今，現在。雄：稱雄。

譯文

　　秦軍包圍了趙國的都城邯鄲。魏國安釐王派將軍晉鄙領兵救援趙國。晉鄙懼怕秦軍，駐紮在蕩陰，不敢再前進。魏王派客籍將軍辛垣衍乘圍困不緊時秘密潛入邯鄲，透過平原君對趙孝成王說：「秦國所以急於圍困趙國的原因，是從前秦昭王和齊湣王互相爭勝稱帝，不久秦昭王取消了帝號，就是由於齊湣王廢去帝號的緣故。如今齊國已經日益衰弱。現在只有秦王能稱雄天下了，這次秦國的行動不一定是貪圖攻佔邯鄲，它的用意是想要稱帝。趙國果真派出使者尊奉秦昭王為帝，秦王一定高興，就會撤兵離邯鄲而去。」平原君猶豫不決。

原文

　　此時魯仲連適游趙①，會秦圍趙②。聞魏將欲令趙尊秦為帝，乃見平原君曰：「事將奈何矣？」平原君曰：「勝也何敢言事？百萬之眾折於外，今又內圍邯鄲而不能去③。魏王使將軍辛垣衍令趙帝秦。今其人在是，勝也何敢言事？」魯連曰：「始吾以君為天下之賢公子也，吾乃今然後知君非天下之賢公子也。梁客辛垣衍安在？吾請為君責而歸之。」平原君曰：「勝請召而見之於先生。」平原君遂見辛垣衍曰：「東國有魯連先生，其人在此，勝請為紹介而見之於將軍。」辛垣衍曰：「吾聞魯連先生，齊國之高士也④。衍，人臣也，使事有職。吾不願見魯連先生也。」平原君曰：「勝已泄之矣⑤。」辛垣衍許諾。

注釋

①適：正好，恰巧。
②會：遇到。

③去：使……去，撤離。
④高士：品德行為高尚之士。
⑤泄：洩露，透露。

譯文

　　這時候魯仲連恰巧在趙國遊歷，正遇到秦軍圍困邯鄲。聽說魏國準備讓趙國尊奉秦王為帝，就去拜見平原君說：「戰事怎麼樣了？」平原君說：「趙勝我怎麼敢談論這件事情？百萬軍隊在外面遭到損失，如今秦兵又深入國內圍困邯鄲而不能使他們撤離。魏王派將軍辛垣衍讓趙國擁戴秦王稱帝。現在這個人還在這裡，趙勝我還怎麼敢談論這件事？」魯仲連說：「最初我把您當作天下的賢明公子，我今日後才知道您不是天下的賢明公子。梁客辛垣衍在哪裡？我要替您責備他並讓他回去。」平原君說：「讓我叫他來見先生。」平原君於是會見辛垣衍說：「齊國有位魯仲連先生，這個人正在這裡，讓我介紹他會見將軍。」辛垣衍說：「我聽說魯仲連先生，是齊國品德高尚之士。我呢，只是人主的一個臣子，我出使到邯鄲，有專職在身。我不想會見魯仲連先生。」平原君說：「我已經把您的情況告訴給他了。」辛垣衍這才答應會見。

原文

　　魯連見辛垣衍而無言。辛垣衍曰：「吾視居此圍城之中者，皆有求於平原君者也。今吾視先生之玉貌①，非有求於平原君者，曷為久居此圍城之中而不去也？」魯連曰：「世以鮑焦無從容而死者②，皆非也。今眾人不知，則為一身③。彼秦者，棄禮義而上首功之國也④。權使其士⑤，虜使其民。彼將肆然而為帝，過而遂正於天下⑥，則連有赴東海而死矣⑦。吾不忍為之民也！所為見將軍者⑧，欲以助趙也。」辛垣衍曰：「先生助之奈何？」魯連曰：「吾將使梁及燕助之。齊、楚則固助之矣⑨。」辛垣衍曰：「燕則吾請以從矣。若乃梁⑩，則吾乃梁人也，先生惡能使梁助之耶？」魯連曰：「梁未睹秦稱帝之害故也，使梁睹秦稱帝之害，則必助趙矣。」

注釋

①玉貌：古代稱人容貌的敬辭。如玉體、玉趾、玉手等。

②無從容：不從容，心地狹隘。

③為一身：為個人打算。

④上：通「尚」，崇尚。

⑤權：權詐，名詞作狀語。

⑥過：甚，進一步。

⑦有：只有。

⑧所為：所以。

⑨固：本來。

⑩若乃：至於。

譯文

　　魯仲連見到辛垣衍後卻不說話。辛垣衍說：「我看住在這圍城裡的人，都是有求於平原君的。現在我觀察先生的容貌，不像是有求於平原君的人，為什麼長期住在這個圍城之中而不離開呢？」魯仲連說：「世人都以為鮑焦是因為心地狹隘才死的，其實都是不對的。現在一般人都不瞭解他，還認為他僅是為個人利益打算。秦國，是一個廢棄禮義而崇尚斬首之功的國家。用權詐的手段役使他的士兵，用對待俘虜的辦法役使他的民眾。如果秦王要肆無忌憚地自稱為帝，進一步以政令統治天下各國，那麼我魯仲連只有跳進東海自殺了。我不忍心做他的百姓！我所以會見將軍，是想借此機會幫助趙國。」辛垣衍說：「先生怎麼幫助呢？」魯仲連說：「我打算讓魏國和燕國幫助趙國。齊、楚本來就是幫助趙國的國家。」辛垣衍說：「燕國已聽從魏國約請尊秦為帝了。至於說到魏國，那麼我就是魏國人，先生怎麼能使魏國幫助趙國呢？」魯仲連說：「這是因為魏國沒有看到秦國稱帝的危害，如果使魏國看到秦國稱帝的危害，那麼它一定會幫助趙國的。」

原文

　　辛垣衍曰：「秦稱帝之害將奈何？」魯仲連曰：「昔齊威王嘗為仁義矣①，率天下諸侯而朝周。周貧且微，諸侯莫朝，而齊獨朝之。居歲餘②，

周烈王崩，諸侯皆弔，齊後往。周怒，赴於齊曰③：『天崩地坼④，天子下
席。東藩之臣田嬰齊後至，則斮之⑤。』威王勃然怒曰：『叱嗟，而母婢
也⑥。』卒為天下笑。故生則朝周，死則叱之，誠不忍其求也。彼天子固
然，其無足怪。」辛垣衍曰：「先生獨未見夫僕乎？十人而從一人者，寧
力不勝，智不若耶？畏之也。」魯仲連曰：「然梁之比於秦若僕耶？」
辛垣衍曰：「然。」魯仲連曰：「然吾將使秦王烹醢梁王⑦。」辛垣衍怏
然不悅曰⑧：「嘻，亦太甚矣，先生之言也！先生又惡能使秦王烹醢梁
王？」

注釋

①為仁義：行仁義之政。

②居：待。

③赴：通「訃」，報喪。

④崩：塌。坼（ㄔㄜˋ）：裂。

⑤斮（ㄓㄨㄛˊ）：通「斫」，斬殺。

⑥而：你的。

⑦烹醢（ㄏㄞˇ）：古代的酷刑。烹，烹煮。醢，剁成肉醬。梁王：魏
王。

⑧怏然：不高興的樣子。

譯文

辛垣衍說：「秦王稱帝的危害將會怎樣呢？」魯仲連說：「從前齊
威王推行仁義之道，率領天下諸侯去朝見周天子。當時周天子貧困而且弱
小，沒有諸侯去朝見，只有齊威王去朝見他。過了一年多，周烈王駕崩，
諸侯們都去弔唁，齊威王後到。周顯王大怒，向齊國報喪說：『天子去世
如同天塌地裂一樣，新即位的天子也睡在草席上守喪。可是東方的藩臣田
嬰竟然最後才到，該殺了你。』齊威王勃然大怒說：『呸，你媽不過是個
奴婢。』他終於被天下人所譏笑。為什麼周烈王活著的時候就去朝見他，
死後則罵他，實在是由於不堪忍受周國的苛求。天子本來是這樣的，那是
不足為怪的。」辛垣衍說：「先生難道沒有看見那奴僕嗎？他們十個人跟
從一個主人，難道是他們力量敵不過他，智慧趕不上他嗎？是因為懼怕主

人。」魯仲連說：「如此說來，魏國和秦國相比就像奴僕嗎？」辛垣衍說：「是的。」魯仲連說：「既然如此，那麼，我將讓秦王烹煮魏王把他剁成肉醬。」辛垣衍氣憤不服，很不高興地說：「呵，先生說的話也太過分了！先生又怎麼能讓秦王烹煮魏王把他剁成肉醬呢？」

原文

　　魯仲連曰：「固也，待吾言之。昔者，鬼侯、鄂侯、文王，紂之三公也。鬼侯有子而好①，故入之於紂，紂以為惡，醢鬼侯。鄂侯爭之急，辨之疾，故脯鄂侯②。文王聞之，喟然而歎，故拘之於牖里之庫百日③，而欲舍之死。曷為與人俱稱帝王，卒就脯醢之地也？齊閔王將之魯，夷維子執策而從④，謂魯人曰：『子將何以待吾君？』魯人曰：『吾將以十太牢待子之君⑤。』維子曰：『子安取禮而來待吾君？彼吾君者，天子也。天子巡狩，諸侯辟舍⑥，納筦鍵⑦，攝衽抱几，視膳於堂下，天子已食，退而聽朝也。』魯人投其籥⑧，不果納。不得入於魯，將之薛，假塗於鄒。當是時，鄒君死，閔王欲入弔。夷維子謂鄒之孤曰：『天子弔，主人必將倍殯柩⑨，設北面於南方，然後天子南面弔也。』鄒之群臣曰：『必若此，吾將伏劍而死。』故不敢入於鄒。鄒、魯之臣，生則不得事養，死則不得飯含⑩。然且欲行天子之禮於鄒、魯之臣，不果納。今秦萬乘之國，梁亦萬乘之國。俱據萬乘之國，交有稱王之名⑪，睹其一戰而勝，欲從而帝之，是使三晉之大臣不如鄒、魯之僕妾也。且秦無已而帝⑫，則且變易諸侯之大臣⑬。彼將奪其所謂不肖，而予其所謂賢；奪其所憎，而與其所愛。彼又將使其子女讒妾其諸侯妃姬，處梁之宮，梁王安得晏然而已乎？而將軍又何以得故寵乎？」

注釋

　　①子：女兒。上古時代男女通稱為子。好：貌美。《史記‧殷本紀》曰：「九侯有好女，入之紂，九侯女不喜淫，紂怒殺之，而醢九侯。」

　　②爭：諍。辨：通「辯」。脯（ㄈㄨˇ）：肉乾，這裡用作動詞，即做成肉乾。

　　③牖（一ㄡˇ）：或作「羑里」，古地名，在今河南湯陰縣北。庫：牢獄。字原作「車」，據鮑本、《史記》改。

④策：馬鞭。

⑤太牢：牛、羊、豬各一，稱太牢。

⑥諸侯辟舍：是說天子到諸侯國中，諸侯應當離開自己的宮室，讓給天子，自己避居在外。辟，通「避」。

⑦納：交出。筦鍵：鑰匙。筦，通「管」。

⑧龠：通「鑰」。

⑨倍殯柩：把靈柩換到相反的方位。古代以坐北朝南為正位，故國君的靈柩放在北面。天子來弔喪，天子要面向南，這樣就得把靈柩移到坐南朝北的方位。倍，通「背」。

⑩飯含：古代殯禮，在死者口中安放一些糧食，稱為飯；在死者口中安放玉石稱為含。

⑪交：都。

⑫無已而帝：無休止地追求稱帝。已，止。帝，稱帝。

⑬變易：撤換。

譯文

魯仲連說：「本來就是這樣，待我說明這個道理。從前，鬼侯、鄂侯、文王，是商紂王的三公。鬼侯有個女兒長得很美，就進獻給紂王，紂王認為她長得醜，把鬼侯剁成肉醬。鄂侯一再規勸紂王，極力為鬼侯辯護，紂王把他殺死後做成肉乾。周文王聽到這件事後，長歎一聲，紂王又把文王囚禁在牖里的監獄裡一百天，並且想要把他置於死地。為什麼和別人同樣號稱帝王，卻最終落到被人曬成肉乾、剁成肉醬的地步？齊閔王將要到魯國去，夷維子執鞭駕車隨行，對魯國人說：『您打算用什麼禮節接待我們的國君？』魯國人說：『我準備用牛羊豬各十頭的禮節款待您的國君。』夷維子說：『您是從哪裡擇取了這樣的禮節來款待我們的君王？我們的國君是天子。天子到諸侯國視察，諸侯要避開正殿不居，交出鑰匙，提起衣襟搬設几案，在堂下伺候天子用飯，等天子吃過飯，諸侯才能退出去處理政務。』魯國人閉門下鎖，終於不讓他入境。閔王沒有進入魯國都城，將要到薛國去，向鄒國借道。正當這個時候，鄒國國君去世，閔王想要入境弔唁。夷維子對鄒國國君的遺孤說：『天子前來弔唁，主人一定要把靈柩移到相反的方位，從朝南的方位移到朝北的方位，然後天子

才能面向南方弔唁。』鄒國的大臣們說：『一定要這樣做的話，我們就伏劍自殺。』所以閔王不敢進入鄒國。鄒國、魯國的臣子們，在國君活著的時候不能侍奉供養，在他們死後也不能舉行把米和玉放入口中的殯禮，然而當閔王想要把對待天子的禮節強加給鄒、魯兩國大臣時，他們最終不肯接受。現在秦國是個萬乘大國，魏國也是個萬乘大國，兩國都有稱王的名分。魏國看見秦國打了一次勝仗，就想要服從並尊他為帝，這是使三晉的大臣不如鄒、魯兩國的奴僕和姬妾。而且秦國無休止地要求稱帝，一旦達到目的，就會撤換諸侯國的大臣。他將要剝奪他認為不賢的人的權力，而給予他所謂的賢明的人；剝奪他所憎惡的人，而把職位給他所喜歡的人。他還要讓他的女兒和善讒言的姬妾充當諸侯的嬪妃姬妾，住在魏國的後宮裡，魏王哪裡能夠平安快樂呢？而將軍您又怎麼能得到以前那樣的恩寵呢？」

原文

於是，辛垣衍起，再拜謝曰：「始以先生為庸人，吾乃今日而知先生為天下之士也。吾請去，不敢復言帝秦。」秦將聞之，為卻軍五十里[1]。

適會魏公子無忌奪晉鄙軍以救趙擊秦，秦軍引而去[2]。於是平原君欲封魯仲連。魯仲連辭讓者三，終不肯受。平原君乃置酒，酒酣，起前以千金為魯連壽。魯連笑曰：「所貴於天下之士者，為人排患、釋難、解紛亂而無所取也。即有所取者[3]，是商賈之人也，仲連不忍為也[4]。」遂辭平原君而去，終身不復見。

注釋

①卻：退。
②引：向後退曰引。
③即：若。
④忍：能。

譯文

辛垣衍聽了這番話，趕快起身，向魯仲連拜了兩拜謝罪說：「最初我以為先生是個平庸的人，今天我才認識到先生是天下的賢士。我請求離

開這裡，不敢再談奉秦為帝的事了。」秦國將領聽到這個消息，退兵五十里。

此時恰巧魏公子無忌奪得了晉鄙的軍權來援救趙國，襲擊秦軍，秦軍撤離了邯鄲。於是平原君想封賞魯仲連。魯仲連辭謝多次，始終不肯接受。平原君就設酒宴請他，酒興正酣時，平原君站起來，走到魯仲連面前，拿出千金厚禮為魯仲連祝壽。魯仲連笑著說：「一個人之所以能被天下之士看重，是因為他能夠為別人排除憂患、解除苦難、消除紛亂而不要報酬。如果要什麼酬勞，這就是做買賣的商人了，仲連我不能做這種人。」於是辭別平原君，離開邯鄲，終生沒有再來見他。

說張相國

原文

說張相國曰①：「君安能少趙人②，而令趙人多君？君安能憎趙人，而令趙人愛君乎？夫膠漆，至黏也，而不能合遠；鴻毛，至輕也，而不能自舉。夫飄於清風，則橫行四海。故事有簡而功成者，因也。今趙萬乘之強國也，前漳、滏，右常山，左河間，北有代，帶甲百萬，嘗抑強齊，四十餘年而秦不能得所欲。由是觀之，趙之於天下也不輕。今君易萬乘之強趙③，而慕思不可得之小梁，臣竊為君不取也。」君曰：「善。」自是之後，眾人廣坐之中，未嘗不言趙人之長者也，未嘗不言趙俗之善者也。

注釋

①張相國：魏國人，相趙，常懷念魏國，輕視趙國。鮑彪注曰：「蓋梁人相趙，嘗懷梁而鄙趙者。」

②少：輕視。

③易：輕視。

譯文

有人遊說張相國說：「您怎麼能輕視趙國人，而又能使趙國人尊重您？您怎麼能憎惡趙國人，而又能使趙國人愛戴您呢？膠漆是最黏的東

西，可是卻不能把兩個相距很遠的東西黏合在一起；鴻毛是最輕的東西，可是不能自己舉起自己。但它飄浮在清風中，卻能在四海中橫行。所以，簡單的事情要想做成，也要借助客觀條件。現在趙國是個萬乘強國，它前面有天塹漳河、滏水，右面有險峻的常山，左面有河間那樣的糧倉，北面有代地的豐富物產，有甲兵百萬，曾經抑制過強大的齊國，四十多年來秦國不能得到它所想要得到的東西。由此看來，趙國在天下是不容輕視的。現在您卻輕視萬乘強國趙國，而愛慕思念那個不可能得到的小小魏國，我私下認為您的想法是不可取的。」張相國說：「好。」從此以後，在大庭廣眾之中，張相國沒有不談論趙國人長處的，沒有不談論趙國美好風俗的。

齊人李伯見孝成王

原文

　　齊人李伯見孝成王，成王說之①，以為代郡守。而居無幾何②，人告之反。孝成王方饋，不墮食③。無幾何，告者復至，孝成王不應。已，乃使使者言：「齊舉兵擊燕，恐其以擊燕為名，而以兵襲趙，故發兵自備。今燕、齊已合④，臣請要其敝⑤，而地可多割。」自是之後，為孝成王從事於外者，無自疑於中者⑥。

注釋

　　①說：通「悅」。
　　②居：處，就任。無幾何：沒多久。
　　③饋：進食。墮：廢，止。
　　④合：交戰。
　　⑤要：通「邀」。鮑彪注曰：「兩國戰，必有一疲，因以兵邀擊之。」敝：疲。
　　⑥中：內心。

譯文

　　齊國人李伯去見趙孝成王，孝成王很喜歡他，把他封為代郡太守。擔任太守沒多久，有人告李伯謀反。當時孝成王正在吃飯，聽到消息後，沒有中止吃飯。沒過多久，告發的人又來到孝成王面前，孝成王不理他。後來，李伯派使者向孝成王報告說：「齊國發兵攻打燕國，我擔心他們以攻燕為名，率兵偷襲趙國，所以發兵自己做好交戰的準備。現在燕、齊已經交戰，我請求率兵中途攔截疲敝的一方，這樣就可以多割取其土地。」從此之後，為孝成王在外面辦事的人，沒有在心中懷疑孝成王不信任自己的。

趙太后新用事

原文

　　趙太后新用事①，秦急攻之。趙氏求救於齊。齊曰：「必以長安君為質②，兵乃出。」太后不肯，大臣強諫③。太后明謂左右：「有復言令長安君為質者，老婦必唾其面。」左師觸龍言願見太后，太后盛氣而胥之④。入而徐趨，至而自謝，曰：「老臣病足⑤，曾不能疾走⑥，不得見久矣。竊自恕，而恐太后玉體之有所郄也⑦，故願望見太后。」太后曰：「老婦恃輦而行。」曰：「日食飲無衰乎？」曰：「恃粥耳。」曰：「老臣今者殊不欲食，乃自強步，日三四里，少益耆食⑧，和於身也⑨。」太后曰：「老婦不能。」太后之色少解。

注釋

　　①用事：執政。
　　②質：人質。
　　③強諫：極力勸諫。強：極力，一再。
　　④胥：待。
　　⑤病足：腳有毛病。
　　⑥曾：竟。
　　⑦郄（ㄒㄧˋ）：通「隙」，欠，不舒服。

⑧耆：通「嗜」。

⑨和：適。

譯文

　　趙太后剛執政，秦國急速前來攻打。趙國向齊國求救。齊國說：「必須用長安君作人質，才出兵。」趙太后不同意，大臣們一再勸諫。太后明確地對身邊的侍臣們說：「有再說讓長安君去作人質的，我一定要唾他的臉。」

　　左師觸龍說他希望謁見太后，太后怒氣衝衝地等著他。觸龍進宮以後做出快步急行的樣子，到了太后面前自己謝罪說：「老臣腳有毛病，竟不能快走，很久不能謁見太后了。我自己原諒自己，但是又擔心太后的身體有什麼不舒服，所以希望謁見太后。」太后說：「我靠車子行動。」觸龍問：「每天的飲食沒有減少吧？」太后說：「靠喝點粥罷了。」觸龍說：「老臣近來很不想吃東西，就自己勉強走走，每天走個三四里，才稍微有一點食欲，身體也感到舒適了。」太后說：「老婦不行啊。」太后臉上的怒色稍稍緩和了一些。

原文

　　左師公曰：「老臣賤息舒祺①，最少，不肖。而臣衰，竊愛憐之。願令得補黑衣之數②，以衛王宮，沒死以聞③。」太后曰：「敬諾。年幾何矣？」對曰：「十五歲矣。雖少，願及未填溝壑而托之④。」太后曰：「丈夫亦愛憐其少子乎？」對曰：「甚於婦人。」太后笑曰：「婦人異甚⑤。」對曰：「老臣竊以為媼之愛燕后賢於長安君。」曰：「君過矣⑥，不若長安君之甚。」

　　左師公曰：「父母之愛子，則為之計深遠。媼之送燕后也，持其踵為之泣，念悲其遠也，亦哀之矣。已行，非弗思也，祭祀必祝之，祝曰：『必勿使反⑦。』豈非計久長，有子孫相繼為王也哉？」太后曰：「然。」

注釋

　　①賤息：「兒子」的謙辭。

②黑衣：當時趙國宮廷衛士的制服。
③沒死：冒死。
④填溝壑：「死」的謙辭。
⑤異：特別。
⑥過：錯。
⑦反：通「返」。

譯文

　　左師公說：「我的兒子舒祺，年齡最小，不成器。可是我衰老了，很疼愛他。希望能讓他作一名宮中衛士，來保衛王宮，因此我冒著死罪來稟告太后。」太后說：「好吧。他年齡多大了？」左師公回答說：「十五歲了。雖然年紀小，但是希望在我沒死之前把他託付給您。」太后說：「男人也疼愛自己的小兒子嗎？」回答說：「比女人家疼愛得還厲害。」太后笑著說：「女人們才特別厲害呢。」左師公說：「老臣私下裡認為您疼愛燕后勝過疼愛長安君。」太后說：「您錯了，我疼愛燕后不像疼愛長安君那麼厲害。」

　　左師公說：「父母疼愛兒女，就得替他們作長遠打算。您老人家送燕后出嫁的時候，握住她的腳後跟為她哭泣，這是因為想到她離家遠嫁心中悲傷、惦念，也真是可憐她了。燕后走了以後，不是不想念她，但是每當祭祀的時候總要為她祝福，祈禱說：『一定別讓她回來。』這難道不是為她作長遠打算，希望她有子孫後代世世為王嗎？」太后說：「是的。」

原文

　　左師公曰：「今三世以前，至於趙之為趙，趙主之子孫侯者，其繼有在者乎？」曰：「無有。」曰：「微獨趙①，諸侯有在者乎？」曰：「老婦不聞也。」「此其近者禍及身，遠者及其子孫。豈人主之子孫則必不善哉？位尊而無功，奉厚而無勞而挾重器多也。今媼尊長安君之位，而封之以膏腴之地②，多予之重器，而不及今令有功於國。一旦山陵崩，長安君何以自托於趙？老臣以媼為長安君計短也，故以為其愛不若燕后。」太后曰：「諾，恣君之所使之③。」

　　於是，為長安君約車百乘質於齊④，齊兵乃出。

　　子義聞之曰：「人主之子也，骨肉之親也，猶不得恃無功之尊，無勞之奉，而守金玉之重也，而況人臣乎？」

注釋

　　①微獨：不但。
　　②膏腴：肥沃。
　　③恣：任憑。
　　④約車：準備車輛。

譯文

　　左師公說：「從現在起上推至三代以前，一直到趙氏建立趙國的時候，趙國國君的子孫封侯的，他們的繼承人還有在侯位的嗎？」太后說：「沒有。」左師公說：「不僅是趙國，其他諸侯的子孫封侯的，他們的繼承人還有在侯位的嗎？」太后說：「我沒有聽說過。」左師公說：「從近處看，這叫做禍及其身；從遠處看，這叫做禍及子孫。難道國君的子孫就一定都不好嗎？只是因為他們的地位尊貴而沒有功勳，俸祿豐厚而沒有勞績，可是卻擁有大量的貴重財寶。現在您使長安君的地位很顯貴，並且分給他肥沃的土地，又多給他貴重的財寶，假如現在不趕快讓他為國建功，有朝一日您百年之後，長安君憑什麼在趙國立足？老臣認為您老人家為長安君考慮得太短淺了，所以我認為您對他的疼愛不如對燕后。」太后說：「好吧，任憑您派他到什麼地方去。」

　　於是，為長安君準備了一百輛車到齊國去做人質，齊國的軍隊才出動。

　　趙人子義聽到這件事後說：「國君的兒子，雖然是骨肉之親，尚且不能依靠沒有功勳的高貴地位，沒有勞績的豐厚俸祿，來保住他的黃金美玉那些貴重的財寶，更何況是做臣子的呢？」

魏策

題解

　　《魏策》記載了魏國歷史上的重大事件。《文侯與虞人期獵》透過描寫魏文侯不失與虞人打獵的約定，刻畫出魏文侯誠信的人物形象。《魏文侯與田子方飲酒而稱樂》寫田子方巧諫魏文侯要關心國家大事。《魏武侯與諸大夫浮於西河》寫吳起勸諫魏武侯不要以河山之險來成就霸業。《魏公叔痤病》寫魏惠王不聽公叔痤的勸告，而使公孫鞅入秦，最終導致秦日益強大，魏日漸削弱。《蘇子為趙合縱說魏王》寫蘇秦為趙國遊說魏王參加合縱，摒棄連橫。《張儀為秦連橫說魏王》寫張儀為秦遊說魏王推行連橫之策。《史舉非犀首於王》寫因史舉在魏王面前誹謗公孫衍，公孫衍巧計使魏王不信史舉。《五國伐秦》寫在五國伐秦，無功而退。之情形下，蘇秦勸諫魏王不要與秦國講和。《魏王令惠施之楚》寫惠施巧計使楚王郊迎自己。《田需貴於魏王》寫惠施勸諫魏王寵臣田需要善待左右。《梁王魏嬰觴諸侯於范台》寫魯共公宴談四種亡國之道，並以此勸諫魏惠王。《秦敗魏於華魏王且入朝於秦》寫秦國在華陽被秦國打敗後，魏臣周訴巧諫魏王不要去朝見秦王的故事。《華軍之戰》寫孫臣以「抱薪救火」為喻，勸諫魏王取消段干崇出使秦國的計畫。《秦使趙攻魏》寫魏國以春秋時期虢虞之亡的故事勸諫趙國不要出兵攻打魏國。《白珪謂新城君》寫白珪巧諫新城君要相信自己。《芮宋欲絕秦趙之交》寫魏臣芮宋巧計斷絕秦、趙二國的邦交。《魏王欲攻邯鄲》寫季梁巧諫魏王攻打邯鄲之事，成語「南轅北轍」即出於此。《魏王與龍陽君共船而釣》寫魏王寵姬龍陽君巧諫魏王，以取得終身恩寵。

文侯與虞人期獵

原文

　　文侯與虞人期獵[①]。是日，飲酒樂，天雨。文侯將出，左右曰：「今日飲酒樂，天又雨，公將焉之？」文侯曰：「吾與虞人期獵，雖樂，豈可

不一會期哉！」乃往，身自罷之^②。魏於是乎始強。

（注釋）

①虞人：掌管山澤的官。期獵：約定時間打獵。
②罷：通「疲」。

[譯文]

　　魏文侯和管山澤的人約好一同去打獵。到了約定的那天，魏文侯喝酒喝得很高興，天又下著雨。魏文侯準備出發，左右的大臣說：「今天飲酒很快樂，天又下著雨，您準備到哪裡去呢？」魏文侯說：「我同管山澤的人約好一同去打獵，雖然現在很快樂，怎麼可以不去赴約呢！」於是就去了，把自己弄得很疲憊。魏國從此強盛起來了。

魏文侯與田子方飲酒而稱樂

[原文]

　　魏文侯與田子方飲酒而稱樂^①。文侯曰：「鐘聲不比乎^②？左高。」田子方笑。文侯曰：「奚笑？」子方曰：「臣聞之，君明則樂官，不明則樂音。今君審於聲^③，臣恐君之聾於官也。」文侯曰：「善，敬聞命。」

（注釋）

①田子方：名無擇，學於子貢，為魏文侯師。稱樂：舉樂，張樂。
②比：和諧，協調。
③審：瞭解。

[譯文]

　　魏文侯和田子方一邊飲酒，一邊聽音樂。魏文侯說：「鐘聲不協調了吧？左面的聲音高。」田子方笑了起來。魏文侯說：「為什麼笑？」田子方說：「我聽說，國君英明就關心國家政事，不英明就偏愛音樂。現在

您對音樂瞭解得很清楚，我擔心您在政事方面一無所知啊。」魏文侯說：
「好，敬尊您的指教。」

魏武侯與諸大夫浮於西河

原文

　　魏武侯與諸大夫浮於西河，稱曰①：「河山之險豈不亦信固哉！」
王錯侍坐曰：「此晉之所以強也。若善修之，則霸王之業具矣。」吳起
對曰：「吾君之言，危國之道也；而子又附之②，是重危也。」武侯忿然
曰：「子之言有說乎？」吳起對曰：「河山之險，信不足保也③；且伯王
之業，不從此也。昔者，三苗之居，左彭蠡之波，右洞庭之水，汶山在其
北，而衡山在其南，恃此險也，為政不善，而禹放逐之。夫夏桀之國，左
天門之陰，而右天溪之陽，廬、睪在其北，伊、洛出其南，有此險也，然
為政不善，而湯伐之。殷紂之國，左孟門而右漳、釜，前帶河④，後被山
⑤，有此險也，然為政不善，而武王伐之。且君親從臣而勝降城⑥，城非不
高也，人民非不眾也，然而可得併者，政惡故也。從是觀之，地形險阻奚
足以霸王矣⑦！」武侯曰：「善。吾乃今日聞聖人之言也！西河之政，專
委之子矣。」

注釋

　　①稱：稱讚，誇耀。
　　②附：附和。
　　③保：保障，猶言倚靠，屏障。
　　④帶：繞。
　　⑤被：靠。
　　⑥降：攻克。
　　⑦奚：怎麼。

譯文

　　魏武侯與大夫們一起在西河上蕩舟遊玩，魏武侯誇耀說：「河山形

勢這樣險阻，國家豈不是很鞏固嗎？」王錯陪坐說：「這就是晉國強大的原因。如果好好地修築它們，那麼成就霸王之業的條件就具備了。」吳起回答說：「我們國君的話，是危及國家的辦法；而您又附和他，這是加重危險啊。」魏武侯生氣地說：「您說這話，有什麼道理可以講一講嗎？」吳起回答說：「河山的險要，實不能作為依靠；況且成就霸業，也不是從這裡產生。從前，三苗居住的地方，左有彭蠡湖，右有洞庭湖，岷山在它的北面，衡山在它的南面，憑藉這些險塞，卻不能很好地治理政事，大禹放逐了他們。夏桀的國家，左靠天井關的北歧，右達天溪的南岸；盧山、睪山在它的北面，伊水、洛水在它的南部流過，有這樣的險塞，然而不能很好地治理政事，商湯征伐了它。殷紂王的國家，左有孟門，右有漳水、滏水，前面有黃河，後有太行山，有這樣的險塞，然而不能很好地治理政事，周武王征伐了它。況且大王親自和我一起攻克過敵人的城邑，他們的城牆並非不高，百姓並非不多，然而卻被兼併了，這是因為為政不良的緣故。由此看來，地形的險阻怎麼能夠用來成就霸王之業呢！」魏武侯說：「對。我今天聽到聖人的話了！西河地方的政事，我就專門委託給您了。」

魏公叔痤病

原文

　　魏公叔痤病，惠王往問之。曰：「公叔病，即不可諱[1]，將奈社稷何？」公叔痤對曰：「痤有御庶子公孫鞅，願王以國事聽之也。為弗能聽，勿使出竟[2]。」王弗應，出而謂左右曰：「豈不悲哉！以公叔之賢，而謂寡人必以國事聽鞅，不亦悖乎[3]！」

　　公孫痤死，公孫鞅聞之，已葬，西之秦，孝公受而用之。秦果日以強，魏日以削。此非公叔之悖也，惠王之悖也。悖者之患，固以不悖者為悖。

注釋

　　①即：如果。不可諱：「死」的婉辭。鮑彪注曰：「死者，人之所不能

避，故云。」

　　②竟：通「境」。

　　③悖：亂，惑，糊塗。

譯文

　　魏國的公叔痤病重，魏惠王前去問候他。說：「您病重，如果有什麼不幸，國家將怎麼辦呢？」公叔痤回答說：「我有一個家臣叫公孫鞅，希望大王在國事上聽從他，假如不能聽從，一定不要讓他離開魏國。」魏惠王沒有答應，出來後對左右大臣說：「難道不可悲嗎！憑公叔痤的賢能，卻對我說在國事上一定要聽從公孫鞅的，豈不太糊塗了！」

　　公叔痤死了，公孫鞅聽到後，埋葬完公叔痤，就向西去了秦國，秦孝公接納並重用了他。秦國果然一天比一天強盛，魏國卻一天比一天削弱。這不是公叔痤的糊塗，而是魏惠王的糊塗。糊塗人的禍患，就在於把不糊塗的看成是糊塗的。

蘇子為趙合從說魏王

原文

　　蘇子為趙合從，說魏王曰：「大王之地，南有鴻溝、陳、汝南、許、鄢、昆陽、邵陵、舞陽、新郪，東有淮、潁、沂、黃、煮棗、海鹽、無疏，西有長城之界，北有河外、卷、衍、燕、酸棗，地方千里。地名雖小，然而廬田廡舍，曾無所芻牧牛馬之地①。人民之眾，車馬之多，日夜行不休已，無以異於三軍之眾，臣竊料之，大王之國，不下於楚。然橫人謀王，外交強虎狼之秦，以侵天下，卒有國患，不被其禍②。夫挾強秦之勢③，以內劫其主③，罪無過此者。且魏，天下之強國也；大王，天下之賢主也。今乃有意西面而事秦，稱東藩④，築帝宮⑤，受冠帶⑥，祠春秋⑦，臣竊為大王愧之⑧。

注釋

　　①曾：竟然。芻：餵牛馬的草。牧：放牧。

②被：遭。

③劫：威脅，脅迫。

④藩：藩國，古代稱臣服的國家叫藩國。

⑤築帝宮：為秦王建築行宮。鮑彪注：「為秦築宮，備其巡幸。」

⑥受冠帶：接受秦王賜給的服飾。鮑彪注：「受服於秦。」

⑦祠春秋：春秋兩季給秦國納貢，以助秦國祭祀之用。

⑧愧：慚愧，羞愧。

譯文

　　蘇秦替趙國推行合縱，遊說魏王說：「大王的土地，南有鴻溝、陳、汝南、許、鄢、昆陽、邵陵、舞陽、新郪，東有淮河、潁水、沂水、黃、煮棗、海鹽、無疏，西有長城為邊界，北面有河外、卷、衍、燕、酸棗，土地方圓千里。國土名義上雖小，然而田舍相間，竟沒有可以割草放牧牛馬的地方。百姓之眾，車馬之多，晝夜往來無休止，同三軍士卒行軍沒什麼兩樣，我暗自考慮，大王的國家，不在楚國之下。然而主張連橫的人為大王謀劃，外交強大的虎狼之國秦國，來侵奪天下，最終產生了國家的禍患，他們自己卻遭受不到禍害。他們倚仗強秦的勢力，在國內脅迫他們的國君，罪過沒有比這再大的了。況且魏國是天下的強國；大王是天下賢君。現在竟然有意面向西而服事秦國，稱為秦國東面的藩國，為秦王修築行宮，接受秦國的冠帶制度，貢奉秦國，以助舉行四季祭祀，我私自替大王您感到慚愧。

原文

　　「臣聞越王勾踐以散卒三千，禽夫差於干遂①；武王卒三千人，革車三百乘，斬紂於牧之野。豈其士卒眾哉？誠能振其威也。今竊聞大王之卒，武力二十餘萬②，蒼頭二十萬③，奮擊二十萬，廝徒十萬④，車六百乘，騎五千匹。此其過越王勾踐、武王遠矣！今乃劫於辟臣之說，而欲臣事秦。夫事秦必割地效實⑤，故兵未用而國已虧矣⑥。凡群臣之言事秦者，皆奸臣，非忠臣也。夫為人臣，割其主之地以求外交，偷一旦之功而不顧其後⑦，破公家而成私門，外挾強秦之勢以內劫其主，以求割地，願大王之熟察之也。

注釋

①禽：通「擒」。
②武力：武卒，武士。
③蒼頭：指用青巾裹頭的士兵。
④廝徒：雜役。
⑤效：獻。
⑥虧：損，削弱。
⑦偷：苟且。

譯文

「我聽說越王勾踐靠三千沒有戰鬥力的士卒，在干遂擒獲了吳王夫差；周武王率領三千名士卒，兵車三百輛，在牧野斬殺了殷紂王。難道是他們的士卒多嗎？實在是因為這些士卒能夠振奮自己的威勢。我聽說大王的士卒，有武士二十多萬，青巾裹頭的士卒二十萬，勇士二十萬，做雜役的士卒十萬，戰車六百輛，坐騎五千匹。這些已經遠遠超過了越王勾踐、周武王！現在竟然被邪僻之臣的說教所脅迫，而要像做臣子那樣服事秦國。事奉秦國一定會割讓土地、進獻名器重寶，所以，沒等打仗，國家就已經削弱了。凡是群臣之中說事奉秦國的，都是奸臣，而不是忠臣。做臣子的，割讓他們國君的土地來求得與外國交好，苟且竊取一時的功績而不考慮後果，損害國家而去成就自己私家，憑藉國外強秦的勢力在國內脅迫自己的國君，割地來求得苟安，希望大王仔細審察他們。

原文

「《周書》曰：『綿綿不絕①，縵縵奈何②？毫毛不拔，將成斧柯③。』前慮不定，後有大患，將奈之何？大王誠能聽臣，六國從親，專心並力，則必無強秦之患。故敝邑趙王使使臣獻愚計，奉明約，在大王詔之④。」魏王曰：「寡人不肖，未嘗得聞明教。今主君以趙王詔詔之⑤，敬以國從。」

①綿綿：軟弱，細微，此指細細的藤蔓。

②縵：通「蔓」。

③斧柯：斧柄。

④在：隨，任。

⑤主君：對蘇秦的尊稱。

譯文

「《周書》上說：『蔓藤細細不斷，蔓延起來對它又能怎麼樣呢？剛剛萌芽的小樹如不被拔掉，就將成為製作斧柄的材料。』事前疑慮拿不定主意，以後必有大的禍患，那時將怎麼辦呢？大王如果真能聽從我的建議，六國合縱親近，齊心協力，那麼就一定不會有強秦的禍患。所以敝國趙王派我獻上愚計，我國保證遵守合縱盟約，這一切都由大王您指示。」魏王說：「寡人不賢，不曾聽到英明的教誨。現在您把趙王的指示告訴了我，我們魏國恭敬跟隨合縱。」

張儀為秦連橫說魏王

原文

張儀為秦連橫，說魏王曰：「魏地方不至千里，卒不過三十萬，地四平，諸侯四通，條達輻湊[1]，無有名山大川之阻。從鄭至梁，不過百里；從陳至梁，二百餘里；馬馳人趨，不待倦而至梁。南與楚境[2]，西與韓境，北與趙境，東與齊境，卒戍四方，守亭障者參列[3]，粟糧漕庾[4]，不下十萬。魏之地勢，故戰場也[5]。魏南與楚而不與齊[6]，則齊攻其東；東與齊而不與趙，則趙攻其北；不合於韓，則韓攻其西；不親於楚，則楚攻其南，此所謂四分五裂之道也。

注釋

①條達輻湊：猶言各諸侯國像樹枝一樣分佈在魏國的周圍，到魏國去就像車輻連接車轂一樣直接。鮑彪注：「如木枝分佈，而四方湊之，如輻於

轂。」

②境：接界，接壤。

③參：分。列：散佈。

④漕：水道運糧。庾（ㄩˇ）：露天的糧倉。此指水道運糧的糧倉。

⑤故：通「固」。

⑥與：聯合。

譯文

　　張儀為秦國推行連橫，遊說魏王說：「魏國土地，方圓不到千里，士卒不超過三十萬，地勢四面平坦，四方與諸侯通達，各諸侯國像樹枝一樣分佈在魏國周圍，到魏國去就像車輻連接車轂一樣直接，沒有名山大川的阻擋。從鄭國到魏國，不超過百里；從陳國到魏國，僅二百多里；馬馳人跑，不等疲倦就到了魏國。魏國南面與楚國接境，西面與韓國接境，北面與趙國接境，東面與齊國接境，士卒要戍守四方的邊界，守衛邊境堡壘的士兵分散各處，水道運糧的糧倉不下十萬個。魏國的地理形勢，本來就是一個戰場。魏國向南聯合楚國而不聯合齊國，那麼齊國進攻它的東面；東面聯合齊國而不聯合趙國，那麼趙國進攻它的北面；不同韓國聯合，那麼韓國就進攻它的西面；不親近楚國，楚國就進攻它的南面，這就是所說的四分五裂啊！

原文

　　「且夫諸侯之為從者，以安社稷、尊主、強兵、顯名也。合從者，一天下①，約為兄弟，刑白馬以盟於洹水之上，以相堅也。夫親昆弟、同父母尚有爭錢財，而欲恃詐偽反覆蘇秦之餘謀，其不可成亦明矣。大王不事秦，秦下兵攻河外，拔卷、衍、燕、酸棗，劫衛取晉陽，則趙不南②；趙不南則魏不北，魏不北則從道絕，從道絕，則大王之國欲求無危不可得也。秦挾韓而攻魏，韓劫於秦，不敢不聽。秦、韓為一國，魏之亡可立而須也③，此臣之所以為大王患也。為大王計，莫如事秦，事秦則楚、韓必不敢動；無楚、韓之患，則大王高枕而臥，國必無憂矣。

注釋

①一：聯合。

②不南：不會向南援助。

③須：待。

譯文

「況且諸侯進行合縱，是為安定國家、使國君尊貴、使軍隊強大、使名聲顯赫。合縱，就是要聯合各諸侯國，訂立盟約結成兄弟之國，在洹水之上殺白馬盟誓，來表示彼此堅守盟約。但親兄弟、同父母尚且有爭奪錢財的，而要憑藉欺詐、虛偽、反覆無常的蘇秦的合縱的策謀，不能成功是顯而易見的。大王不服事秦國，秦國發兵進攻河外，攻取卷、衍、燕、酸棗，威脅衛國攻取晉陽，那麼趙國就不會向南援助；趙國不向南援助，魏國就不會向北聯合；魏國不向北聯合，合縱的道路就斷絕了，合縱的道路斷絕，那麼大王的國家想要沒有危險是不可能的了。秦國脅迫韓國進攻魏國，韓國被秦國所逼迫，不敢不聽從。秦、韓成為一個國家，魏國的滅亡就會馬上到來，這就是我所以替大王擔心的原因。為大王考慮，不如服事秦國，服事秦國，楚、韓一定不敢輕舉妄動；沒有楚、韓的禍患，大王就可高枕而臥，國家一定沒有什麼憂患了。

原文

「且夫秦之所欲弱莫如楚，而能弱楚者莫若魏。楚雖有富大之名，其實空虛；其卒雖眾，多然而輕走①，易北②，不敢堅戰。魏之兵南面而伐，勝楚必矣。夫虧楚而益魏，攻楚而適秦③，嫁禍安國，此善事也。大王不聽臣，秦甲出而東④，雖欲事秦而不可得也。

「且夫從人多奮辭而寡可信⑤，說一諸侯之王，出而乘其車；約一國而反，而成封侯之基。是故天下之遊士，莫不日夜扼腕、瞋目⑥、切齒以言從之便，以說人主。人主覽其辭，牽其說⑦，惡得無眩哉⑧？臣聞積羽沉舟，群輕折軸，眾口鑠金⑨，故願大王之熟計之也。」魏王曰：「寡人蠢愚，前計失之。請稱東藩，築帝宮，受冠帶，祠春秋，效河外⑩。」

注釋

①走：逃。

②北：敗。

③適：歸，附。

④甲：兵。

⑤奮辭：大話，誇誇其談。

⑥瞋（彳ㄣ）目：發怒或激憤時睜大眼睛。

⑦牽：牽制。

⑧惡：何，怎麼。眩（ㄒㄩㄢˋ）：眼花，此指迷惑，迷亂。

⑨鑠（ㄕㄨㄛˋ）：熔化金屬。

⑩效：獻。

譯文

「況且秦國想要削弱的國家，沒有比得上楚國的，而能夠削弱楚國的國家，沒有比得上魏國的。楚國雖然富有強大的名聲，實際卻很空虛；它的士卒雖然很多，但是多容易逃跑，容易敗北，不敢打硬仗。魏國的軍隊向南征伐，一定能戰勝楚國，使楚國虧損而讓魏國獲益，進攻楚國而取悅秦國，轉嫁禍患安定國家，這是一件好事。大王如果不聽從我的建議，秦國出兵向東進攻，即使想要事奉秦國也做不到了。

「況且主張合縱的人，大多只會說大話，而很少值得信賴，他們遊說一個諸侯，出來就乘上諸侯送給的車子；同一個國家締結了合縱之盟，返回本國就有了封侯的基礎。所以，天下的遊說之士，沒有不日夜把持手腕、睜大眼睛、咬牙切齒來談論合縱的好處，以此來遊說國君。國君看到他們的陳辭，被他們的說教所牽制，怎麼能不迷亂呢？我聽說羽毛積累起來能夠使船沉沒，很輕的東西，堆積起來，也能夠把車軸壓斷，眾口一詞，足可以使金屬熔化，所以希望大王仔細考慮這件事。」魏王說：「寡人愚蠢，以前的策略錯了。請允許我國向秦國稱臣，為秦王修築行宮，接受秦國的冠帶制度，進貢秦國，以助舉行春秋祭祀，進獻河外之地。」

史舉非犀首於王

　　史舉非犀首於王[1]，犀首欲窮之，謂張儀曰：「請令王讓先生以國，王為堯、舜矣；而先生弗受，亦許由也。衍請因令王致萬戶邑於先生。」張儀說[2]，因令史舉數見犀首。王聞之而弗任也，史舉不辭而去。

　　①非：通「誹」，說壞話。
　　②說：通「悅」。

　　史舉在魏王面前說公孫衍的壞話，公孫衍想要使史舉陷入困境，就對張儀說：「請讓我使魏王把魏國讓給先生，這樣魏王就成了堯、舜一樣的君主了；而先生您卻辭謝不受，也就成了許由一樣的賢人。我因此再使魏王給先生一座萬戶人家的城邑。」張儀大為高興，於是讓史舉多次去拜見公孫衍。魏王聽說史舉多次拜見公孫衍，就不再信任史舉了，史舉因此沒有告別就離開了魏國。

五國伐秦

　　五國伐秦，無功而還。其後，齊欲伐宋，而秦禁之。齊令宋郭之秦，請合而以伐宋。秦王許之。魏王畏齊、秦之合也，欲講於秦[1]。謂魏王曰：「秦王謂宋郭曰：『分宋之城，服宋之強者，六國也。乘宋之敝，而與王爭得者，楚、魏也。請為王毋禁楚之伐魏也，而王獨舉宋[2]。王之伐宋也，請剛柔而皆用之。如宋者，欺之不為逆，殺之不為仇者也。王無與之講以取地，既已得地矣，又以力攻之，期於啖宋而已矣[3]。』

　　「臣聞此言，而竊為王悲，秦必且用此於王矣，又必且困王以求地，

既已得地，又且以力攻王。又必講王，因使王輕齊，齊、魏之交已醜④，又且收齊更索於王⑤。秦嘗用此於楚矣，又嘗用此於韓矣，願王之深計之也。秦善魏不可知也已。故為王計，太上伐秦，其次賓秦⑥，其次堅約而詳講⑦，與國無相仇也。秦、齊合，國不可為也已。王其聽臣也，必無與講。

注釋

①講：通「媾」，講和。

②而：則。舉：攻取，消滅。

③啖：吃，猶言消滅。

④醜：惡。此指惡化。

⑤索：此言求地。

⑥賓：通「擯」，擯棄，對抗。

⑦詳：通「佯」，假裝。

譯文

　　韓、趙、魏、燕、齊五國聯兵伐秦，沒有戰功而還。在這之後，齊國要討伐宋國，秦國制止了它。齊國派宋郭去秦國，請求聯合進攻宋國。秦王答應了。魏王害怕齊、秦的聯合，也要同秦講和。蘇秦對魏王說：「秦國對宋郭說：『分割宋國的城邑，擊敗宋國的，是東方六國。趁宋國衰弱，而同大王爭利的，是楚、魏。請允許我們為了大王而不去阻止楚國進攻魏國，這樣大王就可以獨自攻取宋國了。大王進攻宋國，剛柔兩種手段都可以使用。像宋國這樣的國家，欺侮它不算大逆不道，攻滅它不算結仇。大王不要和宋國講和來得到土地，得到土地以後，再加強兵力進攻它，目的是最終滅掉宋國而已。』

　　「我聽了這些話，私下替大王悲哀，秦國一定會用這種方法來對待大王，也一定會使大王陷入困境來索求土地，已經獲得土地，又將用武力進攻大王。又一定會同大王講和，於是使大王輕慢齊國，齊、魏的邦交惡化後，秦國又將聯合齊國再向大王索取土地。秦國曾經對楚國用過這種策略，也曾對韓國用過這種策略，希望大王仔細考慮這件事。秦對魏友好是不可信的。所以替大王考慮，最上策是進攻秦國，其次是擯棄秦國，再次

是同盟國堅守信約而同秦國假裝講和，同其他國家彼此不結仇。秦、齊聯合，魏國就不可能保持下去了。大王還是聽我吧，一定不要同秦國講和。

原文

「秦權重，魏冉明孰，是故又為足下傷秦者，不敢顯也。天下可令伐秦，則陰勸而弗敢圖也。見天下之傷秦也，則先鬻與國而以自解也①。天下可令賓秦，則為劫於與國而不得已者②。天下不可，則先去，而以秦為上交以自重也。如是人者，鬻王以為資者也，而焉能免國於患？免國於患者，必窮三節而行其上③，上不可則行其中，中不可則行其下，下不可則明不與秦，而生以殘秦④，使秦皆無百怨百利，唯已之曾安⑤。令足下鬻之以合於秦⑥，是免國於患者之計也⑦，臣何足以當之？雖然，願足下之論臣之計也。

注釋

①鬻（ㄩˋ）：出賣。

②劫：脅迫。

③窮：研究，探究。

④生以殘秦：吳師道云：「不能伐，不能擯，又不能媾，必為秦所伐，則誓鬥而必死，不與秦俱生以殘秦。」

⑤曾：則。

⑥合：求和。

⑦是：這種。

譯文

「秦國權勢過大，魏冉明習於諸侯之事，因此即使有為您損傷秦國的，也不敢明顯地表現出來。天下諸侯可以號令攻伐秦國，就會有人暗中勸告而不敢圖謀伐秦了。看到天下諸侯損傷秦國，就先出賣盟國來自我解脫。天下諸侯能夠號令擯棄秦國，是受到盟國的脅迫而不得已響應。天下諸侯無法做到，自己就會首先背叛諸侯，而把秦國作為上等的邦交來保全自己。像這樣的人，把出賣大王作為資本，怎能免除國家的禍患呢？能使國家免除禍患的人，必須探究上、中、下三種策略，去實行上策。上策不

行，就實行中策；中策不行，就實行下策；下策不行，就明確表示與秦國決不妥協，只要活著就要消滅秦國。要使秦國不給別國造成多種怨恨，他自己也得不到各種利益，只有殺掉秦國才能安寧。讓您出賣盟國來向秦國求和，這種免除國家禍患的計策，我不知道它有什麼可取之處呢？既然如此，我還是希望大王您能考慮我的計策。

原文

「燕、齊仇國也，秦，兄弟之交也，合仇國以伐婚姻，臣為之苦矣①。黃帝戰於涿鹿之野，而西戎之兵不至；禹攻三苗，而東夷之民不起②。以燕伐秦，黃帝之所難也，而臣以致燕甲而起齊兵矣。臣又偏事三晉之吏③，奉陽君、孟嘗君、韓珉、周最、韓餘為從而下之，恐其伐秦之疑也，又身自醜於秦④。初之請焚天下秦符者，臣也；次傳焚符之約者⑤，臣也；欲使五國約閉秦關者，臣也。奉陽君、韓餘為既和矣，蘇修、朱嬰既皆陰在邯鄲⑥，臣又說齊王而往敗之。天下共講，因使蘇修遊天下之語⑦，而以齊為上交，兵請伐魏，臣又爭之以死，而果西因蘇修重報⑧。臣非不知秦權之重也，然而所以為之者，為足下也。」

注釋

①苦：難。
②不起：不起兵回應。
③偏：通「徧」，遍。
④醜：惡。
⑤傳：通，聯絡。
⑥陰：秘密。
⑦遊：宣揚。語：論。
⑧重報：因齊不伐魏，因此蘇修再報秦王。重，再。

譯文

「燕、齊是仇國，燕、齊同秦國是兄弟之國，讓燕、齊這樣的仇國聯合起來，去攻打燕國的婚姻之國秦國，我認為難以辦到。黃帝在涿鹿之野作戰，而西戎的軍隊沒有趕到；大禹攻打三苗，而東夷的百姓沒有起來回

應。使燕國進攻秦國，是黃帝也為難的事，而我可以召來燕國軍隊並使齊國起兵回應。我又輔佐侍奉三晉的大臣，跟從奉陽君、孟嘗君、韓珉、周最、韓餘為，並且列在他們之下，唯恐他們攻伐秦國疑慮不定，自身又同秦國決裂。一開始請求諸侯焚燒秦國符信以與秦國斷交的，是我；聯絡諸侯結盟的，是我；使五國結盟不與秦國通好的，也是我。奉陽君、韓餘為已經和睦了，蘇修、朱嬰已經都秘密住在了邯鄲，我又遊說齊王前去瓦解他們的合秦之約。諸侯已經和好，秦國又派蘇修宣揚諸侯的言論，而把齊國作為最好的邦交，請求發兵攻魏，我又以死去說服齊國不伐魏，蘇修終究因此西入秦國再去報告秦王。我並非不知道秦國權勢大，但我所以這樣做的原因，都是為了您啊。」

魏王令惠施之楚

原文

　　魏王令惠施之楚，令犀首之齊。鈞二子者①，乘數鈞，將測交也。施因令人先之楚，言曰：「魏王令犀首之齊，惠施之楚，鈞二子者，將測交也。」楚王聞之，因郊迎惠施②。

注釋

　　①鈞：通「均」。
　　②郊迎：國君親自到郊外迎接使節，這是尊禮。

譯文

　　魏王命惠施出使楚國，命公孫衍出使齊國。使兩人出使的車輛數相等，平均他們出使的車輛數，是要推測兩國與魏國交情的深淺。惠施於是派人先去楚，聲言說：「魏王命公孫衍出使齊國，惠施出使楚國，平均二人隨從的車輛數，將要以此來推測兩國與魏國交情的深淺。」楚王聽說後，於是到郊外迎接惠施。

田需貴於魏王

原文

田需貴於魏王[1]，惠子曰：「子必善左右[2]。今夫楊，橫樹之則生[3]，倒樹之則生，折而樹之又生。然使十人種楊，一人拔之，則無生楊矣[4]。故以十人之眾，樹易生之物，然而不勝一人者，何也？樹之難而去之易也。今子雖自樹於王，而欲去子者眾，則子必危矣。」

注釋

①貴：顯貴，此指寵信。
②善：親善。
③樹：栽種。
④生：活。

譯文

田需很受魏王的寵信，惠施說：「您對大王左右的人一定要親善。您看那楊樹，橫著栽種能活，倒著栽種能活，折一枝栽種也能活。然而讓十個人來栽種楊樹，一個人來拔掉它們，那就沒有活著的楊樹了。所以用十個人來栽種容易成活的東西，卻抵不過一個人的毀壞，為什麼呢？栽種艱難而除掉容易啊！現在您自己雖然在大王那裡得到了信任，而如果要除掉您的人很多，那麼您一定危險了。」

梁王魏嬰觴諸侯於范台

原文

梁王魏嬰觴諸侯於范台[1]。酒酣，請魯君舉觴。魯君興[2]，避席擇言曰：「昔者，帝女令儀狄作酒而美，進之禹，禹飲而甘之，遂疏儀狄，絕旨酒。曰：『後世必有以酒亡其國者。』齊桓公夜半不嗛[3]，易牙乃煎敖燔炙[4]，和調五味而進之，桓公食之而飽，至旦不覺[5]，曰：『後世必有

以味亡其國者。』晉文公得南之威⑥，三日不聽朝，遂推南之威而遠之，曰：『後世必有以色亡其國者。』楚王登強台而望崩山，左江而右湖，以臨彷徨，其樂忘死，遂盟強台而弗登，曰：『後世必有以高台陂池亡其國者。』今主君之尊，儀狄之酒也；主君之味，易牙之調也；左白台而右閭須⑦，南威之美也；前夾林而後蘭台，強台之樂也。有一於此，足以亡其國。今主君兼此四者，可無戒與！」梁王稱善相屬⑧。

注釋

①觴（ㄕㄤ）：古代飲酒器，此指宴飲。

②興：起。

③不嗛（ㄑㄧㄢ丶）：指厭食。嗛，銜在口中。

④易牙：齊桓公寵臣，善於烹飪。敖：通「熬」。燔：烤。炙：同「燔」義。皆為烹調的方法。

⑤不覺：不醒。

⑥南之威：即南威，古代美女。

⑦白台、閭須：均為美人名。

⑧屬：戒。

譯文

　　魏惠王魏嬰在范台宴請魯、衛、宋、鄭各國諸侯。當酒興正濃時，魏惠王請魯共公向諸侯祝酒。魯共公站了起來，離開座位，選擇好祝酒詞說：「從前，帝女儀狄造出味道很美的酒，進獻給禹，禹喝了認為味道甜美，就疏遠了儀狄，從此拒不喝美酒，說：『後世一定有因為飲酒亡掉他的國家的。』齊桓公夜半厭食，易牙就煎熬燒烤，調和五味做成吃的進獻給齊桓公，齊桓公吃得很飽，睡到了天明也沒有醒來，就說：『後世一定有因為美味亡掉他的國家的。』晉文公得到美人南威，三日不聽朝政，於是將南威推到一邊並疏遠她，說：『後世一定有因為女色而亡掉他的國家的。』楚王登上強台而望巫山，左有長江右有洞庭湖，居高臨下，徘徊難去，快樂得忘記了生死，於是發誓不再登臨強台，說：『後世一定有因為高台水池亡掉他的國家的。』現在憑大王您的尊貴，杯中是儀狄的美酒；您的食物，是易牙調出的美味；左有白台而右有閭須，都是南威一樣的美

女；前有夾林後有蘭台，如同登臨強台一樣的快樂。四種快樂有一種，足可以滅亡國家。現在您兼有這四種，可以不戒備嗎！」魏王連聲稱讚魯君的話，並告訴在座的諸侯要引以為戒。

秦敗魏於華魏王且入朝於秦

原文

　　秦敗魏於華，魏王且入朝於秦①。周訴謂魏王曰②：「宋人有學者，三年反而名其母③。其母曰：『子學三年，反而名我者，何也？』其子曰：『吾所賢者，無過堯、舜，堯、舜名；吾所大者，無大天地，天地名。今母賢不過堯、舜，母大不過天地，是以名母也。』其母曰：『子之於學者，將盡行之乎？願子之有以易名母也。子之於學也，將有所不行乎？願子之且以名母為後也。』今王之事秦，尚有可以易入朝者乎？願王之有以易之，而以入朝為後。」魏王曰：「子患寡人入而不出邪？許綰為我祝曰④：『入而不出，請殉寡人以頭。』」周訴對曰：「如臣之賤也，今人有謂臣曰：『入不測之淵而必出，不出，請以一鼠首為女殉者。』臣必不為也。今秦不可知之國也，猶不測之淵也；而許綰之首，猶鼠首也。內王於不可知之秦，而殉王以鼠首，臣竊為王不取也。且無梁孰與無河內急？」王曰：「梁急。」「無梁孰與無身急？」王曰：「身急。」曰：「以三者，身，上也；河內，其下也。秦未索其下⑤，而王效其上⑥，可乎？」

注釋

　　①且：將要。
　　②周訴：魏臣。
　　③反：通「返」。名其母：稱其母之名。
　　④祝：猶言發誓。
　　⑤索：索取。
　　⑥效：獻。

譯文

　　秦國在華陽打敗了魏國，魏王將要到秦國去朝見秦王。周訴對魏王說：「宋國有個求學的人，出門在外三年回來後直呼母親的名字。他的母親說：『你求學三年，回來後反而直呼我的名字，為什麼？』她的兒子說：『我所知道賢明的人，沒有超過堯、舜的了，可是人們都喊堯、舜的名字；我所知道大的事物，沒有超過天地的了，可是人們都直接叫天和地的名字。現在母親賢不過堯、舜，大不過天地，因此稱呼母親名字。』他的母親說：『你對於自己所學的，準備全都實行嗎？如果準備全都實行，我希望你換個稱呼來稱呼你母親的名字。你對於你所學的，是不是不準備都實行呢？如果不準備都實行，我希望你叫母親名字的作法往後擱一擱。』現在大王您準備朝拜秦王，是不是可以換個別的辦法呢？我希望大王能夠換個別的辦法，而把到秦國朝拜的事放在後邊。」魏王說：「您是擔憂寡人進入秦國而出不來嗎？許綰對我發誓說：『如果進去了出不來，請用我的頭為您殉葬。』」周訴回答說：「像我這樣地位低下的人，如果現在有人對我說：『進入不可測的深淵一定能出來，出不來用一個老鼠腦袋為你殉葬。』我一定不去做。如今秦國是個不可瞭解的國家，猶如不可測的深淵；而許綰的腦袋，猶如老鼠的腦袋。使大王陷入不可知的秦國，而用一個老鼠腦袋來為大王殉葬，我認為大王您是不會這樣做的。況且失去大梁與失去河內哪個更緊急呢？」魏王說：「失去大梁更緊急。」「失去大梁和失去自己的生命，哪個更緊急呢？」魏王說：「丟掉性命更緊急。」周訴說：「從這三者看，身家性命是最主要的；失去河內是最次要的。秦國還沒有索取最次要的，而大王卻獻上最主要的，可以這樣做嗎？」

原文

　　王尚未聽也①。支期曰：「王視楚王。楚王入秦，王以三乘先之；楚王不入，楚、魏為一，尚足以捍秦。」王乃止。王謂支期曰：「吾始已諾於應侯矣，今不行者欺之矣。」支期曰：「王勿憂也。臣使長信侯請無內王，王待臣也。」

　　支期說於長信曰：「王命召相國。」長信侯曰：「王何以臣也？」支期曰：「臣不知也，王急召君。」長信侯曰：「吾內王於秦者，寧以

為秦邪②？吾以為魏也。」支期曰：「君無為魏計，君其自為計。且安死乎？安生乎？安窮乎？安貴乎？君其先自為計，後為魏計。」長信侯曰：「樓公將入矣，臣今從。」支期曰：「王急召君，君不行，血濺君襟矣。」長信侯行，支期隨其後，且見王，支期先入謂王曰：「偽病乎而見之，臣已恐之矣③。」長信侯入見王，王曰：「病甚奈何？吾始已諾應侯矣，意雖道死，行乎？」長信侯曰：「王毋行矣！臣能得之於應侯④，願王無憂。」

注釋

①尚：還。

②寧：豈，難道。

③恐：恐嚇，嚇唬。

④得之於應侯：鮑彪注曰：「能使應侯止王之行。」

譯文

魏王還是不聽。支期說：「大王先看楚王。如果楚王去秦國，大王用三輛車搶在他的前面；楚王不去秦國，楚、魏聯合為一，還足可以抵抗秦國。」魏王才沒有出發。魏王對支期說：「我起初已經答應秦國應侯了，現在不去，那是欺騙人家。」支期說：「大王不要憂慮。我讓長信侯請求秦國不讓您去，大王請等我的消息吧。」

支期對長信侯說：「大王下令召見相國。」長信侯說：「大王為什麼召見我？」支期說：「我不知道，大王召您速去。」長信侯說：「我送大王去秦國，難道是為了秦國嗎？我是為了魏國。」支期說：「您不要為魏國打算了，您還是為自己考慮一下吧。您是想死？還是想活？您是想窮？還是想富？您還是先為自己打算吧，然後再為魏國打算。」長信侯說：「樓緩要來了，讓我隨他同去。」支期說：「大王緊急召見您，您不去，血就要濺到你的衣襟上了。」長信侯只好去，支期跟在他的後面，將要見到魏王，支期先走進去對魏王說：「您偽裝得了重病接見他，我已經恐嚇他一番了。」長信侯進來拜見魏王，魏王說：「病得這麼厲害，怎麼辦呢？我起初已經答應應侯了，心想即使死在道上，看來也得走了！」長信侯說：「大王不要去了！我能使應侯不讓您到秦國去，希望大王不要憂

慮。」

華軍之戰

　　華軍之戰，魏不勝秦。明年，將使段干崇割地而講。孫臣謂魏王曰：「魏不以敗之上割①，可謂善用不勝矣；而秦不以勝之上割，可謂不能用勝矣。今處期年乃欲割②，是群臣之私而王不知也。且夫欲璽者段干子也，王因使之割地；欲地者秦也，而王因使之受璽。夫欲璽者制地，而欲地者制璽，其勢必無魏矣。且夫奸臣固皆欲以地事秦。以地事秦，譬猶抱薪而救火也，薪不盡則火不止。今王之地有盡，而秦之求無窮，是薪火之說也。」魏王曰：「善。雖然，吾已許秦矣，不可以革也③。」對曰：「王獨不見夫博者之用梟邪？欲食則食，欲握則握。今君劫於群臣而許秦，因曰不可革，何用智之不若梟也？」魏王曰：「善。」乃案其行④。

注釋

①上：當時。
②期年：一週年。
③革：改，更改。
④案：止。

譯文

　　在華陽兩軍交戰時，魏國沒有戰勝秦國。第二年，魏王派段干崇去向秦國割地講和。孫臣對魏王說：「魏國不因戰敗而在當時割地，可以說善於應付失敗的局面；而秦國不因為取得勝利而在當時要求割地，可以說不善於利用取勝的時機。現在過了一年又想割地，這是群臣懷有私心而大王卻沒有發現。況且想得到秦國印璽的是段干崇，大王卻派他去割讓土地；想要得到土地的是秦國，而大王卻讓秦國授予段干崇印璽。想要得到印璽的掌管土地，想要得到土地的掌管印璽，這種形勢發展下去魏國一定要滅亡了。再說奸臣本來都想用土地去事奉秦國。用土地去事奉秦國，

猶如抱著乾柴去救火，乾柴不燒盡火就不會熄滅。現在大王的土地有割盡的時候，而秦國的貪求卻沒有止境，這同抱柴救火是一樣的。」魏王說：「對。雖然如此，但是我已經答應秦國了，不能更改了。」孫臣回答說：「大王難道沒見過賭博的人使用梟棋子嗎？想吃子就吃子，想握在手裡就握在手裡。現在您受到群臣的脅迫而答應了秦國，就說不能更改，為什麼您運用智謀還不如賭博時運用梟棋子呢？」魏王說：「好吧。」於是阻止了段干崇出使秦國。

秦使趙攻魏

原文

　　秦使趙攻魏，魏謂趙王曰：「攻魏者，亡趙之始也。昔者，晉人欲亡虞而伐虢，伐虢者，亡虞之始也。故荀息以馬與璧假道於虞[1]，宮之奇諫而不聽，卒假晉道。晉人伐虢，反而取虞[2]。故《春秋》書之，以罪虞公。今國莫強於趙，而並齊[3]、秦，王賢而有聲者相之[4]，所以為腹心之疾者，趙也。魏者，趙之虢也；趙者，魏之虞也。聽秦而攻魏者，虞之為也。願王之熟計之也。」

注釋

　　①假：借。
　　②反：通「返」。
　　③並：齊，等。
　　④有聲者：有聲望的人。

譯文

　　秦國讓趙國攻打魏國，魏國派人對趙王說：「攻打魏國，是滅亡趙國的開始。從前，晉國人想滅亡虞國而去討伐虢國，討伐虢國，是滅亡虞國的開始。從前荀息用良馬和璧玉向虞國借道，宮之奇勸諫而虞國國君不聽，最終借道給晉國。晉國人討伐虢國，回來的時候攻取了虞國。所以《春秋》記載這件事，譴責虞國國君。現在沒有哪個國家比趙國強大，其

國力可以同齊國、秦國並論，大王賢明並用有聲望的人做相國，秦國認為是心腹之患的，只有趙國。魏國，就如同趙國的虢國。趙國，就如同魏國的虞國。聽從秦國而去進攻魏國，這是同虞國借道給晉一樣的行為，希望大王仔細考慮這件事。」

白珪謂新城君

原文

白珪謂新城君曰：「夜行者能無為奸①，不能禁狗使無吠己也②。故臣能無議君於王，不能禁人議臣於君也。」

注釋

①奸：邪，惡。
②禁：止。

譯文

白珪對新城君說：「走夜路的人能夠不做壞事，卻不能禁止狗對自己的狂叫。所以我能夠做到在秦王面前不議論您，卻不能禁止別人在您面前議論我。」

芮宋欲絕秦趙之交

原文

芮宋欲絕秦①、趙之交，故令魏氏收秦太后之養地。秦王怒。芮宋謂秦王曰：「魏委國於王而王不受②，故委國於趙也。李郝謂臣曰③：『子言無秦，而養秦太后以地，是欺我也。』故敝邑收之。」秦王怒，遂絕趙也。

注釋

①芮宋：魏國大臣。

②委：託付。

③李郝：趙臣。

譯文

魏臣芮宋想要斷絕秦、趙二國的邦交，所以讓魏國收回了供養秦太后的土地。秦王大怒。芮宋對秦王說：「魏國把國家託付給大王而大王卻不接受，所以只好託付給趙國。趙臣李郝對臣下說：『您說同秦國沒有聯繫了，卻用土地供養秦太后，這是欺騙我。』因此敝國收回了土地。」秦王大怒，於是斷絕了同趙國的邦交。

魏王欲攻邯鄲

原文

魏王欲攻邯鄲，季梁聞之，中道而反①，衣焦不申②，頭塵不去，往見王曰：「今者臣來，見人於大行③，方北面而持其駕，告臣曰：『我欲之楚。』臣曰：『君之楚，將奚為北面？』曰：『吾馬良。』臣曰：『馬雖良，此非楚之路也。』曰：『吾用多④。』臣曰：『用雖多，此非楚之路也。』曰：『吾御者善。』『此數者愈善，而離楚愈遠耳。』今王動欲成霸王，舉欲信於天下，恃王國之大⑤，兵之精銳⑥，而攻邯鄲，以廣地尊名，王之動愈數，而離王愈遠耳，猶至楚而北行也。」

注釋

①中道：半路。

②焦：捲曲，此指皺摺。申：通「伸」，平展。

③大行：大路，大道。

④用：資，路費，盤纏。

⑤恃：依仗。

⑥兵：武器。

譯文

　　魏王想要攻打邯鄲，季梁聽說後，半路上就返了回來，衣服的皺摺沒來得及平展，頭上的塵土沒來得及洗去，就前去拜見魏王說：「我今天回來的時候，在大路上看見一個人，正朝著北面趕他的車，告訴我說：『我要到楚國去。』我說：『您要到楚國去，為什麼往北走？』他說：『我的馬好。』我說：『馬雖好，可這不是去楚國的路啊。』他說：『我的路費多。』我說：『路費雖多，這不是去楚國的路啊。』他又說：『我的車夫駕車技術好。』『這幾樣條件越好，離楚國就越遠了。』現在大王的行動想成就霸業，一切措施想取信於天下，然而依仗大王國家的強大，武器的精銳，而去攻打邯鄲，以廣土尊名，大王的行動越多，離大王的事業就越遠，就像到楚國去卻往北走一樣。」

魏王與龍陽君共船而釣

原文

　　魏王與龍陽君共船而釣，龍陽君得十餘魚而涕下[①]。王曰：「有所不安乎？如是，何不相告也？」對曰：「臣無敢不安也。」王曰：「然則何為涕出？」曰：「臣為臣之所得魚也。」王曰：「何謂也？」對曰：「臣之始得魚也，臣甚喜，後得又益大[②]，今臣直欲棄臣前之所得矣。今以臣兇惡[③]，而得為王拂枕席。今臣爵至人君，走人於庭[④]，辟人於途[⑤]。四海之內，美人亦甚多矣，聞臣之幸於王也，必褰裳而趨王[⑥]。臣亦猶曩臣之前所得魚也[⑦]，臣亦將棄矣，臣安能無涕出乎？」魏王曰：「誤！有是心也，何不相告也？」於是布令於四境之內曰：「有敢言美人者，族[⑧]。」

注釋

　　①涕：淚。

　　②益：更。

　　③兇惡：此指面貌醜陋。

　　④走：趨。庭：通「廷」。

　　⑤辟：通「避」。

⑥褰（ㄑㄧㄢ）：揭，提起。

⑦曩（ㄋㄤˇ）：以往，從前。

⑧族：滅族。

譯文

　　魏王和寵姬龍陽君同在一條船上釣魚，龍陽君釣了十多條魚卻流下了眼淚。魏王說：「你是不是有不安的事？如果有，為什麼不告訴我？」龍陽君說：「我沒有不安的事。」魏王說：「既然沒有不安的事，那為什麼流淚？」龍陽君說：「我為釣的魚流淚。」魏王說：「為什麼這樣說呢？」龍陽君回答說：「我剛釣到魚的時候，很高興，後來釣到的魚更大了，現在我簡直就想拋棄先前所釣到的魚。現在憑我這樣的醜陋，卻能夠在大王身邊侍奉。如今我的爵位達到了君，在朝廷上人們見了我要趨步而行，在道路上人們見了我要馬上迴避。四海之內美人多得很，聽說我受到大王的寵幸，一定會提起衣裙奔向大王。到那時，我就像先前我所釣到的魚一樣，也將被拋棄了，我怎能不流淚呢？」魏王說：「您錯了！有這樣的想法，為什麼不告訴我呢？」於是魏王在國內發佈號令說：「有敢再來談論美人的，滅他的全族。」

原文

　　由是觀之，近習之人，其摯詔也固矣①，其自冪繫也完矣②。今由千里之外，欲進美人，所效者庸必得幸乎③？假之得幸，庸必為我用乎？而近習之人相與怨，我見有禍，未見有福；見有怨，未見有德，非用知之術也④。

注釋

①摯：進，獻。

②冪繫：遮掩巴結。冪，覆。

③效：獻。庸：難道。得：能。幸：寵幸。

④知：通「智」。

譯文

　　由此來看，君王親近慣了的人，他們討好的語言在君王那裡已經很牢固了，他們自我遮掩巴結的手段也很完備了。現在從千里之外要進獻美人，可是進獻來的美人難道一定能得到寵幸嗎？假設美人真得到了君王寵幸，難道一定會被我利用嗎？並且被君王親近慣了的那些人彼此怨恨，我只看到了他們終將有禍，看不出他們有什麼福，我只看到他們在互相怨恨，沒看到他們互相施德。所以向君王進獻美女這不是運用智慧的辦法。

韓策

題解

　　《韓策》記載了韓國歷史上之重大事件。《三晉已破智氏》寫韓國謀臣段規的先見之明。《蘇秦為楚合從說韓王》寫蘇秦為楚遊說韓王推行合縱之策。《張儀為秦連橫說韓王》寫張儀為秦國遊說韓王推行連橫之策。《韓公仲謂向壽》寫韓公仲派使者巧說秦國向壽，推行善韓備楚的策略。《楚圍雍氏五月》寫韓國使者張翠巧使秦國出兵以解楚患的故事。《韓公叔與幾瑟爭國》寫楚國大臣鄭強矯造王命送韓太子幾瑟土地，並使自己免受楚王治罪的故事。《韓傀相韓》寫聶政為嚴遂刺殺韓傀之事。《或謂韓王》寫韓國只有推行合縱之策，才不會被秦國滅亡。《安邑之御史死》寫韓國安邑御史副手巧使自己在正職死後繼任副職的故事。《段產謂新城君》寫段產巧諫新城君莫聽讒言。《段干越人謂新城君》寫段干越人以千里馬跑不了千里路的故事勸諫新城君要重視自己，不要忽視自己對秦國的影響。

三晉已破智氏

原文

　　三晉已破智氏，將分其地。段規謂韓王曰：「分地必取成皋①。」韓王曰：「成皋，石溜之地也②，寡人無所用之。」段規曰：「不然，臣聞一里之厚，而動千里之權者，地利也。萬人之眾而破三軍者③，不意也④。王用臣言，則韓必取鄭矣。」王曰：「善。」果取成皋。至韓之取鄭也，果從成皋始。

注釋

　　①取：得到。
　　②石溜之地：流水不存的石頭地。吳師道曰：「溜，言山多石，水所溜

也。」

　　③三軍：上、中、下軍，即全軍。

　　④不意：不加在意，猶言出其不意。

譯文

　　韓、魏、趙三國消滅了智伯之後，準備瓜分智伯的土地。謀臣段規對韓王說：「分地時一定要得到成皋。」韓王說：「成皋是流水不存的石頭地，寡人要它沒什麼用。」段規說：「不是這樣，我聽說一里大小的地方，能牽動具有千里面積的當權者，這是因為地勢有利的緣故。萬人之眾能攻破三軍，是因為出其不意。大王如果採用我的建議，那麼韓國一定能取得鄭國。」韓王說：「好。」韓王果然分到了成皋。等到韓國攻取鄭國時，果然是從成皋開始的。

蘇秦為楚合從說韓王

原文

　　蘇秦為楚合從說韓王曰：「韓北有鞏、洛、成皋之固，西有宜陽、常阪之塞，東有宛、穰、洧水，南有陘山，地方千里，帶甲數十萬。天下之強弓勁弩皆自韓出，溪子、少府、時力、距黍，皆射六百步之外。韓卒超足而射①，百發不暇止，遠者達胸，近者掩心②。韓卒之劍戟皆出於冥山、棠溪、墨陽、合伯。鄧師、宛馮、龍淵、大阿，皆陸斷馬牛，水擊鵠雁，當敵即斬。堅甲、盾、鞮鍪③、鐵幕④、革抉⑤、𫗱芮⑥，無不畢具。以韓卒之勇，被堅甲、蹠勁弩⑦，帶利劍，一人當百，不足言也。夫以韓之勁與大王之賢，乃欲西面事秦，稱東藩，築帝宮，受冠帶，祠春秋，交臂而服焉。夫羞社稷而為天下笑，無過此者矣。是故願大王之熟計之也。大王事秦，秦必求宜陽、成皋，今茲效之，明年又益求割地。與之，即無地以給之；不與則棄前功而後更受其禍。且夫大王之地有盡，而秦之求無已。夫以有盡之地而逆無已之求，此所謂市怨而買禍者也⑧，不戰而地已削矣。臣聞鄙語曰：『寧為雞口，無為牛後⑨。』今大王西面交臂而臣事秦，何以異於牛後乎？夫以大王之賢，挾強韓之兵⑩，而有牛後之名，臣竊為大

王羞之。」韓王忿然作色，攘臂按劍，仰天太息曰：「寡人雖死，必不能事秦。今主君以楚王之教詔之，敬奉社稷以從。」

注釋

①超足而射：抬腳踏射。

②掩心：穿透心臟。鮑彪注曰：「箭中心上，如掩。」

③鞮鍪（ㄉ一ㄇㄡˊ）：頭盔。

④鐵幕：鐵制的護臂。

⑤革抉（ㄐㄩㄝˊ）：革製的射抉。抉，射抉，著於右大拇指，用來鉤弦發箭。

⑥馤（ㄈㄚ）：盾。芮：繫盾的綏帶。

⑦蹠：踏，踩。

⑧市：買。

⑨寧為雞口，無為牛後：實為「寧為雞屍，不為牛從」之訛傳。屍，雞中主。從，牛子。

⑩挾：持，握，靠。

譯文

蘇秦為楚國推行合縱而遊說韓王說：「韓國北面有險固的鞏地、洛地、成皋，西面有宜陽、常阪作屏障，東面有宛地、穰地、洧水，南面有陘山，土地方圓千里，被甲的士兵數十萬。天下的強弓硬弩出自韓國，韓國製造的良弓溪子、少府、時力、距黍，都可射出六百步以外。韓國士兵抬腳踏射，能射百箭而不間斷，遠處的可以射中胸膛，近處的可射穿心臟。韓國士兵的劍戟都出產於冥山、棠溪、墨陰、合伯。鄧師、宛馮、龍淵、太阿這樣的寶劍，都能夠在陸地上斬斷牛馬，在水中擊殺天鵝和大雁，遇見敵人立刻斬斷。堅固的鎧甲、盾牌、頭盔、鐵護臂、革製的射抉、繫盾的綏帶，這些東西韓國無不具備。憑藉韓國士兵的勇敢，披上堅固的鎧甲，腳踏硬弩，身披利劍，一人可以當百，這些就不用多說了。憑藉韓國的強大和大王的賢明，竟然要向西事奉秦國，自稱秦國東面的藩國，為秦王修築行宮，接受秦國的冠帶制度，供奉春秋祭祀的祭品，拱手臣服，使國家蒙受羞辱並被天下人恥笑，沒有比這更糟的了。因此希望大

王仔細考慮。大王事奉秦國，秦國一定會索求宜陽、成皋，今年如果獻上，明年又會索要更多。給他吧，您再也沒有土地可給；不給他吧，就會前功盡棄，以後還會受到他的禍患。再說大王的土地是有限的，而秦國的貪求卻不會休止。用有限的土地去迎合無休止的貪求，這就是所說的自己買來的怨恨和禍患，沒有經過戰鬥，土地就已經被割去了。我聽俗話說：『寧為雞口，不為牛後。』現在大王要拱手向西稱臣事奉秦國，和做牛後有什麼不同呢？憑大王的賢明，靠強大韓國的軍隊，卻得到了牛後的名聲，我私下替大王感到羞愧。」韓王憤然變了臉色，捲起袖子，抬起手臂，按住寶劍，仰天歎息說：「寡人即使死了，一定不會去事奉秦國。現在先生把楚王的教誨告訴我，韓國願意跟隨合縱。」

張儀為秦連橫說韓王

原文

　　張儀為秦連橫說韓王曰：「韓地險惡，山居，五穀所生，非麥而豆；民之所食，大抵豆飯藿羹①；一歲不收，民不厭糟糠；地方不滿九百里，無二歲之所食。料大王之卒，悉之不過三十萬②，而廝徒負養在其中矣③，為除守徼、亭、鄣、塞，見卒不過二十萬而已矣④。秦帶甲百餘萬，車千乘，騎萬匹，虎賁之士，跿跔科頭⑤，貫頤奮戟者⑥，至不可勝計也。秦馬之良，戎兵之眾，探前趹後⑦，蹄間三尋者⑧，不可稱數也。山東之卒，被甲冒胄以會戰，秦人捐甲徒裎以趨敵⑨，左挈人頭，右挾生虜。夫秦卒之與山東之卒也，猶孟賁之與怯夫也；以重力相壓，猶烏獲之與嬰兒也。夫戰孟賁、烏獲之士，以攻不服之弱國，無以異於墮千鈞之重，集於鳥卵之上，必無幸矣。諸侯不料兵之弱，食之寡，而聽從人之甘言好辭，比周以相飾也，皆言曰：『聽吾計則可以強霸天下。』夫不顧社稷之長利，而聽須臾之說，詿誤人主者⑩，無過此者矣。」

注釋

　　①藿（ㄏㄨㄛˋ）：豆葉。
　　②悉之：總計。

③廝徒：雜役。負養：負擔以給養公家。

④見：通「現」。

⑤跿跔（ㄊㄨˊ　ㄐㄩ）：騰跳踴躍。科頭：不戴頭盔。

⑥貫頤：被箭射穿了面頰。貫，射中，射穿。頤，面頰。一說貫頤為彎弓之意。

⑦趹（ㄐㄩㄝˊ）：蹶，探前趹後，言馬走勢疾。

⑧尋：八尺為一尋。

⑨捐：棄。徒裎（ㄔㄥˊ）：赤膊。

⑩詿（ㄍㄨㄚˋ）：欺，誤。

譯文

張儀為秦國推行連橫而遊說韓王說：「韓國地勢險惡，百姓山中而居，所產的糧食，不是麥子就是豆子；民眾所吃的，大部分是豆飯和豆葉羹；一年收成不好，百姓連糟糠都吃不飽；韓國土地方圓不足九百里，積存的糧食不夠兩年用。估計大王的士卒，總計不過三十萬，其中還有雜役和苦力，再除去守衛邊境關卡要塞的，現有的士卒不超過二十萬而已。秦國披甲的士卒有百餘萬，戰車千輛，戰馬萬匹，勇猛的戰士中，騰跳踴躍，甚至有不戴頭盔，被箭射穿面頰仍揮戟向前的，不可勝數。秦國戰馬優良，士兵眾多，戰馬探起前蹄蹬開後腿，兩蹄之間可躍出三尋之遠，這樣的好馬也不可勝數，山東六國諸侯的士卒，都是披戴甲胄來戰，而秦國人即使拋棄甲胄來迎擊敵人，也會左手拎著人頭，右手挾著俘虜。秦國的士卒同山東六國的士卒相比，就如同勇士孟賁與懦夫一樣；秦國大軍壓向六國，猶如勇士烏獲對付嬰兒一樣。用孟賁、烏獲這樣的勇士去作戰，去攻打不馴服的弱國，這和在鳥卵上墜千鈞重物沒什麼不同，鳥卵一定不會有倖免的。各國諸侯考慮不到自己兵力的軟弱，糧食的缺乏，而去聽信主張合縱之人的甜言蜜語，結黨營私來互相粉飾，都說：『聽從我的計策就可以雄霸天下。』不顧國家的長遠利益，聽信一時的空話，欺騙國君，沒有比這更嚴重的了。」

原文

「大王不事秦，秦下甲據宜陽①，斷絕韓之上地，東取成皋、宜陽，

則鴻台之宮、桑林之苑，非王之有已。夫塞成皋，絕上地，則王之國分矣。先事秦則安矣，不事秦則危矣。夫造禍而求福，計淺而怨深，逆秦而順楚，雖欲無亡，不可得也。故為大王計，莫如事秦。秦之所欲莫如弱楚，而能弱楚者莫如韓。非以韓能強於楚也②，其地勢然也。今王西面事秦以攻楚，為敝邑，秦王必喜。夫攻楚而私其地③，轉禍而說秦④，計無便於此者也⑤。是故秦王使使臣獻書大王御史，須以決事。」韓王曰：「客幸而教之，請比郡縣⑥，築帝宮，祠春秋，稱東藩，效宜陽⑦。」

注釋

①下甲：發兵，出兵。據：佔據。
②以：因。
③私：獨據，獨佔。
④說：通「悅」。
⑤便：利。
⑥比：同。
⑦效：獻。

譯文

「大王如果不事奉秦國，秦國發兵佔據宜陽，斷絕韓國與上黨的交通，向東攻取成皋、宜陽，那麼鴻台宮、桑林苑，就不歸大王所有了。如果封鎖成皋、隔絕上黨，那麼大王的國家就被分割開了。先事奉秦國就可以安寧，不事奉秦國就會出現危險。到禍患中尋求幸福，計謀短淺而怨仇太深，違背秦國而去順從楚國，即使想不滅亡，也不能做到了。所以，為大王考慮，不如去事奉秦國。秦國所需要的沒有比削弱楚國更迫切的了，而能削弱楚國的沒有比韓國更合適的了。並非因為韓國比楚國強大，而是因為韓國地勢有利。現在大王如能向西事奉秦國並進攻楚國，為敝國做事，秦王一定很高興。攻打楚國並獨佔它的土地，轉嫁了禍患並能取悅秦王，任何計策都沒有比此計更有利的了。因而秦王派我向大王的傳命小臣獻上書信，敬等大王決斷此事。」韓王說：「幸蒙貴客教誨，我請求韓國作為秦國的一個郡縣，為秦王修築行宮，供奉春秋祭祀的貢品，自稱為秦國的藩國，敬獻宜陽。」

韓公仲謂向壽

原文

韓公仲謂向壽曰：「禽困覆車①。公破韓，辱公仲，公仲收國復事秦，自以為必可以封。今公與楚解，中封小令尹以杜陽。秦、楚合，復攻韓，韓必亡。公仲躬率私徒以鬥於秦，願公熟計之也。」向壽曰：「吾合秦、楚，非以當韓也②，子為我謁之公仲③，曰秦、韓之交可合也④。」對曰：「願有復於公。諺曰：『貴其所以貴者貴。』今王之愛習公也⑤，不如公孫郝；其知能公也，不如甘茂。今二人者皆不得親於事矣，而公獨與王主斷於國者⑥，彼有失之也。公孫郝黨於韓，而甘茂黨於魏，故王不信也。今秦、楚爭強，而公黨於楚，是與公孫郝、甘茂同道也，公何以異之？人皆言楚之多變也，而公必之，是自為貴也。公不如與王謀其變也，善韓以備之，若此，則無禍矣。韓氏先以國從公孫郝，而後委國於甘茂，是韓，公之仇也。今公言善韓以備楚，是外舉不辟仇也⑦。」

注釋

①禽：野獸。
②當：對抗，對付。
③謁：告。
④合：聯合，締結。
⑤愛習：寵愛親近。
⑥主斷：專斷。
⑦辟：通「避」。

譯文

公仲派人對向壽說：「野獸被圍困急了，也能撞翻獵人的車。您攻破了韓國，侮辱了公仲，公仲收拾了韓國的殘局又重新來事奉秦國，他自認為一定可以得到秦國的封賞。現在您使秦、楚和解，使楚王在國內把秦地杜陽封賞給小令尹。秦、楚聯合起來，再次攻打韓國，韓國一定會滅亡。公仲將親自率領自己的黨徒去秦國拼命，希望您仔細考慮一下。」向

壽說：「我把秦、楚聯合起來，並不是想以此來對付韓國，您替我告訴公仲，說秦、韓的邦交可以締結了。」使者回答說：「有些話希望再對您說一說。諺語說：『尊重別人所尊重的，就會受到別人的尊重。』現在秦王寵愛親近您，比不上寵愛親近公孫郝；他信任您，比不上信任甘茂。現在這兩個人都不能接近國事，而惟獨您能同秦王專斷國事，這是因為他們有過失。公孫郝同韓國親近，而甘茂同魏國親近，所以秦王不信任他們。現在秦、楚爭霸，而您卻同楚國親近，這與公孫郝、甘茂走的是同一條路。您用什麼表現出與他們不同呢？人們都說楚國多變，而您卻一定要幫助它，這是太看重自己啊。您不如和秦王謀劃應付楚國的多變，善待韓國防範楚國，如此，就沒有禍患了。當初，韓國先把國事交給公孫郝，後又把國事委託給甘茂，這樣，韓國早就成了您的仇敵了。現在您提出親善韓國以防備楚國的策謀，這就是所謂的『外舉不避仇』。」

原文

　　向壽曰：「吾甚欲韓合。」對曰：「甘茂許公仲以武遂，反宜陽之民①，今公徒收之，甚難。」向子曰：「然則奈何？武遂終不可得已。」對曰：「公何不以秦為韓求潁川於楚？此乃韓之寄地也②。公求而得之，是令行於楚，而以其地德韓也。公求而弗得，是韓、楚之怨不解，而交走秦也③。秦、楚爭強，而公過楚以收韓，此利於秦。」向子曰：「奈何？」對曰：「此善事也。甘茂欲以魏取齊，公孫郝欲以韓取齊，今公取宜陽以為功，收楚、韓以安之④，而誅齊⑤、魏之罪，是以公孫郝、甘茂之無事也。」

注釋

①反：通「返」。
②寄地：鮑彪注曰：「此本韓地，楚取之，故云。」
③走：歸向，親附。
④收楚、韓以安之：楚、韓合，則向壽守宜陽無憂患了。
⑤誅：譴責，聲討。

　　向壽說：「我很想同韓國和好。」使者回答說：「甘茂答應公仲歸還韓國的武遂，讓宜陽的百姓返回家園，如今您平白收回武遂，想同韓國和好很難啊。」向壽說：「那該怎麼辦？武遂難道永遠不能收回了嗎？」使者回答說：「您為什麼不憑藉秦國的力量替韓國向楚國求取潁川？這本是韓國被楚國奪去的土地，您一旦求得，這就使您的命令能在楚國得以執行，並且用楚國的土地使韓國感激您的恩德。您如果不能求得，這樣韓、楚的怨仇就不能化解，它們就會競相投靠秦國。秦、楚爭霸，您指責楚國，拉攏韓國，這會對秦國有利。」向壽說：「怎麼辦呢？」使者回答說：「這是件好事。甘茂想依靠魏國攻取齊地，公孫郝也想依靠韓國奪取齊地，現在您奪取宜陽為自己建立了功勳，讓楚、韓兩國聯合，使宜陽無憂，再聲討齊、魏的罪過，這樣公孫郝、甘茂就會失去權勢。」

楚圍雍氏五月

　　楚圍雍氏五月，韓令使者求救於秦，冠蓋相望也①，秦師不下殽。韓又令尚靳使秦，謂秦王曰：「韓之於秦也，居為隱蔽②，出為雁行。今韓已病矣③，秦師不下殽。臣聞之，唇揭者其齒寒，願大王之熟計之。」宣太后曰：「使者來者眾矣，獨尚子之言是。」召尚子入。宣太后謂尚子曰：「妾事先王也，先王以其髀加妾之身④，妾困不支也，盡置其身妾之上，而妾弗重也⑤，何也？以其少有利焉。今佐韓，兵不眾，糧不多，則不足以救韓。夫救韓之危，日費千金，獨不可使妾少有利焉⑥。」

　　①冠蓋相望：使者之車絡繹不絕。
　　②居：平時。隱蔽：猶言屏障。
　　③病：難，危難。
　　④髀（ㄅㄧˋ）：大腿。
　　⑤弗重：不以為重。

⑥獨：難道。

譯文

　　楚圍困雍氏五個月了，韓國派使者向秦國求救，使者絡繹不絕，彼此能夠望見出使的車蓋，而秦國軍隊就是不下殽山。韓國又派尚靳出使秦國，尚靳對秦王說：「韓國對秦國來說，平時是秦國的屏障，戰時是秦國的先鋒。如今韓國遇到危難，秦國軍隊卻不下殽山援救。我聽說，掀起嘴唇，牙齒就會感到寒冷，希望大王仔細考慮一下。」宣太后說：「使者來得很多，只有尚靳的話是對的。」於是召尚靳進去拜見。宣太后對尚靳說：「我事奉先王的時候，先王把他的大腿搭在我的身上，我感到疲乏不能支撐，把他的身體完全放在我的身上，而我不以為重，為什麼呢？因為他對我稍有益處。現在救援韓國，如果士卒不多，糧食不足，就不夠用來救助韓國。解救韓國的危難，每天耗費千金，難道不能使我獲得一點好處嗎？」

原文

　　尚靳歸書報韓王，韓王遣張翠①，張翠稱病，日行一縣②。張翠至，甘茂曰：「韓急矣，先生病而來。」張翠曰：「韓未急也，且急矣。」甘茂曰：「秦重國知王也③，韓之急緩莫不知。今先生言不急，可乎？」張翠曰：「韓急，則折而入於楚矣，臣安敢來？」甘茂曰：「先生毋復言也。」甘茂入言秦王曰：「公仲柄④，得秦師，故敢捍楚。今雍氏圍而秦師不下殽，是無韓也。公仲且抑首而不朝，公叔且以國南合於楚。楚、韓為一，魏氏不敢不聽，是楚以三國謀秦也。如此則伐秦之形成矣。不識坐而待伐，孰與伐人之利？」秦王曰：「善。」果下師於殽以救韓⑤。

注釋

　　①遣：派。張翠：韓臣。
　　②日行一縣：日行百里。縣，古代百里為縣。
　　③知：通「智」。
　　④柄：名詞用如動詞，掌權。
　　⑤果：遂。

譯文

　　尚靳送回書信報告韓王，韓王派張翠出使，張翠稱病，每天只走一百里。張翠到了秦國以後，甘茂說：「韓國形勢危急了，先生竟帶病而來。」張翠說：「韓國形勢並沒有危急，只是將要危急了。」甘茂說：「秦國國強君智，韓國形勢危急與否，沒有不知道的。現在先生說不危急，行嗎？」張翠說：「韓國如果真的危急了，就會掉過頭去投向楚國，我怎麼還敢來秦國呢？」甘茂說：「先生不要再說了。」甘茂進諫秦王說：「公仲掌握韓國權力並能得到秦國軍隊的支持，所以才敢對抗楚國。如今雍氏被圍，秦國軍隊不從殽山出兵，這是拋棄韓國。公仲將會痛心疾首，不理朝事，公叔就會把韓國同南方的楚國聯合起來。楚、韓聯合為一，魏國不敢不聽從，這樣楚國就可以用三個國家的力量圖謀秦國。果真如此，那麼進攻秦國的形勢就形成了。我不知是坐等被人進攻有利呢，還是進攻別人有利？」秦王說：「好。」遂從殽山出兵救韓。

韓公叔與幾瑟爭國

原文

　　韓公叔與幾瑟爭國[1]。鄭強為楚王使於韓，矯以新城[2]、陽人合世子[3]，以與公叔爭國。楚怒，將罪之。鄭強曰：「臣之矯與之，以為國也。臣曰，世子得新城、陽人，以與公叔爭國，而得全，魏必急韓氏；韓氏急，必縣命於楚，又何新城、陽人敢索？若戰而不勝，幸而不死，今且以至，又安敢言地？」楚王曰：「善。」乃弗罪。

注釋

　　①幾瑟：韓襄王太子。
　　②矯：假託。
　　③世子：即太子幾瑟。

譯文

　　韓公叔幫助公子咎與幾瑟爭為太子。楚臣鄭強替楚王到韓國出使，假傳楚王之命，準備把楚國的新城、陽人贈給幾瑟，以此來幫助幾瑟與公叔爭太子之位。楚王很生氣，將要降罪鄭強。鄭強說：「臣下假傳王命，送給幾瑟土地，是為了楚國的利益。我以為，幾瑟得到新城、陽人兩地，與公叔支持的公子咎爭奪太子之位，如果真能成功，魏國一定會猛攻韓國；韓國形勢危急，必定會把自己的命運寄託於楚國，又怎麼敢索要新城、陽人之地呢？如果打不贏，幾瑟僥倖不被殺死，恐怕現在就要逃到這裡了，又怎麼敢談到要土地呢？」楚王說：「好。」這才沒有降罪鄭強。

韓傀相韓

原文

　　韓傀相韓[1]，嚴遂重於君[2]，二人相害也。嚴遂政議直指[3]，舉韓傀之過。韓傀以之叱之於朝，嚴遂拔劍趨之，以救解。於是嚴遂懼誅，亡去，游求人可以報韓傀者。至齊，齊人或言：「軹深井里聶政，勇敢士也，避仇隱於屠者之間。」嚴遂陰交於聶政，以意厚之。聶政問曰：「子欲安用我乎？」嚴遂曰：「吾得為役之日淺，事今薄[4]，奚敢有請？」於是嚴遂乃具酒，觴聶政母前。仲子奉黃金百鎰，前為聶政母壽。聶政驚，愈怪其厚，固謝嚴仲子。仲子固進，而聶政謝曰：「臣有老母，家貧，客游以為狗屠，可旦夕得甘脆以養親，親供養備，義不敢當仲子之賜。」嚴仲子辟人[5]，因為聶政語曰：「臣有仇，而行游諸侯眾矣。然至齊，聞足下義甚高，故直進百金者，特以為夫人粗糲之費[6]，以交足下之歡，豈敢以有求邪？」聶政曰：「臣所以降志辱身，居市井者，徒幸而養老母。老母在，政身未敢以許人也。」嚴仲子固讓，聶政竟不肯受[7]。然仲子卒備賓主之禮而去[8]。

注釋

　　①韓傀：即俠累，韓烈侯相國。
　　②嚴遂：韓烈侯寵臣。重：尊寵，重用。

③政：通「正」。
④薄：迫，進，緊急。
⑤辟：通「避」。
⑥糲（ㄌㄧˋ）：粗糧。
⑦竟：終究。
⑧卒：最終。備：用。

譯文

　　韓傀做韓國相國的時候，嚴遂也受到韓王的重用，兩個人彼此忌恨。嚴遂議事公正，直接指斥韓傀的行為，列舉韓傀的過失。韓傀於是就在朝廷上叱責嚴遂，嚴遂拔出寶劍直奔韓傀，幸好有人來救，韓傀才脫險。嚴遂害怕被處死，逃離韓國，到處流浪，尋找可以向韓傀報仇的人。他到了齊國，齊國有人說：「軹地深井里的聶政，是一個勇士，因為躲避仇人隱藏在屠夫之中。」嚴遂就暗中與聶政交往，有意厚待他。聶政問嚴遂：「您想讓我幹什麼？」嚴遂說：「我為您效勞的日子還很短，然而現在事情又很緊迫，怎麼敢有所求呢？」於是嚴遂就擺上酒宴，向聶政母親敬酒。嚴遂又拿出百鎰黃金，為聶政母親祝壽。聶政很吃驚，更加奇怪他何以厚禮相待，堅決辭謝嚴遂的盛情。嚴遂堅持進獻，聶政辭謝說：「我有老母親，家中貧寒，遊蕩他鄉，以殺狗為業，能夠早晚買點甜美酥脆的食物奉養老母親，母親的供養已經夠用，按情理實在不敢接受您的賞賜。」嚴遂避開周圍的人，對聶政說：「我有仇要報，曾遊訪過許多諸侯國。這樣到了齊國，聽說您很講義氣，所以直接送上百金，也只不過是做為老夫人粗茶淡飯的費用，以此討您的歡心，怎麼敢有什麼要求呢？」聶政說：「我所以降低志氣，辱沒身分，隱居在市井之中，只是為奉養老母親。母親在一天，我就不敢以死相許。」嚴遂極力推讓，聶政始終不肯接受禮物。但嚴遂最終還是完成了賓主之禮才離去。

原文

　　久之，聶政母死，既葬，除服①。聶政曰：「嗟呼！政乃市井之人，鼓刀以屠②，而嚴仲子乃諸侯之卿相也，不遠千里，枉車騎而交臣③，臣之所以待之，至淺鮮矣，未有大功可以稱者，而嚴仲子舉百金為親壽，我雖

不受，然是深知政也。夫賢者以感忿睚眥之意④，而親信窮僻之人，而政獨安可嘿然而止乎⑤？且前日要政⑥，政徒以老母。老母今以天年終，政將為知己者用。」遂西至濮陽，見嚴仲子曰：「前所以不許仲子者，徒以親在。今親不幸，仲子所欲報仇者為誰？」嚴仲子具告曰：「臣之仇，韓相傀，傀又韓君之季父也，宗族盛，兵衛設，臣使人刺之，終莫能就⑦。今足下幸而不棄，請益車騎壯士以為羽翼。」政曰：「韓與衛中間不遠，今殺人之相，相又國君之親，此其勢不可以多人，多人不能無生得失，生得失則語泄，語泄則韓舉國而與仲子為仇也，豈不殆哉！」遂謝車騎人徒，辭，獨行仗劍至韓。韓適有東孟大會，韓王及相皆在焉，持兵戟而衛者甚眾。聶政直入，上階刺韓傀。韓傀走而抱哀侯，聶政刺之，兼中哀侯，左右大亂。聶政大呼，所殺者數十人，因自皮面抉眼⑧，自屠出腸⑨，遂以死。

注釋

①除服：守孝期滿，脫去喪服。

②鼓：動，操。

③枉：委屈。

④睚眥（一ㄞˊ ㄗˋ）：怒目而視。

⑤嘿：通「默」。

⑥要：通「邀」，約請。

⑦就：成。

⑧皮面：自披皮面，即以刀刺其面皮令人不識。皮，通「披」。抉：挑出，剜掉。

⑨屠：剖開。

譯文

　　過了很久，聶政的母親死了，已經安葬了。守孝期滿，聶政脫去了喪服。聶政說：「唉！我只是個市井平民，做著操刀宰牲的事情，而嚴遂卻是諸侯的卿相，他不遠千里，屈尊來結交我，我對他的情分，太淺薄了，沒有可以稱道的大功勞，而嚴遂卻拿出百金為我的母親祝壽，我雖然沒有接受，然而他是很瞭解我的人。賢德的人因為心中有憤怒的仇恨，而

親近、相信窮困僻遠的人，我怎麼可以默然不動呢？況且嚴遂以前約請我，我只是因為有老母親沒有答應。母親如今享盡天年，我將為知己者報仇。」於是向西到了濮陽，見到嚴遂說：「從前沒有答應您的原因，只因為母親還在。現在母親不幸辭世，請問您想報仇的人是誰？」嚴遂把全部情況都告訴聶政說：「我的仇人，是韓國相國韓傀，他又是韓王的叔父，家族龐大，設有很多兵衛，我曾派人刺殺他，一直沒有成功。現在有幸承蒙您不拋棄我，請讓我為您多準備車馬、壯士作為隨從。」聶政說：「韓國與衛國之間相距不遠，現在要殺人家的相國，相國又是韓王的至親，這種形勢是不可以多帶人的，人多了難免出差錯，出了差錯就會洩露秘密，洩露秘密就會使韓國全國與您為仇，豈不是很危險！」於是辭謝了車馬隨從，告別嚴遂，獨自持劍來到韓國。恰逢韓國在東孟舉行盛會，韓王和相國韓傀都在那裡，手持武器護衛的人很多。聶政直衝而入，跑上臺階，用劍刺韓傀。韓傀逃跑，抱住了韓哀侯，聶政再刺韓傀，同時刺中了哀侯，左右的人大亂。聶政大吼，又殺死數十人。然後聶政自己刺爛臉皮，挖出眼睛，剖開肚皮，流出了腸子，很快就死去了。

原文

　　韓取聶政屍暴於市，縣購之千金①，久之莫知誰子。政姊聞之，曰：「弟至賢，不可愛妾之軀，滅吾弟之名，非弟意也。」乃之韓，視之曰：「勇哉！氣矜之隆②，是其軼賁、育而高成荊矣③。今死而無名，父母既歿④，兄弟無有，此為我故也。夫愛身不揚弟之名，吾不忍也。」乃抱屍而哭之曰：「此吾弟軹深井里聶政也。」亦自殺於屍下。晉、楚、齊、衛聞之曰：「非獨政之能，乃其姊者亦列女也⑤。」聶政之所以名施於後世者⑥，其姊不避菹醢之誅以揚其名也⑦。

注釋

　　①縣：通「懸」。
　　②隆：高興。
　　③軼（一ˋ）：超過。賁、育、成荊：皆古之勇士。賁，孟賁。育，夏育。
　　④歿（ㄇㄛˋ）：死。

⑤列：通「烈」。

⑥施：流傳。

⑦菹醢（ㄐㄩ ㄏㄞˇ）：古代酷刑，把人剁成肉醬。

譯文

　　韓國把聶政暴屍在市場上，懸賞千金想知道他的名字，過了很久，沒有人知道他究竟是誰。聶政的姐姐聽說後，說：「我的弟弟非常賢能，我不應該吝惜自己的身軀，而埋沒了弟弟的英名，雖然這並不是弟弟的本意。」於是她來到韓國，看到聶政的屍體說：「勇敢啊！你的氣節多麼高尚，這樣的行為超過了孟賁、夏育而且高於成荊。現在弟弟死了，卻沒留下名字，父母已經去世，又沒有其他兄弟，弟弟這樣做是為了不牽連我的緣故啊。吝惜自己的身軀而不傳揚弟弟的英名，我不忍心這樣做。」她就抱著聶政屍體哭著說：「這是我的弟弟，軹地深井里的聶政。」她也自殺在聶政的屍體旁。晉、楚、齊、衛等國的人聽說後，都說：「不只是聶政勇敢，就是他的姐姐也是一個剛烈女子。」聶政所以能名傳後世，是因為他的姐姐不避殺身之禍，才傳揚了他的名聲。

或謂韓王

原文

　　或謂韓王曰：「秦王欲出事於梁①，而欲攻絳、安邑，韓計將安出矣？秦之欲伐韓以東窺周室甚，唯寐忘之②。今韓不察，因欲與秦，必為山東大禍矣。秦之欲攻梁也，欲得梁以臨韓，恐梁之不聽也，故欲病之以固交也③。王不察，因欲中立，梁必怒於韓之不與己，必折為秦用④，韓必舉矣，願王熟慮之也。不如急發重使之趙、梁，約復為兄弟，使山東皆以銳師戍韓、梁之西邊，非為此也，山東無以救亡，此萬世之計也。秦之欲併天下而王之也⑤，不與古同。事之雖如子之事父，猶將亡之也。行雖如伯夷，猶將亡之也。行雖如桀、紂，猶將亡之也。雖善事之，無益也，不可以為存，適足以自令亟亡也。然則山東非能從親⑥，合而相堅如一者，必皆亡矣。」

注釋

①出事：發生戰事，有戰事。
②寐（ㄇㄟˋ）：睡覺，睡著。
③病：使入困境。
④折：掉轉。
⑤王：統治天下。
⑥從親：合縱聯盟。

譯文

　　有人對韓王說：「秦王要對魏國發動戰爭，想要攻取絳地、安邑，韓國將要制定怎樣的策略呢？秦王想要進攻韓國，進而窺探周朝的欲望很強烈，恐怕只有睡著了才能忘記。現在假如韓國不瞭解情況，就想與秦國建交，一定會釀成山東六國的大禍。秦國要進攻魏國，是想在得到魏國之後兵臨韓國，擔心魏國不聽從，所以就想使它陷入困境來鞏固邦交。如果大王不詳察，就想保持中立，魏國必然會惱怒韓國不幫助自己，一定會掉頭為秦國所驅使，韓國一定會被攻下，希望大王仔細考慮這件事。不如趕快派遣重要的使臣去趙、魏二國，恢復兄弟之約，使山東各國都派出精銳軍隊，戍守韓、魏的西部邊界，不這樣做，山東各國就沒有辦法挽救滅亡的命運了，這是影響萬世的策略。秦國想兼併諸侯，統治天下，但他與古代稱王不同。即使像兒子事奉父親一樣服事秦國，仍將會被秦國滅掉。國君的品行即使像伯夷一樣，仍將被滅掉。國君的品行即使如夏桀、殷紂，也同樣將被滅掉。即使事奉秦國，也沒有任何益處，這不但不能保存自己，反而會讓自己加速滅亡。所以說，山東六國如果不能組成合縱聯盟、相堅如一的話，六國必將為秦國所滅。」

安邑之御史死

原文

　　安邑之御史死，其次恐不得也①。輸人為之謂安邑令曰②：「公孫綦為人請御史於王，王曰：『彼固有次乎？吾難敗其法③。』」因遽置之④。

注釋

①次：副手。
②輸：鮑注曰：「安邑里名。」
③敗：破壞。
④置：立，任命。

譯文

　　安邑的御史死了，他的副手擔心不能被提升，輸里人替他對安邑令說：「公孫綦已經替別人向韓王請示御史的職位，韓王說：『那裡原來不是有副手嗎？我難以破壞他們的規定。』」於是副手很快被提升為御使。

段產謂新城君

原文

　　段產謂新城君曰：「夫宵行者能無為奸①，而不能令狗無吠己②。今臣處郎中③，能無議君於王，而不能令人毋議臣於君，願君察之也④。」

注釋

①宵：夜。無：不。為：做。奸：壞事。
②吠己：對著自己叫。
③郎中：國王身邊近侍。
④察：明察。

譯文

　　段產對新城君說：「夜裡行走的人能夠不做奸邪的事情，卻不能讓狗不衝自己叫。現在我處在郎中的地位，能夠做到不在大王面前非議您，卻不能讓別人在您面前不誹謗我。希望您能明察。」

段干越人謂新城君

原文

　　段干越人謂新城君曰①：「王良之弟子駕②，云取千里馬，遇造父之弟子③。造父之弟子曰：『馬不千里。』王良弟子曰：『馬，千里之馬也；服，千里之服也④。而不能取千里，何也？』曰：『子縲牽長⑤。故縲牽於事，萬分之一也，而難千里之行。』今臣雖不肖，於秦亦萬分之一也，而相國見臣不釋塞者，是縲牽長也。」

注釋

　　①段干越人：吳師道云：「初邑段，後邑干，因邑而氏。」鮑注：「凡段干皆魏人，時在秦。」

　　②王良之弟子駕：鮑注：「良，趙簡子御。駕，馬在車下負軛。」

　　③造父：鮑注：「造父，周穆王之御，不得與王良同時，然學出於造父者，得稱為其弟子，非必與之同時也。」

　　④馬：指驂馬。服：指轅馬。戰國時一車駕四馬，兩旁之馬稱驂，中間駕轅之兩馬稱服。

　　⑤縲（ㄇㄛˋ）：繩索。

譯文

　　段干越人對新城君說：「王良的弟子趕著馬車，聲稱趕的是千里馬，遇到了造父的弟子。造父的弟子說：『你的馬跑不了千里。』王良的弟子說：『我的驂馬，是千里馬；我的轅馬，也是千里馬。你卻說跑不了千里，為什麼？』造父的弟子說：『你的韁繩放得太長。韁繩的長短對於馬跑多少路程，也有萬分之一的影響，所以說你的馬即使是千里馬也很難跑千里的路程。』現在我雖然無才，但對於秦國也有萬分之一的影響，而相國見我卻不打通阻擋在道路上的障礙，這實際上等於手握著過於長的韁繩。」

燕策

　　《燕策》記載了燕國歷史上的重大事件。《燕文公時》寫蘇秦為燕國遊說齊宣王，使齊國歸還燕國十座城邑之事。《人有惡蘇秦於燕王者》寫針對別人的誹謗，蘇秦在燕王面前申辯自己的忠心。《宮他為燕使魏》寫宮他為燕使魏之事。《燕王噲既立》寫燕相子之篡位之亂。《燕昭王收破燕後即位》寫燕昭王求賢強國之事。《燕王謂蘇代》寫蘇代向燕王陳述騙子的重要性。《蘇秦自齊獻書於燕王》是蘇秦給燕王的一封信。信中詳細述了自己為了燕國的所作出的貢獻。《燕饑趙將伐之》寫楚將用趙恢之計勸趙，使趙取消了乘燕國饑荒而攻打燕國的計畫。《客謂燕王》寫蘇秦為燕國遊說齊國攻打宋國，以削弱齊國之事。《趙且伐燕》寫蘇代為燕國勸諫趙惠文王取消攻燕的打算。成語「鷸蚌相爭，漁翁得利」即出於此。《張丑為質於燕》寫齊臣張丑巧脫殺身之禍的故事。

燕文公時

原文

　　燕文公時，秦惠王以其女為燕太子婦。文公卒，易王立。齊宣王因燕喪攻之，取十城。武安君蘇秦為燕說齊王，再拜而賀，因仰而弔[1]。齊王按戈而卻曰[2]：「此一何慶弔相隨之速也？」對曰：「人之飢所以不食烏喙者[3]，以為雖偷充腹[4]，而與死同患也。今燕雖弱小，強秦之少婿也。王利其十城[5]，而深與強秦為仇。今使弱燕為雁行[6]，而強秦制其後，以招天下之精兵，此食烏喙之類也。」齊王曰：「然則奈何？」對曰：「聖人之制事也，轉禍而為福，因敗而為功[7]。故桓公負婦人而名益尊，韓獻開罪而交愈固，此皆轉禍而為福，因敗而為功者也。王能聽臣，莫如歸燕之十城，卑辭以謝秦[8]。秦知王以己之故歸燕城也，秦必德王[9]。燕無故而得十城，燕亦德王。是棄強仇而立厚交也。且夫燕、秦之俱事齊，則大王號令，天下皆從，是王以虛辭附秦，而以十城取天下也，此霸王之業矣。所

謂轉禍為福，因敗成功者也。」齊王大說，乃歸燕城，以金千斤謝其後，頓首塗中⑩，願為兄弟而請罪於秦。

注釋

①弔：弔唁。

②卻：退。

③烏喙（ㄏㄨㄟˋ）：毒藥名，又稱烏頭。

④偷：苟且。

⑤利：貪。

⑥雁行：前鋒。

⑦功：勝，成功。

⑧卑：謙卑。謝：謝罪。

⑨德：感激。

⑩頓首：頭叩地而拜。塗中：鮑彪注曰：「塗，泥也。自卑之甚。」

譯文

　　燕文公的時候，秦惠王把他的女兒嫁給燕國太子做媳婦。燕文公死後，燕易王繼位。齊宣王趁燕國舉行喪事之機進攻燕國，奪取燕國十座城邑。武安君蘇秦為燕國去遊說齊王，他對齊王跪拜兩次表示祝賀，接著又仰面弔唁。齊王按戈命他退下，說：「您這一來為什麼賀喜之後緊接著就弔喪呢？」蘇秦回答說：「人在饑餓的時候，所以不吃烏喙，是認為即使暫且填飽了肚子，卻面臨著死亡一樣的禍患。如今燕國雖然很弱小，但卻是強秦的女婿之邦。大王貪圖燕國的十座城邑，卻與強秦結下了深仇。現在您這樣做，是使弱小的燕國打前鋒，讓強大的秦國做後盾，把天下最精銳的士兵秦兵招來進攻齊國，這和吃烏喙是同樣的情況。」齊王說：「那怎麼辦呢？」蘇秦回答說：「聖人處理事務，能夠轉禍為福，由失敗達到成功。所以齊桓公雖然有負於蔡姬，但名聲卻更加尊貴；韓獻子雖然因殺人獲罪，但他的地位卻更加牢固。這都是轉禍為福，由失敗達到成功的範例。大王如能聽從我的建議，不如歸還燕國的十座城邑，以謙卑的言詞向秦國謝罪。秦國知道大王因為秦國的緣故，歸還了燕國的城邑，秦國一定會感謝大王。燕國無故收回十座城邑，燕國對大王也會感恩戴德。這樣既

避免了樹立強敵，又確立了深厚的邦交。再說燕、秦兩國一起事奉齊國，那麼大王傳下的號令，天下人都會聽從，這是大王用空話敷衍秦國，用十座城邑換取天下的支持，這是稱霸天下的事業。也就是所說的轉禍為福，由失敗達到成功的做法。」齊王非常高興，於是歸還了燕國的城邑，隨後送金千斤表示謝罪，並且在道路上叩頭，希望與燕國結為兄弟之國，並向秦國謝罪。

人有惡蘇秦於燕王者

原文

人有惡蘇秦於燕王者曰：「武安君，天下不信人也。王以萬乘下之，尊之於廷，示天下與小人群也。」武安君從齊來，而燕王不館也[1]。謂燕王曰：「臣東周之鄙人也，見足下，身無咫尺之功，而足下迎臣於郊，顯臣於廷。今臣為足下使，利得十城，功存危燕，足下不聽臣者，人必有言臣不信，傷臣於王者。臣之不信，是足下之福也。使臣信如尾生，廉如伯夷，孝如曾參[2]，三者天下之高行，而以事足下，可乎？」燕王曰：「可。」曰：「有此，臣亦不事足下矣。」

注釋

①不館：不任用做官。館，通「官」。
②曾參：孔子弟子，字子輿，春秋時期魯國人。

譯文

有一個人在燕王面前誹謗蘇秦說：「武安君，是天下最不講信義的人。大王以萬乘之尊的身份遷就他，在朝廷之上尊重他，這是向天下人表示自己與小人為伍。」武安君蘇秦從齊國回來後，燕王就不任用他為官。蘇秦對燕王說：「我本是東周卑賤之人，剛來此拜見您的時候，自己並沒有幾分功勞，而您卻到郊外迎接我，使我在朝廷上聲名顯赫。現在我為您出使齊國，從齊國索回十座城邑，有保存危燕之功，可是您卻不相信我，一定有人說我不講信義，在大王面前中傷我。我不講信義，那倒是大王的

福事。假如讓我像尾生那樣守信，像伯夷那樣廉潔，像曾參那樣孝順，這三個人的品行是天下最高尚的，以這樣的行為事奉您，可以嗎？」燕王說：「可以。」蘇秦說：「有這樣的品行我也就不能事奉您了。」

原文

蘇秦曰：「且夫孝如曾參，義不離親一夕宿於外，足下安得使之之齊？廉如伯夷，不取素餐①，汙武王之義而不臣焉，辭孤竹君，餓而死於首陽之山。廉如此者，何肯步行千里而事弱燕之危主乎？信如尾生，期而不來②，抱梁柱而死。信至如此，何肯揚燕、秦之威於齊而取大功乎哉？且夫信行者，所以自為也，非所以為人也。皆自覆之術③，非進取之道也。且夫三王代興，五霸迭盛，皆不自覆也。君以自覆為可乎？則齊不益於營丘，足下不逾楚境，不窺於邊城之外。且臣有老母於周，離老母而事足下，去自覆之術而謀進取之道，臣之趣固不與足下合者④。足下者自覆之君也，僕者進取之臣也，所謂以忠信得罪於君者也。」

注釋

①不取素餐：不吃白飯。

②信如尾生，期而不來：鮑彪注曰：「《史記》：信如尾生，與女子期於梁下，女子不來，水至不去，抱柱而死。」

③自覆：猶言自我滿足。

④趣：志趣。

譯文

蘇秦又說：「再說像曾參那樣孝順，不肯遠離雙親在外住一宿，您怎麼能派他到齊國去呢？像伯夷那樣廉潔，無功不食，認為武王不義而不願做武王的臣子，辭讓孤竹國的君位，餓死在首陽山上。廉潔到如此地步，怎麼肯步行千里來侍奉弱小燕國中一位處境危險的君王呢？像尾生那樣守信，等待那個女子，久等不來，竟然抱著橋下的柱子被水淹死。守信到如此程度，怎麼肯到齊國宣揚燕、秦兩國的聲威，並取得巨大的成功呢？況且講究信義品行的人，都是為了自我完善，不是為了別人。這都是自我滿足，不是努力進取的方法。再說三王相繼興起，五霸交替興盛，都沒有自

我滿足。您卻自我滿足，行嗎？那樣齊國疆土就不會超出營丘，您也不能跨過楚國邊境，不能窺探邊城之外了。況且我在周地還有老母親，遠離老母親來侍奉大王，拋棄自我滿足的處世方法，尋求進取之道，我的志趣本來就與您不同。您是自我滿足的國君，我是富有進取心的大臣，我就是那種因為忠誠守信而得罪國君的人。」

原文

　　燕王曰：「夫忠信又何罪之有也？」對曰：「足下不知也。臣鄰家有遠為吏者，其妻私人①。其夫且歸，其私之者憂之。其妻曰：『公勿憂也，吾已為藥酒以待之矣。』後二日，夫至，妻使妾奉卮酒進之②。妾知其藥酒也，進之則殺主父，言之則逐主母，乃陽僵棄酒③，主父大怒而笞之④。故妾一僵而棄酒，上以活主父，下以存主母也，忠至如此，然不免於笞，此以忠信得罪者也。臣之事，適不幸而有類妾之棄酒也。且臣之事足下，亢義益國⑤，今乃得罪，臣恐天下後事足下者，莫敢自必也。且臣之說齊，曾不欺之也。使說齊者莫如臣之言也，雖堯、舜之智不敢取也⑥。」

注釋

　　①私人：與人私通。
　　②卮（ㄓ）：古代盛酒的器具。
　　③陽：通「佯」，假裝。僵：倒地，跌倒。
　　④笞（ㄔ）：鞭打。
　　⑤亢：高。
　　⑥取：言取回齊侵燕之十座城池。

譯文

　　燕王說：「忠誠守信有什麼罪？」蘇秦回答說：「您還不知道忠誠守信也有罪吧。我的鄰居有個遠方做官的，他的妻子與人私通。她的丈夫要回來了，與她私通的人很憂慮。他的妻子說：『您不要憂慮，我已經準備好了藥酒等著他呢。』兩天後，她的丈夫回來了，妻子讓小妾捧著那杯酒給她的丈夫。小妾知道那是一杯藥酒，送上去就會毒死男主人，而說出來

女主人就會被驅逐，於是就假裝跌倒扔了酒杯，男主人大怒，鞭打了她一頓。因此，小妾故意跌倒扔了酒杯，上救活了男主人，下使女主人不被驅逐。小妾的忠心到了這種地步，然而卻免不了遭受鞭打，這就是因為忠誠守信而獲罪。我的事，恰恰不幸同小妾扔掉酒杯有類似的地方。況且我事奉您，高王之義，利王之國，現在竟然獲罪，我擔心以後來事奉您的人，沒有敢於有自己的主張的了。再說我遊說齊王，也沒有欺騙過他。那些被派去遊說齊國的人，假如不說像我說的那番話，即使他們有堯、舜一樣的智慧，也不能索回齊國侵佔的十座城池。」

宮他為燕使魏

原文

　　宮他為燕使魏，魏不聽，留之數月。客謂魏王曰：「不聽燕使何也？」曰：「以其亂也①。」對曰：「湯之伐桀，欲其亂也。故大亂者可得其地，小亂者可得其寶。今燕客之言曰：『事苟可聽，雖盡寶、地猶為之也。』王何為不見？」魏王說②，因見燕客而遣之。

注釋

　　①亂：因燕相子之而引起的燕國內亂。
　　②說：通「悅」。

譯文

　　宮他替燕國出使魏國，魏王沒有聽信他的遊說，並且把他扣留了幾個月。有個客人對魏王說：「為什麼不聽信燕國使者的話呢？」魏王說：「因為燕國發生了內亂。」那個客人又對魏王說：「商湯討伐夏桀時，希望夏朝發生內亂。所以大亂的國家，別國可以得到它的土地，小亂的國家，別國可以得到它的珍寶。現在宮他有句話是這樣說的：『我所提出的事情假使魏王能夠聽從，即使用盡珍寶、土地，仍願意去做。』大王為什麼不召見他呢？」魏王很高興，於是召見宮他，並讓他返回燕國。

燕王噲既立

　　燕王噲既立，蘇秦死於齊。蘇秦之在燕也，與其相子之為婚，而蘇代與子之交。及蘇秦死，而齊宣王復用蘇代。燕噲三年，與楚、三晉攻秦，不勝而還。子之相燕，貴重主斷[1]。蘇代為齊使於燕，燕王問之曰：「齊宣王何如？」曰：「必不霸。」燕王曰：「何也？」對曰：「不信其臣。」蘇代欲以激燕王以厚任子之也[2]。於是燕王大信子之。子之因遺蘇代百金[3]，聽其所使。

　　①貴重：尊貴。主斷：專斷。
　　②厚：重。
　　③遺：送。

　　燕王噲即位之後，蘇秦在齊國被殺。蘇秦在燕國的時候，曾與燕相子之結為親家，並且蘇代與子之也很有交情。等到蘇秦死後，齊宣王又任用了蘇代。燕王噲三年，燕國與楚國及韓、趙、魏三國進攻秦國，失敗而歸。當時子之為燕相，地位尊貴，權力很大，而且專斷國事。蘇代替齊國出使燕國，燕王問蘇代說：「齊宣王怎麼樣？」蘇代說：「一定不能稱霸。」燕王說：「為什麼？」蘇代回答說：「他不信任自己的大臣。」蘇代想以此激發燕王，讓燕王重用子之。從此燕王果然信任子之。子之於是送給蘇代百金，任他隨用。

　　鹿毛壽謂燕王曰：「不如以國讓子之。人謂堯賢者，以其讓天下於許由，由必不受，有讓天下之名，實不失天下。今王以國讓相子之，子之必不敢受，是王與堯同行也[1]。」燕王因舉國屬子之[2]，子之大重。或曰：「禹授益而以啟為吏，及老而以啟為不足任天下，傳之益也，啟與支黨攻

益而奪之天下，是禹名傳天下於益，其實令啟自取之。今王言屬國子之，而吏無非太子人者，是名屬子之，而太子用事。」王因收印自三百石吏而效之子之。子之南面行王事，而噲老不聽政③，顧為臣④，國事皆決子之。

注釋

①行（ㄏㄤˊ）：列。
②舉：全。屬：託付，交給。
③聽政：執政。
④顧：反。

譯文

　　有個叫鹿毛壽的人對燕王說：「不如把燕國的權力讓給子之。人們稱堯為賢者，是因為他把天下讓給許由，許由堅決不接受，這樣堯就有讓位天下的美名，而實際上並沒有失掉天下。現在大王把國家讓給子之，子之一定不敢接受，這樣大王就與堯同列了。」燕王於是把整個國家的權力都交給子之，子之的權勢更大了。又有人對燕王說：「禹傳位給伯益，讓啟做伯益的官吏，禹老的時候，認為啟不能統治天下，就把國家的大權傳給了伯益。後來，啟和他的黨羽殺死了伯益，奪取了天下。這樣，禹名義上把天下傳給了伯益，而實際上是讓啟自己奪取天下。現在大王說把國家交給子之，但是官吏沒有不是太子的人，這是名義上把國家交給子之，而實際上是太子執政。」燕王於是收回了三百石以上俸祿的官吏的大印，把這些大印交給子之。子之面南稱王，處理國事，而燕王噲年老不再處理政事，反而做了臣子，國家大事一概由子之決斷。

原文

　　子之三年，燕國大亂，百姓恫怨①。將軍市被、太子平謀，將攻子之。儲子謂齊宣王：「因而僕之②，破燕必矣。」王因令人謂太子平曰：「寡人聞太子之儀，將廢私而立公，飭君臣之義③，正父子之位。寡人之國小，不足先後。雖然，則唯太子所以令之。」太子因數黨聚眾，將軍市被圍公宮，攻子之，不克。將軍市被及百姓乃反攻太子平。將軍市被死以殉④，國構難數月⑤，死者數萬眾，燕人恫恐，百姓離意⑥。

①恫怨：痛恨。

②因：趁機。僕：通「撲」，擊。

③飭：整頓。

④殉：示眾。

⑤構難：遭難。

⑥離意：人心渙散，離心離德。

譯文

子之執政三年，燕國大亂，百姓都痛恨子之。將軍市被與太子平一起謀劃，準備攻擊子之。齊相國儲子對齊宣王說：「我們趁此時機進攻燕國，一定能攻破燕國。」齊宣王於是派人對太子平說：「寡人聽說太子在商議大事，準備廢除私權，確立公理，整頓君臣大義，端正父子綱紀。寡人的國家太小，不能為您前後奔走。雖然如此，還是願意聽從太子的命令。」太子平於是急招黨羽，聚集徒眾，將軍市被圍攻王宮，攻打子之，沒有攻下。將軍市被又和百姓一道攻打太子平。後來將軍市被被殺死示眾，燕國內亂數月，死者數萬人。燕國人都痛恨這場內亂，百姓人心渙散，離心離德。

原文

孟軻謂齊宣王曰：「今伐燕，此文、武之時，不可失也。」王因令章子將五都之兵①，以因北地之眾以伐燕②。士卒不戰，城門不閉，燕王噲死。齊大勝燕，子之亡。二年，燕人立公子平，是為燕昭王③。

注釋

①五都之兵：在戰國時代，只有齊國始終沒有設郡，而設有都。齊國共設有五都，除國都臨淄外，四邊的都具有邊防重鎮的性質。五都均駐有經過考選和訓練的常備兵，即所謂「技擊」，也稱「持戟之士」，因而有所謂「五都之兵」，也稱「五家之兵」。

②北地：鮑彪注：「齊之北，近燕。」

③燕人立公子平，是為燕昭王：公子平死於燕國內亂，燕昭王名職，此處以公子平為燕昭王，恐誤。

譯文

　　孟軻對齊宣王說：「現在進攻燕國，這正如同周文王、周武王討伐商紂王的時機，不可失掉。」齊王於是派大將章子率領齊國五個都邑的軍隊，再加上齊國北部的百姓，一起進攻燕國。燕國士兵不願打仗，也不關閉城門，燕王噲被殺死。齊國大勝燕國，子之也被殺死了。兩年後，燕國人擁立公子平為國君，這就是燕昭王。

燕昭王收破燕後即位

原文

　　燕昭王收破燕後即位，卑身厚幣以招賢者，欲將以報仇。故往見郭隗先生曰：「齊因孤國之亂而襲破燕，孤極知燕小力少，不足以報，然得賢士與共國①，以雪先王之恥，孤之願也。敢問以國報仇者奈何？」郭隗先生對曰：「帝者與師處，王者與友處，霸者與臣處，亡國與役處。詘指而事之②，北面而受學③，則百己者至。先趨而後息，先問而後嘿④，則什己者至。人趨己趨，則若己者至。馮几據杖⑤，眄視指使⑥，則廝役之人至。若恣睢奮擊⑦，呴籍叱咄⑧，則徒隸之人至矣。此古服道致士之法也⑨。王誠博選國中之賢者而朝其門下⑩，天下聞王朝其賢臣，天下之士必趨於燕矣。」

注釋

　　①共國：共同治理國家。
　　②詘指：折節，屈尊。詘，通「屈」。
　　③北：向北。古人以坐北向南為尊位，「北面」即面向老師。受學：接受老師的教導。
　　④嘿：通「默」。
　　⑤馮：通「憑」。

⑥眄（ㄇㄧㄢˇ）：斜視。

⑦恣睢：放縱，暴戾的樣子。

⑧呴（ㄏㄡ）籍叱咄：蹦跳呵叱。呴，通「吼」，吼叫。籍，通「藉」，踐踏。叱咄，大聲呵叱。

⑨服：事。致：招。

⑩誠：果真。博：廣泛地。

譯文

　　燕昭王收復了被齊國打得殘破的燕國之後，即位為王，降低身分用重金招攬賢才，想要依靠這些賢才報仇。於是去見郭隗先生說：「齊國趁著我國內亂攻破了國都，我深知我們燕國國小力薄，無力報仇，然而卻想得到賢能的人與我一起治理國家，以洗刷先王的恥辱，這是我的心願。請問要報國家之仇，應該怎麼辦？」郭隗先生回答說：「稱帝的人與老師相處，稱王的人與朋友相處，稱霸的人與大臣相處，亡國的人只有和僕役相處。屈節侍奉有才能的人，面向北面接受教導，這樣，那些才能超過自己百倍的人就會到來。如果他比別人先去做事，比別人後去休息，先去討教，然後默想，那麼那些才能超過自己十倍的人就會到來。別人去求教，自己也去求教，那些才能與自己相仿的人就會到來。如果靠著几案拄著手杖，斜眼看人傲氣十足地指手劃腳，那麼招來的只能是隨從僕役。如果舉止放縱，蹦跳呵叱，那麼招來的只能是奴隸。這是古人事奉有道之人和招攬賢才的辦法。大王果真能廣泛地選用國內賢才，親自登門拜訪，天下人都會聽說大王去拜訪自己的賢臣，那麼，天下有才能的人一定會紛紛奔向燕國。」

原文

　　昭王曰：「寡人將誰朝而可①？」郭隗先生曰：「臣聞古人之君人有以千金求千里馬者，三年不能得。涓人言於君曰②：『請求之。』君遣之。三月得千里馬，馬已死，買其首五百金，反以報君③。君大怒曰：『所求者生馬，安事死馬而捐五百金④？』涓人對曰：『死馬且買之五百金，況生馬乎？天下必以王為能市馬，馬今至矣。』於是不能期年，千里馬至者三。今王誠欲致士，先從隗始，隗且見事⑤，況賢於隗者乎？豈遠

千里哉？」於是昭王為隗築宮而師之。樂毅自魏往，鄒衍自齊往，劇辛自趙往，士爭湊燕⑥。燕王弔死問生，與百姓同其甘苦。二十八年，燕國殷富，士卒樂佚輕戰⑦。於是遂以樂毅為上將軍，與秦、楚、三晉合謀以伐齊⑧。齊兵敗，閔王出走於外。燕兵獨追北入至臨淄⑨，盡取齊寶，燒其宮室宗廟。齊城之不下者，唯獨莒、即墨。

注釋

①誰朝：即朝誰。

②涓人：宮中負責掃除的官吏。

③反：通「返」。

④生：活。捐：花費。

⑤見事：被任用。

⑥湊：聚集，奔向。

⑦樂佚：生活安定。輕戰：不怕戰爭。

⑧三晉：指韓、趙、魏三國。

⑨北：敗，這裡指敗逃的軍隊。

譯文

燕昭王說：「我應該去拜訪誰呢？」郭隗先生說：「我聽說古代有個想用千金求購千里馬的君王，買了三年也沒有買到。宮中一個管掃除的官吏對這個君王說：『請讓我去買千里馬吧。』君王就派他去了。三個月之後找到了千里馬，但是馬已經死了，就用五百金買下了馬頭，返回來回報君王。君王大怒說：『我所要買的是活馬，哪裡讓你為買死馬就花費五百金呢？』管掃除的官吏回答說：『死馬尚且用五百金來買，更何況是活馬呢？天下人一定會認為大王能買良馬，千里馬就要到了。』在這以後不到一年，送上門來的千里馬就有三匹。如今大王如果真想招攬賢才，先從我開始，我尚且被任用，更何況比我更賢能的人呢？他們怎麼會把千里路程當作遠路呢？」於是，燕昭王就專為郭隗修築了宮殿，向他請教。此後，樂毅從魏國來了，鄒衍從齊國來了，劇辛從趙國來了，有才能的人爭著奔向燕國。燕昭王弔唁死者，慰問生者，與百姓同甘共苦。二十八年過去了，燕國殷實富足，士兵生活安定，不怕戰爭。於是燕昭王任命樂毅為上

將軍，與秦、楚、三晉聯合進攻齊國。齊軍大敗，齊閔王逃往國外。燕軍獨自追擊齊國敗軍，直至進入齊都臨淄，奪取了那裡所有的珍寶，燒毀了齊國宮 下的齊國城邑，只有莒和即墨。

燕王謂蘇代

原文

　　燕王謂蘇代曰：「寡人甚不喜詑者之言也[1]。」蘇代對曰：「周地賤媒，為其兩譽也[2]。之男家曰女美[3]，之女家曰男富。然而周之俗不自為取妻[4]。且夫處女無媒，老且不嫁；舍媒自衒[5]，弊而不售[6]。順而無敗，售而不弊者，唯媒而已矣。且事非權不立[7]，非勢不成。夫使人坐受成事者，唯詑者耳。」王曰：「善矣。」

注釋

　　①詑（ㄉㄢˋ）者：騙子。詑，欺騙。
　　②兩譽：兩面說好話。
　　③之：到，至。
　　④取：通「娶」。
　　⑤衒（ㄒㄩㄢˋ）：通「炫」，誇耀。
　　⑥弊：通「敝」。售：賣，此指出嫁。
　　⑦立：成。

譯文

　　燕王對蘇代說：「我很不喜歡騙子的說教。」蘇代回答說：「周地看不起媒人，因為媒人兩頭說好話。到男家說女子貌美，到女家說男子富有。然而按周地的風俗，男人不自行娶妻。而且年輕女子沒有媒人說媒，到老也不能出嫁；拋開媒人自己去誇耀，磨破了嘴皮也嫁不出去。順應風俗就不會壞事，要想出嫁又不費唇舌，只有找媒人了。況且參與政事離開權術就不能成事，不靠權勢就不能成功。因此，讓人坐享成功的人，只有那些騙子了。」燕王說：「說得對。」

蘇秦自齊獻書於燕王

　　蘇秦自齊獻書於燕王曰[1]:「臣之行也,固知將有口事,故獻御書而行,曰:『臣貴於齊,燕大夫將不信臣;臣賤,將輕臣;臣用,將多望於臣[2];齊有不善,將歸罪於臣;天下不攻齊,將曰善為齊謀;天下攻齊,將與齊兼貿臣[3]。臣之所處重卵也。』王謂臣曰:『吾必不聽眾口與讒言,吾信汝也,猶剗刈者也[4]。上可以得用於齊,次可以得信於下,苟無死,女無不為也,以女自信可也。』與之言曰:『去燕之齊可也,期於成事而已。』臣受令以任齊,及五年。齊數出兵,未嘗謀燕。齊、趙之交,一合一離,燕不與齊謀趙,則與趙謀齊。齊之信燕也,至於虛北地行其兵[5]。今王信田伐與參、去疾之言,且攻齊,使齊大戒而不信燕。今王又使慶令臣曰:『吾欲用所善。』王苟欲用之,則臣請為王事之。王欲醳臣剸任所善[6],則臣請歸醳事。臣苟得見,則盈願。」

　　① 蘇秦:原作「蘇代」。此篇文字見於《戰國縱橫家書》第四章,而第四章有「臣秦拜辭事」之語,故「代」當為「秦」。《燕策一‧人有惡蘇秦於燕王者》、《史記‧蘇秦列傳》並作「蘇秦」。今據改。

　　②望:責。

　　③貿:出賣。

　　④剗刈:剷除。

　　⑤虛:空。行:移。

　　⑥醳(ㄕˋ):通「釋」。剸(ㄓㄨㄢ):通「專」。

　　蘇秦從齊國給燕王送信說:「臣下離開燕國時,本來就知道將會出現有人搬弄是非的事,所以臨行前獻上奏書說:『臣下如果在齊國地位顯貴,燕國大夫就會不信任臣下;如果臣下受到輕視,他們將看不起臣下;臣下受到重視,他們又將更多地責難臣下;齊國如有對燕國不利的舉

動，也將歸罪於臣下；天下諸侯不攻打齊國，他們會說臣下一心為齊國謀劃；天下諸侯進攻齊國，他們又會同齊國一道出賣臣下。臣下的處境危如累卵。』大王當時對臣下說：『我一定不聽眾人的非議和讒言，我相信您，會像除草那樣剷除讒言。您最好能在齊國受到重用，其次能夠得到下邊群臣的信任，只要您還活著，您沒有什麼不可以做的，由您自己作主就可以啊。』大王又同我說：『離開燕國去齊國的事是可行的，只期望事情能辦成功。』臣下接受任務來爭取齊國的任用，到現在有五年了。齊國幾次出兵，都不曾圖謀燕國。齊、趙兩國的邦交，時而聯合，時而分離，燕國不是同齊國圖謀趙國，就是同趙國圖謀齊國。可是齊國一直相信燕國，以至於北部邊境不設軍隊，調走那裡的軍隊進攻別國。如今大王相信田伐和參、去疾等人的話，準備進攻齊國，使齊國大為戒備不再相信燕國。現在大王又派盛慶命令臣下說：『我想任用善於辦事的人。』大王如果想任用這樣的人，那麼臣下請求替大王輔佐他。大王如果想要解我的職而專門任用善於辦事的那個人，那麼臣下請求回燕國解職。臣下如果能夠見到大王，臣下的願望也就滿足了。」

燕饑趙將伐之

原文

　　燕饑，趙將伐之。楚使將軍之燕，過魏，見趙恢[1]。趙恢曰：「使除患無至[2]，易於救患。伍子胥、宮之奇不用，燭之武、張孟談受大賞。是故謀者皆從事於除患之道，而無使除患無至者。今予以百金送公也，不如以言。公聽吾言而說趙王曰：『昔者吳伐齊，為其饑也，伐齊未必勝也，而弱越乘其弊以霸。今王之伐燕也，亦為其饑也，伐之未必勝，而強秦將以兵承王之西，是使弱趙居強吳之處，而使強秦處弱越之所以霸也。願王之熟計之也。』」

　　使者乃以說趙王，趙王大悅，乃止。燕昭王聞之，乃封之以地。

注釋

　　①趙恢：趙國人，在魏國做官。

②使除患無至：鮑彪注曰：「除之使不至。」

　　燕國遇到饑荒，趙國想乘機進攻燕國。楚國派一名將軍去燕國，經過魏國，見到了趙恢。趙恢說：「使人消除災禍，使災禍不來到，比災禍出現了以後再去救災容易。伍子胥和宮之奇都規勸過他們的國君，以便使災禍不致來到，但是吳王和虞君都不聽。鄭國的燭之武說服秦國不要攻打鄭國，趙國的張孟談勸說韓、魏兩國不要攻打趙國，燭之武、張孟談的勸諫都成功了，因而受到了重賞。因此謀士都從事研究消除禍患的方法，而不是在禍患到來之前剷除隱患。現在我送您百金，不如送您一句話。您聽從我的話去遊說趙王說：『從前吳國進攻齊國，是因為齊國鬧饑荒，況且進攻齊國也未能取勝，弱小的越國卻乘吳國疲弊之機，打敗吳國而稱霸。現在大王進攻燕國，也是因為燕國鬧了饑荒，可是您進攻燕國也未必能取勝，而強大的秦國將可能乘機在西部進攻趙國，這是讓弱小的趙國處於當年強大的吳國的地位上，而讓強大的秦國處於當年弱小的越國的地位上。希望大王仔細考慮一下。』」

　　出使的楚國將軍就用這番話遊說趙王，趙王非常高興，就停止進攻燕國。燕昭王聽說後，就用土地封賞了這位楚國將軍。

客謂燕王

　　客謂燕王曰①：「齊南破楚，西屈秦，用韓、魏之兵，燕、趙之眾，猶鞭策也。使齊北面伐燕，即雖五燕不能當。王何不陰出使，散遊士，頓齊兵②，弊其眾③，使世世無患。」燕王曰：「假寡人五年，寡人得其志矣。」蘇子曰：「請假王十年。」燕王說，奉蘇子車五十乘④，南使於齊。

　　①客：據下文當指蘇秦。

　　②頓：困。

　　③弊：疲。

　　④奉：備。

譯文

　　蘇秦對燕王說：「齊國向南打敗了楚國，向西制服了秦國，指揮韓、魏、燕、趙之師，如同用鞭子趕馬一樣。假使齊國到北面進攻燕國，即使有五個燕國也不能抵擋。大王何不暗中派遣使者，差遣遊說之士去各國，使齊兵陷入困境，讓它的百姓疲憊不堪，這樣就可使燕國世代無患。」燕王說：「給我五年時間，我就能實現自己的願望了。」蘇秦說：「讓我給大王十年時間。」燕王十分高興，送給蘇秦五十輛車，讓他出使齊國。

原文

　　謂齊王曰：「齊南破楚，西屈秦，用韓、魏之兵，燕、趙之眾，猶鞭策也。臣聞當世之王，必誅暴正亂，舉無道，攻不義。今宋王射天笞地，鑄諸侯之象，使侍屏匽①，展其臂，彈其鼻，此天下之無道不義，而王不伐，王名終不成。且夫宋，中國膏腴之地②，鄰民之所處也，與其得百里於燕，不如得十里於宋。伐之，名則義，實則利，王何為弗為？」齊王曰：「善。」遂興兵伐宋，三覆宋，宋遂舉③。

　　燕王聞之，絕交於齊，率天下之兵伐齊，大戰一，小戰再，頓齊國，成其名。故曰：因其強而強之，乃可折也；因其廣而廣之，乃可缺也④。

注釋

　　①屏匽（ㄧㄢˇ）：路旁的廁所。

　　②膏腴：肥沃。

　　③舉：滅。

　　④因其強而強之，乃可折也；因其廣而廣之，乃可缺也：利用它的強大而使它逞強，就可以折服它；利用它擴張的野心來增大它的貪欲，就可以殘害它。《老子》36章曰：「將欲歙之，必固張之；將欲弱之，必固強之；將欲廢之，必固興之；將欲奪之，必固與之。」《呂氏春秋・恃君覽・行論》曰：「湣王以大齊驕而殘，田單以即墨城而立功。《詩》曰：『將欲毀之，必重累

之；將欲踣之，必高舉之。』其此之謂乎。」皆與此意同。

譯文

　　蘇秦對齊王說：「齊國向南打敗了楚國，向西制服了秦國，指揮韓、魏、燕、趙之師，如同用鞭子趕馬一樣。我聽說當代有作為的國君，一定要誅殺殘暴的諸侯，平定混亂的天下，討伐無道的昏君，攻打不義的國家。如今宋王箭射天神，鞭打地神，鑄造諸侯的人形，讓它們侍立在路旁的廁所裡，又拉開它們的雙臂，用石子射它們的鼻子，這是天下昏庸無道、不講信義的人，然而大王卻不去攻打他，大王的英名終難成就。況且宋地，是中原最肥沃的土地，齊國的邊民與宋相處，與其從燕國得到百里土地，不如從宋國得到十里土地。進攻宋國，名義上是為了正義，實際上會得到好處，大王為什麼不這樣做呢？」齊王說：「好。」於是發兵進攻宋國，三次擊敗宋國，宋國終於被滅掉。

　　燕王聽說後，即與齊國斷交，率領天下諸侯的軍隊進攻齊國，經過一次大戰，兩次小戰，使齊國疲弊，成就了燕王的聲名。所以說，利用它的強大而使它逞強，就可以折服它；利用它擴張的野心來增大它的貪欲，就可以殘害它。

趙且伐燕

原文

　　趙且伐燕，蘇代為燕謂惠王曰[1]：「今者臣來，過易水，蚌方出曝[2]，而鷸啄其肉，蚌合而拑其喙[3]。鷸曰：『今日不雨，明日不雨，即有死蚌。』蚌亦謂鷸曰：『今日不出，明日不出，即有死鷸。』兩者不肯相舍，漁者得而並禽之[4]。今趙且伐燕，燕、趙久相支以弊大眾[5]，臣恐強秦之為漁父也，故願王之熟計之也。」惠王曰：「善。」乃止。

注釋

　　①惠王：指趙惠文王。
　　②曝：曬。

③拑（〈一ㄢˊ）：通「鉗」，夾住。喙（ㄏㄨㄟˋ）：鳥獸的嘴。
④禽：通「擒」。
⑤支：對抗。弊：疲。

譯文

　　趙國準備進攻燕國，蘇代為了燕國對趙惠文王說：「今天我來您這裡的時候，路過易水，河蚌正出來張開蚌殼曬太陽，一隻鷸鳥啄住了蚌肉，蚌合攏起來夾住了鷸嘴。鷸鳥說：『今天不下雨，明天不下雨，就會有隻死蚌。』河蚌也對鷸鳥說：『今天不放你，明天不放你，就會有隻死鷸。』雙方都不肯鬆開，漁夫看到後，把它們一起抓住了。現在趙國準備進攻燕國，燕、趙兩國長期對抗，讓百姓疲憊不堪，我擔心強大的秦國就要成為漁翁了，所以希望大王仔細考慮這件事。」趙惠文王說：「好。」於是就停止進攻燕國。

張丑為質於燕

原文

　　張丑為質於燕①，燕王欲殺之，走且出境，境吏得丑。丑曰：「燕王所為將殺我者，人有言我有寶珠也，王欲得之，今我已亡之矣，而燕王不我信②。今子且致我③，我且言子之奪我珠而吞之，燕王必當殺子④，刳子腹及子之腸矣⑤。夫欲得之君，不可說以利。吾要且死，子腸亦且寸斷。」境吏恐而赦之。

注釋

　　①張丑：齊國大臣。
　　②不我信：不信我。
　　③致：送。
　　④當：將。
　　⑤刳（ㄎㄨ）：剖。

[譯文]

　　齊臣張丑到燕國去作人質，燕王想殺他，張丑逃跑，快要逃出邊境時，邊境上的官吏抓住了他。張丑說：「燕王所以要殺我，是因為有人說我有寶珠，燕王想得到它，但是現在我已經丟了寶珠，可是燕王不相信我。今天您準備把我送到燕王那裡，我就說您奪去了我的寶珠併吞進了肚子裡，燕王一定會殺了您，剖開您的肚子和腸子。想要得到國君的賞識，也不該用財物取悅於他。我如果被腰斬而死，您的腸子也會一寸寸地被切斷。」邊境上的這個官吏很害怕，就放了張丑。

宋策

題解

《宋策》記載了宋國歷史上的重大事件。《齊攻宋宋使臧子索救於荊》寫宋臣臧子的先見之明。《公輸般為楚設機》寫墨子巧諫楚王，從而使其取消了攻打宋國的行動。《謂大尹曰》寫能使宋國大臣大尹長期執掌宋國政事的計策。《魏太子自將過宋外黃》寫魏惠王太子申之死。《宋康王之時有雀生鷂》寫宋康王暴虐無道，終於落得個身死國亡的可悲下場。

齊攻宋宋使臧子索救於荊

原文

　　齊攻宋，宋使臧子索救於荊①。荊王大說②，許救甚勸③。臧子憂而反④。其御曰：「索救而得，有憂色，何也？」臧子曰：「宋小而齊大。夫救於小宋而惡於大齊，此王之所憂也；而荊王說甚，必以堅我。我堅而齊弊，荊之利也。」臧子乃歸。齊王果攻，拔宋五城而荊王不至⑤。

注釋

　　①索：求。
　　②説：通「悅」。
　　③勸：鮑彪注曰：「勸，力也。」
　　④反：通「返」。
　　⑤拔：攻下。

譯文

　　齊國進攻宋國，宋國派臧子向楚國求救。楚王很高興，表示全力相救。臧子卻憂心忡忡地返回宋國。他的車夫說：「求救的目的達到了，可是您卻面帶憂色，為什麼？」臧子說：「宋國是小國，而齊國卻是大國。

援救弱小的宋國而得罪強大的齊國，這是任何國君都憂慮的事，而楚王卻很高興，這一定是用救宋的空話來堅定我國與齊國作戰的信心；我國信心堅定了，齊國就會因戰爭而疲弊，這對楚國大有好處。」臧子便回到宋國。不久，齊王果然攻打宋國，攻下了宋國的五座城邑，楚王也沒有派兵來救。

公輸般為楚設機

原文

公輸般為楚設機[①]，將以攻宋。墨子聞之，百舍重繭[②]，往見公輸般，謂之曰：「吾自宋聞子。吾欲籍子殺人。」公輸般曰：「吾義固不殺人。」墨子曰：「聞公為雲梯[③]，將以攻宋。宋何罪之有？義不殺人而攻國，是不殺少而殺眾。敢問攻宋何義也？」公輸般服焉，請見之王。

墨子見楚王曰：「今有人於此，舍其文軒[④]，鄰有弊輿而欲竊之；舍其錦繡，鄰有短褐而欲竊之[⑤]；舍其粱肉[⑥]，鄰有糟糠而欲竊之。此為何若人也？」王曰：「必為有竊疾矣。」

注釋

①機：指機械戰具。

②百舍：百里為一舍。重繭：厚繭。

③雲梯：古代攻城時攀登城牆的長梯。高誘注曰：「梯長而高，上至於雲，故曰雲梯也。」鮑彪注曰：「梯之高上如雲。」

④文軒：文車，雕飾精美的車子。軒，車的通稱。

⑤短褐：粗布短衣。

⑥粱肉：精美的食物。粱，好粟。

譯文

魯國巧匠公輸般為楚國製造攻戰機械，準備用它攻打宋國。墨子聽說這件事後，步行萬里，腳上都走出了老繭，到楚國去見公輸般，對公輸般說：「我在宋國就聽說您的大名。我想借你的手去殺人。」公輸般說：

「我本來就講究仁義不殺人。」墨子說：「聽說您製造雲梯，將要用它攻打宋國。宋國有什麼罪過？講仁義不殺人卻幫助進攻別國，這是不殺少而殺多。請問進攻宋國有什麼仁義？」公輸般信服，墨子請求公輸般為自己引見楚王。

墨子見到楚王說：「現在這裡有這樣一個人，捨棄自己雕飾精美的車子，鄰居有破車卻想偷竊；捨棄自己的錦繡衣服，鄰居有粗布短衣卻想偷竊；捨棄自己的精美食物，鄰居有糟糠卻想偷竊。這是一個什麼樣的人呢？」楚王說：「這個人一定是患了偷竊病。」

原文

墨子曰：「荊之地方五千里，宋方五百里，此猶文軒之與弊輿也①；荊有雲夢，犀兕麋鹿盈之②，江、漢魚鱉黿鼉為天下饒③，宋所謂無雉兔鮒魚者也，此猶粱肉之與糟糠也；荊有長松、文梓、梗④、楠、豫樟，宋無長木，此猶錦繡之與短褐也。臣以為王吏之攻宋，為與此同類也。」王曰：「善哉！請無攻宋⑤。」

注釋

①弊：破。

②兕（ㄙ丶）：雌犀牛。麋（ㄇ一ˊ）：獸名，俗稱四不像。盈：充滿。

③黿（ㄩㄢˊ）：鱉的一種。鼉（ㄊㄨㄛˊ）：鱷魚。饒：多。

④梗（ㄆㄧㄢˊ）：南方大木名。

⑤無：勿。

譯文

墨子說：「楚國土地方圓五千里，宋國方圓五百里，這如同雕飾精美的車和破車；楚國有雲夢澤，犀牛、野牛、麋鹿充滿澤中，長江、漢水盛產魚、鱉、大黿和鱷魚，是天下出產最多的地方，而宋國是一個人們所說的沒有野雞、兔子和鯽魚的地方，這如同精美的食物和糟糠相比一樣；楚國有高大的松樹、梓樹、梗樹、楠樹、樟樹，宋國卻沒有高大的樹木，這如同錦繡衣服和粗布短衣相比一樣。因此我認為大王的官吏進攻宋國，與

上述情形相似。」楚王說：「講得好！我們不去攻打宋國了。」

謂大尹曰

原文

　　謂大尹曰[1]：「君日長矣，自知政，則公無事。公不如令楚賀君之孝，則君不奪太后之事矣[2]，則公常用宋矣[3]。」

注釋

　　[1]大尹：高誘注：「大尹，宋卿也。」
　　[2]君不奪太后之事：鮑彪注曰：「后時與政。」高誘注：「事，政事也。」
　　[3]公常用宋：高誘注：「與后共為政。太后不見奪政，則太尹亦不見廢也。故云常用於宋也。」鮑彪注曰：「見用於宋，尹蓋太后之人。」

譯文

　　有人對宋國大臣大尹說：「宋君一天比一天長大，自己就要親自理政，那麼您就再也沒有執掌政事的機會了。您不如讓楚國派使臣來祝賀宋君孝順母親，那麼宋君就不會剝奪太后執掌政事的權力，那麼您就可以常在宋國掌權了。」

魏太子自將過宋外黃

原文

　　魏太子自將，過宋外黃。外黃徐子曰：「臣有百戰百勝之術，太子能聽臣乎？」太子曰：「願聞之。」客曰：「固願效之[1]。今太子自將攻齊，大勝併莒，則富不過有魏，而貴不益為王。若戰不勝，則萬世無魏。此臣之百戰百勝之術也。」太子曰：「諾。請必從公之言而還。」客曰：「太子雖欲還，不得矣。彼利太子之戰攻，而欲滿其意者眾[2]，太子雖欲

還，恐不得矣。」太子上車請還。其御曰：「將出而還，與北同③，不如遂行。」遂行，與齊人戰而死，卒不得魏。

注釋

①效：獻。

②彼利太子之戰攻，而欲滿其意者眾：高誘注：「彼，謂魏戰士也。欲使太子戰，得其利，以盈滿其志意。眾，多也。」鮑彪注曰：「希賞也。」

③與北同：高誘注：「北，退走也。與退走者同罪。」

譯文

魏國太子親自率軍隊進攻齊國，路過宋國外黃。外黃人徐子對魏太子說：「臣下有百戰百勝的方法，太子能聽臣下說一說嗎？」魏國太子說：「願意聽。」徐子說：「臣下的確想把這意見獻給您。如今太子親自率軍隊進攻齊國，如果取得大勝，吞併了莒地，那富貴也超不過擁有魏國，顯貴也不會超過做國君。如果打不勝，您就會永世失去魏國。臣下認為您不要親率軍攻打齊國，這就是臣下百戰百勝的方法。」魏國太子說：「好吧。我一定聽您的話，返回魏國。」徐子說：「太子即使想回去，恐怕也做不到了。那些利用太子攻戰機會謀取好處，想要滿足私欲的人太多了，太子雖然想回去，恐怕做不到了。」太子登上戰車請將士們回去。他的車夫說：「將領出征無故而還，這與戰敗逃跑同罪，您不如繼續向前。」魏國太子只好帶兵前進，同齊國開戰，太子不幸戰死，終究沒有得到魏國。

宋康王之時有雀生鷇

原文

宋康王之時，有雀生鷇於城之陬①。使史占之，曰：「小而生巨，必霸天下。」康王大喜。於是滅滕，伐薛，取淮北之地。乃愈自信，欲霸之亟成，故射天笞地，斬社稷而焚滅之②，曰：「威服天下鬼神。」罵國老諫者，為無顏之冠以示勇，剖傴之背③，鍥朝涉之脛④，而國人大駭⑤。齊聞而伐之，民散，城不守。王乃逃倪侯之館⑥，遂得而死⑦。見祥而不為

祥，反為禍。

注釋

①鸇（ㄓㄢ）：一種似鶴、鷹的猛禽。陬（ㄗㄡ）：隅，城牆牆角。

②斬：斷。社稷：此指土神、穀神的牌位。

③傴（ㄩˇ）：駝背，羅鍋兒。

④鍥：斷。脛：小腿。

⑤駭：高誘注：「亂憂也。」

⑥倪侯：鮑彪注曰：「侯，其臣也。」

⑦得：獲。

譯文

宋康王之時，有隻小鳥在城牆的角落生了一隻鸇鳥。宋康王讓太史占卜，太史說：「小鳥生出大鳥，一定能稱霸天下。」宋康王大喜過望。於是出兵滅掉了滕國，進攻薛國，奪取了齊國的淮北之地。宋康王更加自信，想盡快實現霸業，所以他上用箭射天神，下又鞭打地神，還砍掉了土神、穀神的神位，把它們燒掉，說：「我用威力降服天地鬼神。」他痛罵國老中敢於勸諫的大臣，他戴上沒有帽沿的帽子來表示勇敢。他剖開駝背人的後背，砍斷早晨過河人的小腿，因此，國中的人非常恐慌。齊國聽說後進攻宋國，百姓四處逃散，城也沒有人把守。宋康王逃到大臣倪侯的家裡，很快就被齊國人抓住殺死了。宋康王看到吉兆卻不做好事，吉祥反而成了災禍。

衛策

　　《衛策》記載了衛國歷史上的重大事件。《智伯欲伐衛》寫衛國大臣南文子的賢能。《智伯欲襲衛》寫衛國大臣南文子識破智伯偷襲衛國的陰謀。《犀首伐黃》寫衛國大臣南文子判斷局勢之準確。《衛嗣君病》寫衛國大臣殷順且如何獲得相國職位之事。《衛嗣君時胥靡逃之魏》寫衛嗣君以百金和城邑向魏國贖其罪犯，反映了衛嗣君的治國之道。《衛人迎新婦》透過描寫衛人迎娶新媳婦時，新媳婦講的三句話，說明了一個淺顯的道理：說話要選擇恰當的時機和場合。

智伯欲伐衛

原文

　　智伯欲伐衛，遺衛君野馬四①，白璧一。衛君大悅，群臣皆賀，南文子有憂色②。衛君曰：「大國大歡，而子有憂色何？」文子曰：「無功之賞，無力之禮③，不可不察也。野馬四，白璧一，此小國之禮也，而大國致之④，君其圖之⑤。」衛君以其言告邊境。智伯果起兵而襲衛，至境而反⑥，曰：「衛有賢人，先知吾謀也。」

注釋

　　①遺：贈，送給。野馬：駒駼（ㄊㄠˊ ㄊㄨˊ），北方的良馬。
　　②南文子：衛臣。
　　③無力：猶言不費力。
　　④致：獻。
　　⑤圖：考慮。
　　⑥反：通「返」。

譯文

智伯要進攻衛國，就送給衛國國君良馬四匹，白璧一塊。衛國國君非常高興，群臣都來道賀，只有南文子面露憂色。衛國國君說：「全國一片歡騰，您為什麼卻面有憂色？」南文子說：「無功而受賞，未出力而受禮，不可不詳察原因。四匹良馬，一塊白璧，這是小國才贈送的禮物，而大國卻送來這樣的禮物，您還是考慮一下吧。」衛國國君就把南文子的話轉告給邊境守軍。智伯果然派兵偷襲衛國來了，到了邊境又返回去了，智伯說：「衛國有賢人，預先就知道了我的計謀。」

智伯欲襲衛

原文

智伯欲襲衛①，乃佯亡其太子，使奔衛。南文子曰：「太子顏為君子也②，甚愛而有寵，非有大罪而亡，必有故。」使人迎之於境，曰：「車過五乘，慎勿納也③。」智伯聞之，乃止。

注釋

①襲：乘人不備而進攻。
②太子顏：智伯的長子，名顏。君：指智伯。
③慎：謹慎，小心。

譯文

智伯想偷襲衛國，就派他的太子假裝逃亡，讓他投奔衛國。衛臣南文子說：「太子顏是智伯的兒子，智伯又很寵愛他，並沒有什麼大罪卻逃出國，其中必有緣故。」南文子派人在邊境上迎接他，並囑咐說：「假如太子顏的車超過五輛，千萬不要放他入境。」智伯聽說後，就取消了太子去衛國的計畫。

犀首伐黃

　　犀首伐黃①，過衛，使人謂衛君曰：「弊邑之師過大國之郊，曾無一介之使以存之乎②？敢請其罪。今黃城將下矣，已，將移兵而造大國之城下③。」衛君懼，束組三百緄④，黃金三百鎰，以隨使者。南文子止之曰：「是勝黃城，必不敢來；不勝，亦不敢來。是勝黃城，則功大名美，內臨其倫⑤。夫在中者惡臨，議其事。蒙大名，挾成功，坐御以待中之議，犀首雖愚，必不為也。是不勝黃城，破心而走⑥，歸恐不免於罪矣！彼安敢攻衛以重其不勝之罪哉⑦？」果勝黃城，帥師而歸，遂不敢過衛。

注釋

　　①犀首：鮑彪注曰：「犀首，魏官名，非公孫衍。」
　　②存：慰問。
　　③造：至。
　　④緄（ㄍㄨㄣˇ）：捆。
　　⑤內臨其倫：鮑彪注曰：「臨，言以功處其上。倫，其輩類。」
　　⑥破心：猶言恐懼。
　　⑦重：加重。

譯文

　　魏將犀首率兵進攻黃國，路過衛國，他派人對衛國國君說：「敝國軍隊路過貴國郊外，竟連一個使者也沒派來慰問我國軍隊？請問我們有什麼罪過。現在黃國的城邑就要被攻下了，攻下後，我們就將調兵到貴國的城下。」衛國國君很害怕，捆紮了三百捆綬帶，準備了三百鎰黃金，讓使者帶上這些東西出使。南文子阻止衛國國君說：「這次犀首如果在黃城取勝，一定不敢來攻打衛國；沒有取勝，也不敢來攻打。他在黃城取勝，那麼他就取得了很大的功勞，贏得了很好的名聲，就會居功蔑視他的同事。在國中的大臣就會討厭他的居高，說他的壞話。有了大名，獲得成功，卻滯留在衛國等國中人的非議，他即使再愚蠢，也一定不會這樣做。這次如

果不能在黃城取勝，他將懷著恐懼的心理逃回魏國，回國後還會擔心免不了要受懲罰！他怎麼敢進攻衛國加重沒有戰勝黃國的罪過呢？」犀首果然在黃城取得了勝利，率軍直接回國，沒敢經過衛國。

衛嗣君病

原文

衛嗣君病[1]。富術謂殷順且曰：「子聽吾言也說君[2]，勿益損也，君必善子。人生之所行，與死之心異。始君之所行於世者，食高麗也[3]；所用者，縷錯、挈薄也[4]。群臣盡以為君輕國而好高麗，必無與君言國事者。子謂君：『君之所行天下者甚謬。縷錯主斷於國，而挈薄輔之，自今以往者，公孫氏必不血食矣[5]。』」

君曰：「善。」與之相印，曰：「我死，子制之。」嗣君死，殷順且以君令相公期，縷錯、挈薄之族皆逐也[6]。

注釋

①衛嗣君：衛平侯之子，秦王貶其號為君。
②說：勸。
③食高麗：猶言貪戀美色。食，吃，猶言貪戀。高麗，個高貌美，猶言美色。
④縷（ㄒㄧㄝˋ）錯、挈（ㄇㄨˊ）薄：都是衛嗣君的寵臣。
⑤公孫氏：衛國姓。不血食：不能祭祀祖宗，即亡國。
⑥族：屬，類。

譯文

衛平侯之子嗣君病重。富術對殷順且說：「您按我的話去勸說衛君，不要增減一字，衛君一定會親近您。人活著時候的所作所為，和快要死時的想法是不一樣的。當初衛君在世時所做的，是貪戀美色；所任用的，是縷錯、挈薄一類的寵臣。群臣都認為衛君不重視國事而貪圖美色，一定沒有人同衛君談論國事。所以您應該對衛君這樣說：『您過去的所作所為很

荒謬。緤錯在國內獨斷專行，而且還有挐薄幫助他，從今往後，衛國一定會亡國了。』」

殷順且把富術教給他的這些話一字不減地稟告了衛君。衛君聽完後說：「說得好。」就把相印交給了殷順，且說：「我死之後，你要管理衛國。」衛嗣君死後，殷順且憑藉先君的遺命作了衛國的相國，輔佐衛嗣君的兒子公期。緤錯、挐薄一類的奸佞之臣都被驅逐出去了。

衛嗣君時胥靡逃之魏

原文

衛嗣君時，胥靡逃之魏[1]，衛贖之百金，不與。乃請以左氏[2]。群臣諫曰：「以百金之地，贖一胥靡，無乃不可乎？」君曰：「治無小，亂無大。教化喻於民[3]，三百之城，足以為治；民無廉恥，雖有十左氏，將何以用之？」

注釋

①胥靡：高誘注：「有罪之賢人。」吳師道云：「晉灼曰：『胥，相也；靡，隨也。』顏曰：『連繫相隨而服役之，猶今之囚徒。』」

②左氏：衛國邑名。

③喻：通「諭」，這裡指教導之意。

譯文

衛嗣君的時候，衛國的一個罪犯胥靡逃到了魏國，衛國用一百斤金贖胥靡，魏國不給。於是衛君請求用左氏邑交換。群臣勸諫衛嗣君說：「用百金和左氏邑贖回一個胥靡，恐怕不合適吧？」衛君說：「一個國家治理得好，不在於國小；一個國家治理得混亂，不在於國大。用教化來教導百姓，三百戶人家的城邑足可以治理得很好。假如百姓不懂廉恥，即使有十座左氏邑，又將有什麼用處呢？」

衛人迎新婦

原文

　　衛人迎新婦，婦上車，問：「驂馬[1]，誰馬也？」御曰：「借之。」新婦謂僕曰：「拊驂[2]，無笞服[3]。」車至門，扶，教送母曰[4]：「滅灶，將失火。」入室見臼[5]，曰：「徙之牖下[6]，妨往來者。」主人笑之。

　　此三言者，皆要言也，然而不免為笑者[7]，蚤晚之時失也[8]。

注釋

①驂馬：兩旁拉套的馬。

②拊（ㄈㄨˇ）：擊。

③服：中間駕轅的馬。

④送母：送新婦之老婦。鮑彪注曰：「母，送婦者。將還，故戒之。」

⑤臼：舂米的器具，用石頭或木頭作成，中部凹下。

⑥牖（ㄧㄡˇ）：窗戶。

⑦為：被。者：表示原因。

⑧蚤：通「早」。

譯文

　　有個衛國人迎娶新媳婦，新媳婦上車後，問：「驂馬，是誰家的馬？」駕車的人說：「是借來的。」新媳婦於是就對駕車的人說：「打驂馬，別打轅馬。」車子到了夫家門口，扶新媳婦進門時，新媳婦又對送她的老婦說：「把灶裡的火滅掉，以防失火。」到了屋裡看到舂米的石臼，新媳婦又說：「把石臼搬到窗戶下，以免妨礙來往的人走路。」主人很笑話她。

　　新娘這三句話，都是很要緊的話，然而免不了要受人嘲笑，這是因為她說話的時機不當。

題解

　　《中山策》記載了中山國歷史上的重大事件。《魏文侯欲殘中山》寫常莊談為防魏併中山，累及趙國，勸諫趙襄子娶魏文侯女兒公子傾為妻。《司馬憙使趙》寫中山國大臣司馬憙巧解自己殺身之禍的事。《司馬憙三相中山》寫中山國大臣田簡巧計使中山君美人陰簡盡釋對司馬憙的嫉恨。《陰姬與江姬爭為后》寫中山國大臣司馬憙巧計使中山王立陰姬為后之事。《主父欲伐中山》寫趙武靈王派李疵察看中山國情況，以及李疵陳述中山國將要滅亡的徵兆。《中山君饗都士》透過描述發生在中山君身上的兩件小事，說明了一個淺顯的道理：施恩不在於多少，應在最困難的時候；怨恨不在於深淺，在於是否傷害人心。

魏文侯欲殘中山

原文

　　魏文侯欲殘中山①。常莊談謂趙襄子曰：「魏併中山，必無趙矣②。公何不請公子傾以為正妻，因封之中山③，是中山復立也④。」

注釋

　　①殘：滅。

　　②必無趙：高誘注曰：「兼有中山，必復以次取趙。」

　　③封之中山：高誘注曰：「公子傾，魏君之女，封之於中山，以為邑。」

　　④中山復立：高誘注曰：「是則中山不殘也，故云『中山復立』，猶存也。」

譯文

　　魏文侯想滅掉中山國。趙襄子家臣常莊談對趙襄子說：「魏國如果吞併中山國，接著就會攻打趙國，趙國必將滅亡。您為什麼不請求魏文侯，娶他的女兒公子傾做您的正妻，趁機把她的封邑封在中山國，這樣中山國就可以繼續存在了。」

司馬憙使趙

原文

　　司馬憙使趙[1]，為己求相中山。公孫弘陰知之[2]。中山君出，司馬憙御，公孫弘參乘。弘曰：「為人臣，招大國之威，以為己求相，於君何如？」君曰：「吾食其肉，不以分人。」司馬憙頓首於軾曰：「臣自知死至矣！」君曰：「何也？」「臣抵罪[3]。」君曰：「行，吾知之矣。」居頃之，趙使來，為司馬憙求相。中山君大疑公孫弘，公孫弘走出。

注釋

　　①司馬憙（ㄒ一ˇ）：中山國大臣。憙，同「喜」。
　　②公孫弘：中山國大臣。陰：暗中。
　　③抵：當。

譯文

　　司馬憙出使趙國，讓趙國替自己謀求中山國相國的職位。中山國大臣公孫弘暗中知道了這件事。一次中山君外出，司馬憙駕車，公孫弘陪乘。公孫弘對中山君說：「做人臣子的，利用大國的威勢為自己謀求相位，在您看來，這種人怎麼樣？」中山君說：「我吃他的肉，不把肉分給別人。」司馬憙急忙在車前的橫木上叩頭說：「臣下自知死期到了。」中山君說：「為什麼這樣？」司馬憙說：「臣下當受死罪。」中山君說：「走吧，我知道了。」過了一段時間，趙國的使者來到中山國，為司馬憙謀取相位。中山君很懷疑公孫弘與趙國暗中有來往，公孫弘只好逃離中山國。

司馬憙三相中山

原文

　　司馬憙三相中山，陰簡難之①。田簡謂司馬憙曰：「趙使者來屬耳②，獨不可語陰簡之美乎？趙必請之，君與之，即公無內難矣。君弗與趙，公因勸君立之以為正妻。陰簡之德公③，無所窮矣。」果令趙請，君弗與。司馬憙曰：「君弗與趙，趙王必大怒，大怒則君必危矣。然則立以為妻，固無請人之妻不得而怨人者也。」田簡自謂取使④，可以為司馬憙，可以為陰簡，可以令趙勿請也。

注釋

　　①陰簡難之：高誘注：「陰簡，中山君美人也。難，惡也。」鮑彪注曰：「陰簡，姬名也。難，謂忌之。」

　　②屬耳：探聽，刺探。

　　③德：感激。

　　④自謂：自稱。

譯文

　　司馬憙三次做中山國的相國，中山君的美人陰簡很忌恨他。田簡對司馬憙說：「趙國使者來中山探聽消息，難道不可以對他說一說陰簡的美貌嗎？趙王一定會請求娶陰簡，如果君王把陰簡送給趙王，您就沒有內患了。如果君王不把陰簡送給趙王，您就趁機勸君王立陰簡為正妻。陰簡感激您的恩德，就會報答不盡。」司馬憙果然讓趙國要陰簡，中山君不給。司馬憙說：「您不把陰簡送給趙國，趙王一定會大怒，趙王大怒，您的處境必然危險。但如果您能把陰簡立為正妻，那就不會出現要求娶別人的正妻而不得就怨恨人家的事情了。」田簡自己認為，照這個辦法去做，不僅能幫助司馬憙，幫助陰簡，還能使趙國無法要去陰簡。

陰姬與江姬爭為后

原文

陰姬與江姬爭為后[1]。司馬憙謂陰姬公曰：「事成[2]，則有土子民[3]；不成，則恐無身。欲成之，何不見臣乎？」陰姬公稽首曰：「誠如君言，事何可豫道者[4]。」司馬憙即奏書中山王曰：「臣聞弱趙強中山。」中山王悅而見之曰：「願聞弱趙強中山之說。」司馬憙曰：「臣願之趙，觀其地形險阻，人民貧富，君臣賢不肖[5]，商敵為資[6]，未可豫陳也。」中山王遣之。

注釋

①江姬：中山君美人。后：國君的正妻，皇后。
②事成：「爭為后」之事成功。
③有土：據有土地。子民：統治百姓。
④豫：預先。
⑤不肖：不賢。
⑥商：比較。

譯文

中山國的陰姬和江姬爭做王后。司馬憙對陰姬的父親說：「爭為王后的事如果能夠成功，就會得到土地，統治百姓；不能成功，恐怕就會性命難保。想使事情成功，為什麼不來見我呢？」陰姬的父親叩頭說：「真像您說的那樣，但怎麼可以事先說出厚報的話呢？」司馬憙立即就向中山王上書說：「我知道削弱趙國強大中山的辦法。」中山王高興地召見他說：「願意聽一聽削弱趙國強大中山的計謀。」司馬憙說：「我希望到趙國去，觀察那裡的地形和山川險阻情況，人民的貧富，君臣的賢愚，比較敵我力量作為參考，現在還不能預先妄言。」於是中山王派司馬憙去趙國。

原文

見趙王曰：「臣聞趙，天下善為音，佳麗人之所出也[1]。今者，臣

來至境，入都邑，觀人民謠俗②，容貌顏色殊無佳麗好美者。以臣所行多矣，周流無所不通③，未嘗見人如中山陰姬者也，不知者特以為神④，力言不能及也⑤。其容貌顏色固已過絕人矣，若乃其眉目、准頰、權衡、犀角、偃月⑥，彼乃帝王之后，非諸侯之姬也。」趙王意移，大悅曰：「吾願請之，何如？」司馬憙曰：「臣竊見其佳麗，口不能無道爾⑦。即欲請之，是非臣所敢議，願王無泄也。」

注釋

①佳麗人：美女。

②謠：歌謠，民歌。俗：風俗，習俗。

③周流：周遊。通：達，至。

④特：乃。

⑤力言：盡力言之。一說「力言不能及」五字為高誘注，誤入正文。

⑥准：鼻子。頰（ㄜˊ）：鼻樑。權：兩頰。衡：眉宇。犀角：指頭型。偃月：額頭。

⑦爾：通「耳」。

譯文

　　司馬憙見到趙王說：「我聽說，趙國是天下最擅長音律的國家，美女多出自趙國。現在我來到趙國，也到過了大小城市，聽了民謠，觀看了民俗，從人們的容貌臉色上看，並沒有特別漂亮好看的女子。我到過的地方很多，周遊各地無所不往，不曾見過比中山陰姬更美的人，不知道的，還以為是仙女，竭盡言辭也描摹不出。她的容貌姿色本來就超過了那些絕代佳人，如果說到她的眉毛、眼睛、鼻子、面頰、眉宇、頭型和額頭，那真是帝王之后的長相，絕不該是諸侯的姬妾。」趙王開始動心了，非常高興地說：「我想把她娶來，怎麼樣？」司馬憙說：「我見她那樣美麗，所以嘴裡不能不說出來。假如您想娶她，這不是我敢議論的事，希望大王不要把此事洩露出去。」

原文

　　司馬憙辭去，歸報中山王曰：「趙王非賢王也。不好道德，而好聲

色；不好仁義，而好勇力。臣聞其乃欲請所謂陰姬者。」中山王作色不悅。司馬憙曰：「趙強國也，其請之必矣。王如不與①，即社稷危矣②；與之，即為諸侯笑。」中山王曰：「為將奈何？」司馬憙曰：「王立為后，以絕趙王之意。世無請后者。雖欲得請之，鄰國不與也③。」中山王遂立以為后，趙王亦無請言也。

注釋

①與：同意，贊同。

②即：則。

③與：贊同。

譯文

　　司馬憙辭別趙王，回到中山國，向中山王彙報說：「趙王不是一個賢明的君王。他不喜歡修養道德，而是喜歡淫聲美色；不講求仁義，而是崇尚暴力。我還聽說他還想娶陰姬。」中山王臉色一變，很不高興。司馬憙說：「趙國是一個強國，趙王想要就一定會要的。大王如果不同意，國家就會危險；如果同意，就要被諸侯們恥笑。」中山王說：「該怎樣辦呢？」司馬憙說：「大王可以立陰姬為王后，以此來斷絕趙王娶陰姬的念頭。世上還沒有要娶人家王后的呢。即使趙王想娶，鄰國也不會贊同。」中山王於是就立陰姬為王后，趙王也沒有再說要娶陰姬的話。

主父欲伐中山

原文

　　主父欲伐中山①，使李疵觀之②。李疵曰：「可伐也。君弗攻，恐後天下。」主父曰：「何也？」對曰：「中山之君，所傾蓋與車而朝窮閭隘巷之士者，七十家。」主父曰：「是賢君也，安可伐？」李疵曰：「不然。舉士③，則民務名不存本④；朝賢，則耕者惰而戰士懦。若此不亡者，未之有也。」

注釋

①主父：即趙武靈王。

②李疵：趙臣。

③舉：選拔，任用。

④務：追求，專力於。本：農業。

譯文

　　趙武靈王要攻打中山國，派李疵去察看情況。李疵說：「可以進攻了。您如果再不攻打中山，恐怕就要落在別國的後面了。」趙武靈王說：「為什麼？」李疵回答說：「中山國的國君，把車蓋放在車裡去拜訪住在窮街僻巷的士人，拜訪了七十家。」趙武靈王說：「這是位賢君，怎麼可以攻打呢？」李疵說：「不是這樣。治理國家，如果只選拔士人，那麼百姓就會追求虛名，不會把心思放在農業上；拜訪賢者，那麼耕種的人就會懶惰，戰士怯懦貪生。像這樣的國家如果不滅亡，以前從來沒有過。」

中山君饗都士

原文

　　中山君饗都士①，大夫司馬子期在焉。羊羹不遍，司馬子期怒而走於楚②，說楚王伐中山。中山君亡，有二人挈戈而隨其後者③，中山君顧謂二人：「子奚為者也④？」二人對曰：「臣有父，嘗餓且死⑤，君下壺飧餌之⑥。臣父且死，曰：『中山有事，汝必死之。』故來死君也。」中山君喟然而仰歎曰：「與不期眾少⑦，其於當厄⑧；怨不期深淺，其於傷心。吾以一杯羊羹亡國，以一壺　得士二人。」

注釋

①饗（ㄒㄧㄤˇ）：通「享」，用酒食款待客人。

②走：奔，出奔。

③挈（ㄑㄧㄝˋ）：提。

④奚：何，什麼。

⑤且：將。

⑥飧（ㄙㄨㄣ）：小食。餌：食，拿東西給人吃。

⑦期：在。

⑧厄：困。

譯文

　　中山君宴請城中的士人，大夫司馬子期也在其中。分羊肉羹時沒有分到司馬子期那裡，司馬子期盛怒之下出奔到了楚國，遊說楚王進攻中山國。中山君被逼逃亡，有兩個人手提著戈緊跟在他的後面，中山君回頭對這兩個人說：「你們是幹什麼的？」那兩個人回答說：「我們的父親曾經餓得快要死了，您拿出壺中的食物給他吃。父親在臨死的時候，說：『中山國如果有戰事，你們一定要效死力。』所以我們來為您死戰。」中山君很感慨，仰天長歎說：「施恩不在於多少，應在最困難的時候；怨恨不在於深淺，在於是否傷害人心。我因為一杯羊肉羹滅亡了國家，因為一壺食物贏得了兩位義士。」

附錄

劉向書錄

　　護左都水使者光祿大夫臣向言：所校中《戰國策》書，中書餘卷，錯亂相糅莒。又有國別者八篇，少不足。臣向因國別者，略以時次之，分別不以序者以相補，除復重，得三十三篇。本字多誤脫為半字，以「趙」為「肖」，以「齊」為「立」，如此字者多。中書本號，或曰《國策》，或曰《國事》，或曰《短長》，或曰《事語》，或曰《長書》，或曰《修書》。臣向以為戰國時，遊士輔所用之國，為之策謀，宜為《戰國策》。其事繼春秋以後，訖楚、漢之起，二百四十五年間之事，皆定以殺青，書可繕寫。

　　敘曰：周室自文、武始興，崇道德，隆禮義，設辟雍泮宮庠序之教，陳禮樂弦歌移風之化。敘人倫，正夫婦，天下莫不曉然。論孝悌之義，惇篤之行，故仁義之道滿乎天下，卒致之刑錯四十餘年。遠方慕義，莫不賓服，雅頌歌詠，以思其德。下及康、昭之後，雖有衰德，其綱紀尚明。及春秋時，已四五百載矣，然其餘業遺烈，流而未滅。五伯之起，尊事周室。五伯之後，時君雖無德，人臣輔其君者，若鄭之子產，晉之叔向，齊之晏嬰，挾君輔政，以並立於中國，猶以義相支持，歌說以相感，聘覲以相交，期會以相一，盟誓以相救。天子之命，猶有所行。會享之國，猶有所恥。小國得有所依，百姓得有所息。故孔子曰：「能以禮讓為國乎何有？」周之流化，豈不大哉！及春秋之後，眾賢輔國者既沒，而禮義衰矣。孔子雖論《詩》、《書》，定《禮》、《樂》，王道粲然分明，以匹夫無勢，化之者七十二人而已，皆天下之俊也，時君莫尚之。是以王道遂用不興。故曰：「非威不立，非勢不行。」

　　仲尼既沒之後，田氏取齊，六卿分晉，道德大廢，上下失序。至秦孝公，捐禮讓而貴戰爭，棄仁義而用詐譎，苟以取強而已矣。夫篡盜之人，列為侯王；詐譎之國，興立為強。是以傳相仿效，後生師之，遂相吞滅，

併大兼小，暴師經歲，流血滿野，父子不相親，兄弟不相安，夫婦離散，莫保其命，泯然道德絕矣。晚世益甚，萬乘之國七，千乘之國五，敵侔爭權，蓋為戰國。貪饕無恥，競進無厭；國異政教，各自制斷；上無天子，下無方伯；力功爭強，勝者為右；兵革不休，詐偽並起。當此之時，雖有道德，不得施謀；有設之強，負阻而恃固；連與交質，重約結誓，以守其國。故孟子、孫卿儒術之士，棄捐於世，而遊說權謀之徒，見貴於俗。是以蘇秦、張儀、公孫衍、陳軫、代、厲之屬，生從橫短長之說，左右傾側。蘇秦為從，張儀為橫；橫則秦帝，從則楚王；所在國重，所去國輕。

　　然當此之時，秦國最雄，諸侯方弱，蘇秦結之，時六國為一，以儐背秦。秦人恐懼，不敢窺兵於關中，天下不交兵者，二十有九年。然秦國勢便形利，權謀之士，咸先馳之。蘇秦初欲橫，秦弗用，故東合從。及蘇秦死後，張儀連橫，諸侯聽之，西向事秦。是故始皇因四塞之固，據崤、函之阻，跨隴、蜀之饒，聽眾人之策，乘六世之烈，以蠶食六國，兼諸侯，併有天下。杖於謀詐之弊，終於信篤之誠，無道德之教、仁義之化，以綴天下之心。任刑罰以為治，信小術以為道。遂燔燒《詩》、《書》，坑殺儒士，上小堯、舜，下邈三王。二世愈甚，惠不下施，情不上達；君臣相疑，骨肉相疏；化道淺薄，綱紀壞敗；民不見義，而懸於不寧。撫天下十四歲，天下大潰，詐偽之弊也。其比王德，豈不遠哉！孔子曰：「道之以政，齊之以刑，民免而無恥；道之以德，齊之以禮，有恥且格。」夫使天下有所恥，故化可致也。苟以詐偽偷活取容，自上為之，何以率下？秦之敗也，不亦宜乎！

　　戰國之時，君德淺薄，為之謀策者，不得不因勢而為資，據時而為。故其謀，扶急持傾，為一切之權，雖不可以臨國教化，兵革救急之勢也。皆高才秀士，度時君之所能行，出奇策異智，轉危為安，運亡為存，亦可喜，皆可觀。護左都水使者光祿大夫臣向所校《戰國策》書錄。

國家圖書館出版品預行編目資料

戰國策新解 ／（漢）劉向編訂 ； 宋韜譯
注. -- 初版. -- 新北市：華志文化，
2016.08
　面 ； 　公分. --（諸子百家大講座 ；
13）
ISBN 978-986-5636-60-9（平裝）

1. 戰國策 2. 注釋

621.804　　　　　　　　　105011304

書系／華志文化事業有限公司

書名／戰國策新解

系列／諸子百家大講座13

編　訂　劉向（西漢）
譯　注　宋韜
執　行　編　輯　楊雅婷
美　術　編　輯　簡煜哲
封　面　設　計　王志強
文　字　校　對　陳麗鳳
企　劃　執　行　康敏才
社　長　黃志中
總　編　輯　楊凱翔
出　版　者　華志文化事業有限公司
電　子　信　箱　huachihbook@yahoo.com.tw
地　址　116 台北市文山區興隆路四段九十六巷三弄六號四樓
電　話　02-22341779
印　製　排　版　辰皓國際出版製作有限公司

總　經　銷　商　旭昇圖書有限公司
地　址　235 新北市中和區中山路二段三五二號二樓
電　話　02-22451480
傳　真　02-22451479
郵　政　劃　撥　戶名：旭昇圖書有限公司（帳號：12935041）
書　號　D0013

出　版　日　期　西元二〇一六年八月初版第一刷

本書為三晉出版社獨家授權繁體字版本

版權所有　禁止翻印　Printed In Taiwan

華志文化